Knaur

Über die Autorin:

Anne West, geboren 1971, schrieb schon mit 19 Jahren erotische Kurzgeschichten für diverse deutsche und amerikanische Männermagazine und begann dann, als Journalistin zu arbeiten. Sie lebt als freie Autorin und Journalistin in der Nähe von Hamburg – und spielt gern das Fragebogen-Spiel:

Frage: *Was mögen Sie?*
Anne West: Männer über 49, Jungs unter 3, in Luxushotels ausgiebig baden.
Was hassen Sie?
Jungs, die sich Männer schimpfen, den deutschen Ladenschluß am Samstag, Armbanduhren und Typen, die mich beim Pool-Billard abziehen.
Was brauchen Sie?
Jede Menge Ruhe, genug Fanta im Kühlschrank und jemanden, der mir den Haushalt macht.
Worauf können Sie verzichten?
Laute Menschen, das Bügeleisen.
Was lieben Sie?
Meinen Mann (wilde Ehe – in jeder Hinsicht, außer fliegendes Porzellan) und wenn die Luft nach Sommer riecht.
Woran glauben Sie?
Irgendwas geht immer.
Woran glauben Sie nicht?
Alles, was ich nicht selbst recherchiert habe.
Wovon träumen Sie?
Weniger Psycho-Spielchen zwischen den Menschen, die täglich um mich sind.
Was haben Sie sich abgeschminkt?
Geheimagent zu werden.
Ihr Lebensmotto?
Sei ehrlich: 1. zu dir; 2. zu deinem Anwalt; 3. zu deinem Steuerberater. Gegebenenfalls noch zu deinem Partner.
Ihre Lebensart?
Wer nichts bereut, hat nicht gelebt.
Ihr höchster Genuß?
Unter der heißen Dusche kalten Orangensaft trinken.
Ihre Haßworte?
Adrett, nett, betroffen, gefühlte Temperatur.
Ihre Lieblingsworte?
Alle anderen in beliebiger Kombination.

Anne West

Gute Mädchen tun's im Bett – böse überall

Wer sich traut,
hat mehr vom Lieben

Knaur

Redaktion: Jutta Schwarz

Originalausgabe Dezember 1998
Copyright © 1998 bei
Droemersche Verlagsanstalt Th. Knaur Nachf., München.
Alle Rechte vorbehalten. Das Werk darf – auch teilweise –
nur mit Genehmigung des Verlages wiedergegeben werden.
Umschlaggestaltung: Agentur ZERO, München
Umschlagillustration: IFA-Bilderteam, München
Satz: Ventura Publisher im Verlag
Druck und Bindung: Clausen & Bosse, Leck
Printed in Germany
ISBN 3-426-60930-4

2 4 5 3 1

Inhaltsverzeichnis

Sinn und Sinnlichkeit –
eine Art Vorwort
11

1. Kapitel
Erotik – Verbalerotik – Visuelle Erotik
17

2. Kapitel
Selbstbefriedigung
33

3. Kapitel
**Was ist ein guter Liebhaber für Frauen –
und was denken Männer, was Frauen
von einem guten Liebhaber erwarten.**
50

4. Kapitel
**Wenn der Liebhaber zu gut ist:
Angst vor der intellektuellen
Abhängigkeit und Unfreiheit**
61

5. Kapitel
Was begehren wir?
Das, was wir täglich sehen
68

6. Kapitel
Voyeurismus / Exhibitionismus
73

7. Kapitel
Sextechniken
oder die Lust an der Lust
von A bis Z
86

8. Kapitel
Sadomasochismus /
Bondage & Discipline
136

9. Kapitel
Die Sexwende der 90er
148

10. Kapitel
Was Frauen reden, wenn sie unter-
einander reden, und warum sie nicht
reden können, wenn Männer reden –
und umgekehrt
155

11. Kapitel
**Schlampen
und
Schlampen**
181

12. Kapitel
Der Seitensprung
184

13. Kapitel
Medien, Klischees, Großmütter und Sex
192

14. Kapitel
**30 Dinge, die Sie wissen sollten,
bevor Sie mit einem Mann
oder einer Frau ins Bett gehen –
und 20, die Sie überhaupt nichts angehen**
197

15. Kapitel
**Über Machos, Trutschen, Egberts, Eisenten, Hörnchen, Bärchen, Pfeffersäcke,
Dummbeutel, Stretchtussen oder Wie
gewisse Bevölkerungsgruppen die
anderen sehen. Und warum ein
Yuppie nie etwas mit einem Müsliliesel
am Hut haben könnte**
205

16. Kapitel
**Über was spricht man
eigentlich beim Sex?
Kleiner Exkurs durch
Deutschlands Betten**
215

17. Kapitel
**37 Prozent aller Frauen ziehen
beim Sex den Bauch ein,
75 Prozent aller Männer befürchten
insgeheim, ihr Penis sei zu klein.
Über Komplexe und ihre Komplexität**
221

18. Kapitel
**Komm und spiel mit mir oder:
Ich spiel mit dir, also komm!**
228

19. Kapitel
**Prostitution: Huren, Freier, Bordelle,
Spießer, Luden und die Hausfrau**
235

20. Kapitel
**Ich bin die Geliebte eines
verheirateten Mannes**
242

21. Kapitel
**Frauen wollen Babies,
Männer wollen Barbies –
oder Die magischen drei Monate**
247

22. Kapitel
**10 etwas andere Methoden,
sich einen Typen zu angeln, und 20,
um ihn wieder loszuwerden**
253

23. Kapitel
**Eifersucht ist eine Leidenschaft,
die mit Eifer sucht, was Leiden schafft**
261

24. Kapitel
**Und bist du nicht willig,
so brauch' ich Gewalt**
275

Zu guter Letzt
281

Sinn und Sinnlichkeit – eine Art Vorwort

୬

Das Wort Sinnlichkeit sollte man eigentlich im großen Bertelsmann Universallexikon finden; ein Ratgeber für Heim, Hof, Hausfrauen und Humanmedizin. Als einziges, was wenigstens annähernd in die Richtung »Sinn« geht, finden sich ein Sinnesorgan und sogenannte »Sinneszellen, die einen Außenreiz aufnehmen und in Erregung transformieren«. Das Wissen unserer Zeit, komprimiert in über 170 000 Stichwörtern und 30 000 anschaulichen Bildern, läßt es offenbar nicht zu, uns eine genaue Definition von dem dreisilbigen Wort »Sinn-lich-keit« zu offenbaren.

Dabei überschwemmen uns Medien, Diskussionen und Literatur täglich mit den absonderlichsten Formen und semantischen Abwandlungen des Wortes Sinnlichkeit: sinnliche Lippen, Augen, Bewegungen etc., die ganze Palette des stillen Glückes; besinnlich, Sinnfindung, sinnlos – oder, um es zurückhaltender auszudrücken, »sinnfrei« –, Sinnbild, Sinn, Sinnesorgan, darunter wiederum nur Augen, Nase, Ohr, Geschmacksnerven und Sinneszellen, Sinnestäuschung, Sinneswahrnehmung, sinnverwandt. Armes Deutschland.

Die »sinnliche Frau« ist ein unausgesprochenes Phänomen der Unglaubwürdigkeit. Eine Illusion von ständiger sexueller Bereitschaft, eine Idealisierung von Schönheit, Intelligenz und Witz, eine utopische Vision von Lebendigkeit, Verständnis und allumfassender Liebesweisheiten. Werfen wir doch gemeinsam einen kurzen Blick in die Geschichte der Frau und greifen uns ein paar exemplarische Beispiele der »sinnlichen Frau« heraus: Carmen – die schlechteste aller Frauen; selbstbewußt, intelligent und im guten alten Stil verführerisch. Auf jeden Fall sinnlich. Wie viele weibliche Geschöpfe haben schon versucht, wie sie zu sein, und haben dabei ihr Leben lassen müssen. Sie sind nicht unbedingt umgebracht worden, doch sie haben ihr Leben im eigentlichen Sinne verloren: Sie waren nicht mehr sie selbst, sondern versuchten, eine Rolle auszufüllen, die niemand von ihnen verlangt hatte. Die Rolle eines sinnlichen Weibchens. Irgendwann muß jede Frau damit überfordert sein, nur auf eine Sache fixiert zu sein. Diese Anstrengungen von »was kann ich tun, um möglichst anziehend zu sein«, sind auf Dauer ermüdend und frustrierend. Vor allem, wenn nichts passiert.

Lolita – die Kindfrau, Sinnbild der Sinnlichkeit. Unschuldig. Reizend. Durchtrieben. Wer mit großen Kuhaugen und leicht geöffnetem, angefeuchtetem Schmollmund durch die Welt läuft, hat nicht viel zu verlieren. Aber auch nicht viel zu gewinnen.

Wenn sich ein junges Mädchen auf der Schwelle zur heranwachsenden Frau befindet, hat sie sich innerlich schon in dem uralten Kampf der Weiblichkeit verstrickt; nämlich eine begehrenswerte, verführerische Person zu sein. Denn leider blamiert Mann sich in den heutigen Zeiten immer noch eher mit einer häßlichen Frau als mit einer dummen. Also Lolita: Mach Hübsch!

Die Reduzierung auf das Körperliche, gepaart mit einem Hauch von Klugheit, hat es in sich. Man braucht keine Sorgen zu haben, daß man für kompliziert gehalten wird. Alles spielt sich in dem vorgefertigten Rahmen der Schönheit ab, und entweder es paßt, oder es paßt nicht. Dann kann man wieder nach Hause gehen.

Was ließ sich Madame Pompadour nicht alles einfallen, um ihren König bei Laune zu halten; immer wieder neue Spiele und

pikante Drumherums. Damals war die Guillotine noch in Mode, und sie mußte sich wahrhaftig anstrengen. Doch was haben die Frauen von heute damit zu tun? Der Kopf wird uns nicht abgeschlagen, und nicht jeder Mann ist ein König. Doch wo liegt der Sinn in dieser altfranzösischen Sinnlichkeit, deren weißliche Puder-Fassade schon längst einer Restaurierung bedarf?
Was hat uns das ausgehende 20. Jahrhundert sonst noch an Frauenfiguren beschert, die so einzigartig waren, daß jeder Mann dachte, alle Frauen müßten so sein? Mae West, die Sexgöttin der Roaring Twenties. Als sie mit ihrer Bühnenshow »Sex« am Broadway auftrat, wurden sie und ihre Transvestiten-Tänzer ins Gefängnis geworfen – das war etwas zuviel für das prüde Amerika. Aber Maes Blick war unvergleichlich. Dianne Brill würde ihn sechzig Jahre später als den »Danilo-Flirt-Blick« bezeichnen, aber dazu komme ich noch. Die 50er Jahre prägte zweifellos Marilyn Monroe. Sie hatte sich bei allen Schuhen, die sie trug, den linken Absatz etwas abfeilen lassen, um den berühmten Hüftschwung besser rüberzubringen. Von ihren vermeidlichen Rückenschmerzen spricht kein Mann.
Heute erzählt uns Dianne Brill *(Dressed to Kill oder Wie werde ich eine Sexgöttin)*, was man als Frau alles mit sich anstellen sollte, um an einen »tollen Typen« heranzukommen. Das Buch wurde ihr förmlich aus den Händen gerissen. Daran ist ersichtlich, wie die Frauen unserer Zeit darauf brennen, sich für eine geile Nacht zu zerfleischen. Da ist von Make-up die Rede, Requisiten und Accessoires, Hungerdiäten und engen Kleidern mit einem Dekolleté bis zum Nabel. Alles gut und schön und wichtig. Aber nicht das wichtigste, und auch nicht ständig. Aber machen wir doch einen kleinen Test: Üben Sie bitte den zitierten »Danilo-Blick« vor dem Spiegel: Zunächst lassen Sie beide Augen geöffnet. Dann kneifen Sie im Zeitlupentempo das rechte (oder linke) Auge zu, während Sie Ihre Lippen langsam öffnen und dann zu einem Schmollmund verziehen. Und, wie sieht es aus? Es gefällt Ihnen? Dann schlagen Sie bitte dieses Buch zu und ge-

hen in den nächsten Buchladen, Sie werden in Diannes Ratgeber bestimmt noch mehr brauchbare Tips finden.
Den Rest darf ich jetzt endlich herzlich begrüßen.
Dieses Buch ist etwas ungewöhnlich aufgebaut, aber Sie werden sich schnell hineinfinden. Ich werde verschiedene Geschichten schildern – entweder aus Erfahrung oder aus Erzählungen meines Umfeldes, deren Zeuge ich freiwillig und oft unfreiwillig wurde –, um die spezifischen Problemfelder näher zu beschreiben. Das wird in einem erotischen Rahmen geschehen, denn Sie möchten Spaß am Lesen haben. Die Sinnlichkeit, die ich meine, hat nichts zu tun mit der traditionellen Sinnlichkeit, deren Auswüchse Sie und ich zu Genüge kennen und deren weibliche Beispiele ich bereits kurz umrissen habe.
Schwierigkeiten tauchen da auf, wo mehr als eine Person zusammenkommen. Zwei Menschen reichen schon, um eine Energiespannung aufkommen zu lassen, in der Harmonie und Disharmonie prächtig gedeihen können. Mann und Frau, Mann und Mann, Frau und Frau.
Drei sind schon eine komplexe Gruppe, in der Probleme unweigerlich auftauchen werden. Doch wie sehen diese aus? Was können wir dagegen tun? Wie weit dürfen wir gehen, und muß Harmonie überhaupt das Endziel sein? Fragen über Fragen.
Auf der Suche nach sich selbst ist man sich oft schon selbst begegnet, ohne es wahrzunehmen, oder, im ungleich bedauernswerteren Fall, ohne es wahrnehmen zu wollen! Die Unfähigkeit, die eigene Person so einzuschätzen, wie sie tatsächlich ist, rührt aus einer unerträglichen Angst vor der Wahrheit, vor den eigenen Abgründen. Dabei sind Fehler nicht verabscheuungswürdig, sie sind menschlich. Und was macht einen Menschen aus? Würde ich damit anfangen, das zu erklären, säßen wir hier noch, wenn meine Altersversorgung fällig wäre; darum die Hauptmerkmale in einem verdaulichen Happen: Körper und Stoffwechsel, Intellekt und Geist, Seele und Emotionen, Fortpflanzung und Trieb. Die Priorität zum eigenen Menschsein mag je-

der selbst setzen, ich persönlich setze auf die Kombination von Intellekt und Trieb. Was ist unvereinbarer, und was besitzt gleichzeitig so viel Energie?

Der Trieb ist eine unermeßliche Kraftquelle, die jedoch bei den meisten Menschen und insbesondere bei Frauen unterdrückt wird. Ob nun gesellschaftlich, also aus einem verqueren und pauschalisierten Moralanspruch, oder aus persönlichen Erfahrungen, sprich Unkenntnis im Umgang mit sich selbst. Dabei kann der Trieb Ihnen nützen!

Aber was macht uns unsicher? Die Angst zu lieben, die vermeintliche Unfähigkeit zu lieben, die übliche Fäkalsprache des Sex, die Traditionen unserer Elterngeneration, die hochstilisierten Umgangsformen, nach denen man frühestens nach dem vierten Rendezvous »Ja« zu der berühmt-berüchtigten Tasse Kaffee »bei mir oder bei dir?« sagt. Die Liste ist endlos.

Nein, das ist sie nicht. Sie kommt einem nur so vor, weil man sich bisher nicht getraut hat, diese Probleme anzudenken beziehungsweise zu Ende zu denken. Deswegen türmen sich die scheinbar unlösbaren Aufgaben höher und höher. Werden verdrängt, für nichtig oder unwichtig erklärt. Dabei ist der unausgelebte Trieb oft genug die Quelle von Frustration und Depression.

Ein Beispiel: Ein Paar hat über etwa fünf Monate eine Beziehung aufgebaut. Am Anfang empfand sie es als wundervoll, daß er so ein rücksichtsvoller, zärtlicher Liebhaber war und sie zu nichts gedrängt hatte. Doch irgendwie möchte sie auch mal etwas härter angefaßt werden, will seine fordernden Hände spüren und sich von ihm fesseln lassen oder gegen die Wand gedrückt werden, den Rock über die Hüften geschoben, aber sie kann es ihm nicht sagen. Sie kann einfach nicht. Sie schämt sich, hält sich vielleicht für ein Sexmonster oder abnormal. Und ist frustriert, weil sie seine sanften, aber langweiligen Streicheleinheiten nicht mehr ertragen kann. Wenn es doch nur einmal anders wäre.

Und er wünscht sich im Gegenzug, daß sie mehr Dessous tragen würde. Am liebsten in Nutten-Rot. Aber er hält sich zurück, damit sie ihn nicht für pervers hält. Und ist weiter lieb zu ihr. Und würde sie so gerne mal richtig verführen, und sie könnte dabei die hochhackigen Pumps anbehalten. Warum reden die beiden nicht darüber? Weil sie es nicht gelernt haben.

Laß uns darüber reden – der Lieblingssatz der Sozialpädagogen. Aber bitte ohne Schachteldenken und psychoanalytische Erklärungen. Es sollte selbstverständlich sein, über sich, seine Wünsche und die eigene Lust zu reden. Nicht permanent, aber dann, wenn es angebracht ist. Und dafür gibt es genug Gelegenheiten. Ein erfülltes Sexualleben – das sämtliche Handlungen einschließt, die nichts mit der Zeugung zu tun haben, also auch Selbstbefriedigung und visuelle sowie verbale Stimulation – schenkt Kraft, Selbstvertrauen und Mut. Haben Sie erst die inneren Schranken überwunden, über etwas derart Intimes wie den eigenen Trieb zu reden, dann besitzen Sie auch die Courage, sich in Ihrem direkten Umfeld durchzusetzen und die Dinge zu erreichen, die Sie sich vornehmen.

Nützen Sie Ihren Trieb für sich – und geben Sie sich nicht allzu billig her an die Gläubigen der schwülen Sinnlichkeit. Entwickeln Sie eine »neue Sinnlichkeit«, in der Sie alle Ihre körpereigenen Sinne einsetzen, um sich selbst die höchste seelische und körperliche Triebbefriedigung zu verschaffen – niemandem sonst. Das hört sich egoistisch an, doch wenn Sie erst mal in der Lage sind, Ihren Trieb und seine innewohnende Energie zuzulassen, dann können Sie Ihr Wissen weitergeben und anderen helfen, sich zu ihrem Ich hin zu entwickeln. Und gemeinsam die Verschmelzung von Intellekt und Lust genießen.

1. Kapitel

ॐ

Erotik – Verbalerotik – Visuelle Erotik

„Erotik ist das Unausgesprochene, Zurückgehaltene. Der letzte Rest ist nur erahnbar."
»Erotik ist viel aufregender als Sex.«
»Erotik ist weiblich.«
»Erotik hat nichts zu tun mit Alter oder Geschlecht. Es ist nur ein Moment, der verzaubert. Ein Blick, ein Wimpernschlag, unvereinbar in einer Person.«

Diese und ähnliche Antworten höre ich immer auf meine Frage: Was ist Erotik?
Jeder Mensch erlebt das Wunder des erotischen Flimmerns ganz individuell. Erotik hat nichts zu tun mit einem Flirt: Während dieser nur eine Drohung in sich birgt, schwingt bei Erotik schon das Versprechen mit. Doch urteilen Sie selbst.

Chantilly Blane – die Schöne und der Stier.

Spanien – das Land der Sonne, Lebendigkeit und mittäglichen Siestas; Heimat des Flamencos und der geklatschten Bolero-Rhythmen; Ziel meiner unerfüllten Träume. Ich bin zum ersten Mal hier, atme gierig die Atmosphäre von Madrid ein, aale mich in der neu gewonnenen Freiheit. Freiheit wovon? Eine andere Geschichte, aber nun bin ich hier. Hier und jetzt. Und doch: Ich bin eigentlich auf der

Suche nach der Frau in mir. Wollte mich von einem spanischen Gitarrero entdecken und in die südländische Leidenschaft einführen lassen, von der meine Freundinnen immer schwärmen. Jedesmal, wenn sie bei mir zu Hause auf der blickgeschützten Terrasse hingegossen auf einem Korbsessel saßen, die Knie angezogen oder leicht gespreizt, redeten sie von ihren spanischen Urlaubsliebern und weinten sich die hübschen Augen aus den noch hübscheren Köpfen. Und immer wußte ich eine Antwort. Bis mir eines Tages auffiel, daß ich seit langer Zeit keinen befriedigenden Sex mehr hatte. Und daß mir ihre Schwärmereien einen Stich gaben. Und als ich mich im Spiegel betrachtete, kamen mir fast die Tränen. Dieser herrliche Körper, diese weichen Rundungen, die zarte, straffe Haut, diese Augen mit dem leichten dunklen Schimmern, wie von Belladonna, schon lange nicht mehr begehrt, zu lange versteckt in strengen Hosen und hochgeschlossenen Rollis. Wer hatte mich das letzte Mal vor Wollust schreien hören? Wer weidete sich an meinen Schauern auf der Haut? Wer tauchte seine Lippen in das dunkle Naß zwischen meinen jugendlichen Schenkeln? Wer? Ich zerfloß nicht nur in Selbstmitleid, sondern auch in andere feuchte Pfützen.

So weit war es also gekommen, daß ich mich schon auf mein Langzeitgedächtnis berufen mußte, um mich zu erinnern, wie sich Lust anfühlt.

Ich hatte noch schnell zwei Tage an meinen Aufenthalt in Kalabrien angehängt und bin nach Madrid gefahren. Eigentlich seltsam, denn den europäischen Statistiken zufolge haben die Spanierinnen durchschnittlich zweimal in der Woche Sex, und den finden sie noch nicht mal sonderlich berauschend. Werden ihre Männer träger, wenn sie erst mal verheiratet sind? Wo ist nur das Temperament der feurigen Spanierinnen geblieben? Weit und breit nichts zu sehen von den Tabakarbeiterinnen mit wildem Blick, fliegenden Haaren und wogenden Busen, der gemacht ist, um sich darin zu vergraben, Schenkel, an deren glitzernder Cafélechehaut sich Tabakkrümel schmiegen – ich bin wohl auch noch carmengeschädigt!

Ich beschließe, eine Corrida zu besuchen. Allein, um mich nicht schon vorher beeinflussen zu lassen. Wie der Hahnenkampf ist die Konfrontation von Stier und Mensch eine Hauptattraktion der Spanier. Doch ich gehe nicht dorthin, um einen Stier leiden zu sehen – nein, ich will etwas von der Spannung erspüren, die sich im Hexenkessel des Amphitheaters zusammenbraut, der Tanz zwischen Leben und Tod. Denn ist nicht auch der Orgasmus ein kleiner Tod?

Wie zu erwarten sind die meisten Besucher Männer. Sie diskutieren so schnell miteinander, daß ich nur die Hälfte der Gesprächsfetzen verstehe, die an mir vorbeischweben und sich in der flirrenden Nachmittagshitze auflösen. Aber soviel bekomme ich mit: Cristina La Torera. Eine Frau? Tatsächlich, die Plakate lügen nicht: Cristina Sanchez, die Schöne und der Stier. Da fällt mir die Sage von Minotaurus und den Jungfrauen ein ... und schon geht es los. Das weite Rund der Arena hält den Atem an: Dieser zierliche Frauenkörper auf der einen Seite des Sandplatzes, ein wütender Stier auf der anderen, noch in der Box. Sie hält ihr rotes Tuch zwischen den Zähnen, ihr Körper ist gespannt wie eine Feder, gleich einer Weidengerte, der Blick wie ein Zen-Mönch, die Ruhe eines Felsens. Sie hat keine Angst, diese kleine Frau, und trotz ihrer Zerbrechlichkeit wirkt sie stark und unerschütterlich. Die Männer lieben sie. Es ist ihren Blicken anzusehen, wie sie mit ihren Augen über den weiblichen Körper streicheln. Sie haben kein Problem damit, daß eine Frau ihre Männerdomäne eingenommen hat. Sie bewundern sie als Torera und verehren sie als Frau. Hunderte von stechenden Augenpaaren liegen auf Cristina, ihrem Gang, ihren Beinen, ihrem festen Po und den blauschwarzen Haaren, die sie zu einem strengen Zopf geflochten hat. Wie muß es sein, wenn sie die Haare offen trägt und sich diese Pracht über ein weißes Laken ergießt? Sie ist nicht im klassischen Sinne schön, doch sie besitzt eine Ausstrahlung, die mich noch in der 15. Reihe erreicht. Ihre Bewegungen sind geschmeidig, katzenhaft, kein bißchen provozierend, sondern gemessen. Als würde sie mit dem Stier tanzen. Ein Stier ist wie ein Mann. Geht auf sie los, ohne zu beobachten. Richtet die Hörner nach vorn, scharrt unruhig mit den Hufen, schnaubt widerwillig, wenn er etwas nicht gleich bekommt. Und sie spielt mit ihm, läßt ihn ihre Überlegenheit spüren, aber bleibt fair dabei. Sie reizt ihn etwas, damit es nicht langweilig wird, doch hält die Spielregeln ein.

Ob sie weiß, daß ihr noch fünfhundert weitere hungrige Stiere dabei zuschauen? Stiere, deren Hörner angriffsbereit sind, in eine klaffende Wunde zu stechen, zu spreizen, darin herumzumahlen. Ich bemerke die Erregung, die die meisten dabei ergreift: Nervös lekken sie sich über die Lippen, kneten die Hände zwischen ihren sehnigen Beinen und lassen ihre Augen nicht von der Torera, einige scheint es noch mehr mitzunehmen. Sie greifen sich verstohlen oder auch selbstvergessen an ihre schwellende Männlichkeit. Das kann nicht wahr sein! Laßt schöne Männer um mich sein, und dann das! Ich stehe auf, dränge mich durch die Reihe. Und dann spüre ich sie auch: erst die Hände, die wie zufällig meine Beine streifen, meine Hüften, meine Taille; und dann die Blicke, die heiß in meine Aura eindringen, mir folgen und mich abtasten. Ich spüre ihre Blicke wie Finger, die meine Brustwarzen kneten, wie Schweißtropfen, die meinen Rücken hinunterlaufen, wie kühle Fesseln an meinem Nacken. Eine Frau!

Endlich habe ich es geschafft und haste die Treppe hinab, meine Sandalen klappern melodisch auf dem weißen, warmen Stein. In diesem Moment geht ein Aufschrei durch die Menge. Der Stier greift an! Ich drehe mich wie hypnotisiert um, gebannt verfolge ich die Szene: Seine Hufe trommeln ohne Unterlaß, ihre Füße haben sich in die lose Erde eingegraben. Sein Kopf ist gesenkt, sie erwartet ihn hocherhobenen Hauptes, ohne zu blinzeln. Sein Angriff ist schwer und heftig, sie weicht ihm mit einem wippenden Schritt aus und plaziert ihren Säbel zwischen seinem Widerrist. Dazu schreit sie auf. Wie befreit und mit einem Hauch Mordlust. Und Lust. Ich laufe aus der Arena heraus, meine Gedanken wirbeln. Abrupt bleibe ich stehen und wache auf. Ich bin ich. Schaut mich an oder nicht, es wird sich nichts daran ändern. Und jetzt schauen sie, nachdem ich mir das gesagt habe. Ich spüre die Sonne in meinem Nacken, mein Blut pumpt sich voll mit

Wärme und fließt durch meine Adern, und ich sehe sie wieder. Die Menschen um mich herum werden wieder real. Und ich fühle mich, meine Schenkel, den kleinen Schweißtropfen, der sich einer Perle gleich mein Rückgrat hinunter stiehlt, um in dem senkrechten Lächeln zu versickern. Und dann taucht er auf, mein Caballero. Wilde dunkle Augen, ein muskulöser Körper unter dem seidigen, sich an seine Schultern schmiegenden Rüschenhemd. Den schwarzen Caballerohut lässig in die Stirn geschoben, mit der rechten Hand locker die Zügel des widerwilligen Arabers zwischen seinen Schenkeln haltend, die andere ruht auf dem edlen Rist des Tieres. Gitarrenklänge, ein Flamenco, die Rose, Zeichen der Leidenschaft. Das Pferd tänzelt, die Hufe klappern auf dem Pflaster. Der Caballero blickt mich an, und ich spüre seinen Blick wie ein Brennen auf meinem Gesicht. Er beugt sich zu mir herunter und steckt mir die Rose ins Haar. Dann jagt er davon. Ein junges Mädchen schaut mich zornig an, und das ist es. Die Gefahr. Aus der Arena ertönt ein Schrei aus tausend Kehlen. Der Stier ist tot. Ich lebe.

Erotik hat also nicht unbedingt etwas mit knisternden Seidenstrümpfen, einem tiefen Dekolleté oder schwerem Parfum zu tun. Erotik könnte man schon fast als Berührung der Seelen bezeichnen, eine Sache, die nur über den Kopf abläuft. Die Phantasie ist blühender als die Wirklichkeit, die Imagination hält länger an als das tatsächliche Erleben eines Abenteuers. Wer kennt das nicht: die knisternde Spannung, die in der Luft liegt, wenn man einen absolut anziehenden, aufregenden Menschen trifft. Die Gespräche, voller Andeutungen, leiser Versprechungen und zarter, ziehender Sehnsucht; die Blicke, die sich fest zusammenschmieden, wo die bloße Berührung der Fingerspitzen ein seltsam sexuelles Gefühl hervorruft. Und dann der Wunsch, miteinander zu schlafen. Und dann der nächste Morgen. Die Fingerspitzen sind taub, und irgendwie wünscht man sich, daß man es noch länger herausgezögert hätte. Okay, es war gut, es war befriedigend, es war wild, es war zärtlich. Aber die Spannung, diese Ungewißheit und lüsterne Vorfreude werden nie wieder so aufregend sein wie davor. Und erzählen Sie mir nicht, daß es bei Ihnen nicht so ist. Sie sollten sofort ein Buch schreiben, wie man sich die erotische Spannung immer erhält. Immer.

Ich habe den Caballero ziehen lassen. Mir genügte die bloße Vorstellung, von ihm verführt zu werden, seine Haut zu schmecken, in sein Gesicht zu schauen, wenn er kommt, und seine Hüftknochen an meinen Lenden zu spüren.

Erotische Tagträume kann man stets und überall haben. Selbstverständlich hat man auch noch andere Sachen im Kopf, wenn man morgens zur Arbeit fährt; doch was kosten schon fünf Minuten wollüstiger Sex zwischen den Ohren? Schauen Sie sich um. Wo ist das Objekt Ihrer Begierde? An der Ampel wartet ein distinguierter Herr im Anzug, eine strenge Hornbrille vor den jadegrünen Augen. Der Gabardinestoff schmiegt sich an seine Hüften. Ob er Unterwäsche trägt? Vielleicht nicht? Ob sich seine Brustwarzen zusammenziehen, wenn man mit den Fingern an den Seiten seines Brustkorbs hochfährt? Wie sich wohl seine Hände anfühlen, wenn er meinen Körper erkundet. Oder sie dort. Sie schminkt sich rasch während einer Rotphase die Wimpern. Warum hatte sie heute morgen keine Zeit? Wurde sie heute morgen mit einem harten, festen, steifen Schaft geweckt, der sich zielstrebig zwischen ihre schlafenden Schenkel drängte, um in die Nässe einzudringen, die dort jeden Morgen wartet? Hat sie geschrien, als sie gekommen ist? Oder geseufzt und sich noch näher an ihn gedrängt?
Im alten Japan war es üblich, daß sich Frauen gedanklich auf das Liebesspiel vorbereiteten. Bevor sie zu ihrem Liebsten auf das Lager sanken, ließen sie ihre Gedanken in die weite Welt der Erotik schweifen, spielten alles durch, was sie kannten und was sie sich wünschten. Dadurch fanden sie zu sich selbst, waren bereit und offen. Allein durch die Macht des Geistes konnten sie

sich in höchste sexuelle Erregung versetzen. Sie ließen es zu, die Erotik in ihrem Kopf stattfinden zu lassen.
So wurde eine Spannung aufgebaut, die sich in ihren Bewegungen, Handlungen und ihrer Ausstrahlung niederschlug.
Ebenso haben sich die asiatischen Kulturen eine äußerst blumige Sprache zu eigen gemacht, um den Ritus der sexuellen Vereinigung zu umschreiben: »Chinesische Schlittenfahrt«, »Gans, die auf dem Rücken fliegt« und ähnliche Metaphern. Das mutet beim ersten Hinhören wie eine künstlerische Verharmlosung des guten, alten Rein-Raus-Spielchens an, doch steckt eine weibliche Überlegung dahinter, die uns Westlern eine Menge einbringt: Das Vorspiel besteht nicht nur aus Handlungen, sondern auch in der mentalen Vorbereitung. Und wie wird die Phantasie mehr auf Touren gebracht als durch eine treffende Bildersprache des sonst so klinisch anmutenden Vorgangs der geschlechtlichen Vereinigung? Doch wie Lord Byron schon sagte: »Ich hasse es, eine ermattete Metapher zu Tode zu hetzen«, sollte man sich nicht immer der gleichen Bilder bedienen, um seinen Partner anzumachen. Wir nennen es »kleine Schweinereien ins Ohr flüstern«, ich möchte es als verbale Erotik bezeichnen.
Manche Verbalerotiker reden lieber über Sex, als es tatsächlich zu tun. Doch in unserer Gesellschaft haben sie es nicht einfach. Immer wieder treffen sie jemanden, der es nicht ertragen kann, darüber zu reden. Für einen Verbalerotiker gibt es nichts Schlimmeres, als seine Phantasien, heißen Versprechungen und süßen, kleinen Lügen nicht in die Gestalt lockender Worte zu kleiden. Und für einen Menschen, der nie gelernt hat, solche Andeutungen zu genießen, anzunehmen und zuzuhören, gibt es nichts Schlimmeres, als diese Ausbrüche von verhaltener Wollust über sich ergehen zu lassen. Wenn diese Gegensätze aufeinanderprallen, steht die Beziehung – egal welcher Art – unter keinem guten Stern. Denn der eine Partner fühlt sich nach kurzer Zeit frustriert, daß der andere nicht auf seine Art der verbalen Erotik anspricht, der andere wird sich bedrängt fühlen und sich in die

Ecke des Zwangs-erregt-Seins gedrückt sehen. »Wozu muß ich über eine Sache reden, die mir eh Spaß macht – wenn ich nicht dazu gezwungen werde!« Männer und Frauen, die also nicht dieses wundervolle Spiel der verbalen Erotik beherrschen, empfinden starkes Unbehagen, wenn sie auf geflüsterte Obszönitäten reagieren sollen. Dafür gibt es zwei Gründe: Erstens kann es an dem Wie liegen: Fäkalausdrücke wie Arschficken, Fotze, Möse, Titten, Schwanz und Geile Sau sind nicht jedermanns Sache und müssen es auch nicht sein. Aber seltsamerweise können auch zarte Andeutungen Abscheu hervorrufen.

Das ist der zweite Grund: Sie haben nie gelernt und es auch nie gewagt, über Sex und seine Ausschweifungen überhaupt zu reden. Es ist ihnen unangenehm. Manch einer versteckt es als romantische Veranlagung, daß alles ohne große Worte geschehen muß. Okay, das ist prima, wenn man sich einfach in die Arme fallen kann und den Koitus ohne ein Wort vollzieht, ein harmonisches Spiel zweier ineinander verschlungener Körper, ein Aufbegehren der Sinne im gemeinsamen Orgasmus. So oder ähnlich verschleiern die Gegner der verbalen Erotik ihre Ablehnung.

Aber es kommt noch schlimmer: Ich kenne eine wundervolle Frau: sinnlich, attraktiv, sexy, intelligent. Ich hatte immer den Eindruck, daß sie ein erfülltes Sexualleben führte, besonders bei ihrer natürlichen Ausstrahlung. Sie war so fraulich. Und dann vertraute sie mir an, daß ihr Freund beim Sex keinen Ton von sich gebe. Und daß er ihr nie irgendwelche provozierende oder schöne Dinge sagte, die sonst für jede Frau fast selbstverständlich sind: Du riechst gut, dein Haar ist so weich, du hast eine wundervolle Haut. Er liebt sie offensichtlich. Aber bringt keinen Ton heraus. Sie traute sich schon gar nicht mehr, ihn mit verführerischen Blicken zu umgarnen, denn wie oft hatte sie nach einem Abend, den sie gemeinsam bei Freunden verbracht hatten und dann aufgeheizt nach Hause gekommen waren, diesen Spruch absoluter Ignoranz gehört: »Jetzt trinken wir erst mal einen Grappa.« Na toll. Einer anderen Freundin passierte es, daß ihrem Macker jedesmal der Penis absackte, wenn sie ihm heiser ins Haar hauchte: »Ich will mit dir schlafen.« Wieso? Er fühlte sich bedrängt. Sagte er. Er fühlt sich nicht männlich. Sage ich. Manchen Männern gefällt es heute immer noch nicht, wenn die Frau »aggressiv« wird. Soll heißen, wenn sie ihrer Begierde Ausdruck verleiht. Traurig, aber wahr: Männer wollen erobern. Und da gehört eine klar formulierte Aufforderung von seiten der Frau einfach nicht ins Bild. Mir selbst ist es ähnlich ergangen. Verhielt ich mich zurückhaltend, aber nicht gerade spröde, dann ließen sich Männer die abenteuerlichsten Versprechungen einfallen. Schaltete ich jedoch auf Angriff, dann schienen die meisten erschreckt zu sein. Natürlich gibt es auch solche, die es unheimlich erregt, wenn eine Frau die Initiative ergreift. Aber diese Männer haben es schon gelernt, für sich zu akzeptieren, daß ein Mann auch männlich ist, wenn er sich von ihr flachlegen läßt statt umgekehrt.

Einige von Ihnen werden jetzt sagen: Alles schön und gut, aber ich möchte nicht für sexbesessen gehalten werden.

Mindert Sie das in Ihren eigenen Augen herab? Es kommt natürlich auf das richtige Gespür an, in welcher Gesellschaft man als Frau oder Mann eindeutige Zweideutigkeiten vom Stapel läßt. Ist man jung, scheint es kein Problem zu sein. Ich werde im allgemeinen für unanständig und verdorben gehalten. Mein liebenswerter Kollege Al Simpson betitelte mich mit dem Namen Anne »I need a man now!« West. Haha. Aber in meinen Augen immer noch interessanter als »nett«. Auf der anderen Seite kennen mich die Menschen, mit denen ich ein rein geschäftliches Gespräch führe, als intelligent, wach und einen Hauch distanziert-arrogant. Kein Wort von pervers.

Verbale Erotik ist also wie visuelle Erotik eine Frage des richtigen Augenblicks.

Heute nacht

Ich hatte mein Lieblingskleid an. Schwarz, eng anliegend, aber mit den richtigen Schwingungen über den Knien. Und wie ein Netz über dem Busen, dem Rücken und den Armen gearbeitet. Dazu halterlose Strümpfe und Highheels. Schwarz. Und meine Lederjacke. Schwarz. Keinen Slip. Silberschmuck im rechten Ohr und ein frisches Parfüm dahinter. Samstag abend, und ich würde die Jungs wieder treffen. Jimmy hat Geburtstag, und wir feiern wie immer in der kleinen spanischen Bar am Prachtboulevard unserer Stadt. Die Luft ist erfüllt von Lachen, Gläserklirren und Zigarettenrauch. Champagner für alle an Tisch sieben! Meine Knie stoßen an die von Tarkan. Heute abend bin ich mit ihm da, und ich denke nicht im entferntesten daran, daß ich heute nacht sein Mädchen bin. Domenico hat eine Freundin mitgebracht. Normalerweise bin ich allein mit acht oder zehn Männern. Sie hat breite Hüften und langes, seidiges Haar. Aber ich habe Heimvorteil – die Jungs wissen, daß sie in meiner Gegenwart schmutzige Witze reißen können. Sie verkneift sich mit einem dümmlichen Augenaufschlag jegliche »Unanständigkeiten«. Wie schön langweilig. Tarkan beugt sich zu mir herüber. »Du hast sinnliche Beine«, flüstert er und schaut mir ernst in die Augen, während seine Hand in meine linke Kniekehle fährt. Ich ziehe mich etwas zurück, obwohl die Berührung durchaus nicht unangenehm war. Ich will mir eine Zigarette anzünden. Chris kommt mir zuvor. Das Mädchen gegenüber doziert gerade über den Unterschied von Muttermalen und Leberflecken. Domenico lächelt mich an. Er und Tarkan entführten mich vorgestern an den Baggersee. Um halb eins nachts. Neugierig betrachteten wir uns gegenseitig, während das Mondlicht meinen Venushügel in alabasterfarbenes Licht tauchte und die beiden Männergestalten hoch vor mir aufragten. Danach gingen wir in ein kleines Café und setzten uns in eine dunkle Ecke, der eine legte seine rechte Hand auf mein linkes Knie, der andere seine linke Hand auf mein rechtes Knie. Dann fragte der eine den anderen: »Wie weit bist du schon?« und wir mußten uns angrinsen.

Heute legt Tarkan seine kräftig modellierte Hand mit den kurz geschnittenen Nägeln auf den Ansatz meines Schenkels und rückt wie ein Feldherr unermüdlich gegen die geschlossenen Reihen des Gegners vor zum Herz des Widerstandes. Zunächst senden seine warmen Fingerspitzen Kundschafter aus, die jedoch noch weit von meinem Schützengraben entfernt sind. Ohne im Gespräch mit Gerard zu seiner Linken zu stocken, gleitet seine Hand unter meinen Rocksaum, verborgen vor neugierigen Blicken unter dem Marmortisch. Er hält einen Moment inne, als er das Strumpfband passiert, doch dann fallen die letzten Reihen, und unter dem Flakfeuer seiner suchenden Finger ergibt sich der Feind und öffnet die Verteidigungslinie. Erst im letzten Moment schnappt die Falle zu! Die Perle verschwindet wieder in der Auster, ich schlage die Beine übereinander und wippe gleichgültig mit der Fußspitze. Dann lese ich Jimmy aus der Hand und sehe Dinge, die mich nicht überraschen. Tarkan schaut mich an und leckt sich unauffällig die Lippen. Schmal sind sie, und rot. »Du bist sehr sexy. Du bist erotisch«, wispert er mir dann wieder ins Ohr. Ich wende meinen Kopf von den anderen ab, um sie nicht anschauen zu müssen, während Tarkan beginnt, seine Kriegstaktik zu ändern. All is fair in love and war. »Ich möchte deine rosigen Lippen zwischen deinen Beinen öffnen, alles feucht machen, ablecken und deinen eigenen, ganz speziellen Geschmack auf meiner zuckenden Zunge zergehen lassen, deinen Duft in mich aufnehmen. Ich will deinen Kitzler reizen, bis er sich mir hart und fordernd entgegenstreckt, bis du zerfließt vor Lust.« Er betrachtet mich abwartend, doch ich schaue ihn nur an, mit einem Blick, der bedeutet: Ich kenne dieses Spiel. Er beugt sich wieder zu mir herüber. Um uns herum Lachen, Musik, Gespräche. »Ich will in deine Brustwarzen beißen, nicht fest, nicht weich, sondern zwischen Schmerz und Zärtlichkeit. Ich will dich kratzen, beißen, schlagen, lieben. Ich will deinen wippenden Busen kneten, wenn du kommst. Wenn du schreist, werde ich bei dir sein und dich festhalten.«

Seine Hand gleitet an meinem Nacken auf und ab, mit seinen warmen Fingerspitzen kneift er mich spielerisch in die weiche Haut am unteren Ende meines Haaransatzes. Dann fährt er unauffällig die Linie meines Rückgrates nach, bis er zu den berühmten drei Punkten kurz über dem Steißbein kommt. Ich kann ein leises Stöhnen nicht unterdrücken, doch der Seufzer geht in dem Flamenco unter, den Carmen, unsere Wirtin, aufgelegt hat. Die braunen Tequilas kommen. Mit einer in Zimt geschwenkten Orangenscheibe. So braun wie flüssiges Bernstein, brennend wie der erste geile Saft einer Jungfrau, mit einem Hauch Karamel. Ich schaue ihn an, diesen Mann, der mich hier zu verführen versucht. Ich lasse es zu, daß Bilder vor meinem inneren Auge hochsteigen. Wie ein Schweißtropfen an seiner Schläfe herunterrinnt. Schnitt. Wie seine gebräunte Hand zwischen meine Pobacken fährt. Schnitt. Wie sein Finger aus meinem Tiefseegraben auftaucht. Feucht. Glitzernd. Triefend. Naß. Schnitt. Seine Zähne, die sich in die Haut über meinem Bauchnabel eingraben. Schnitt. Mein Körper, in gleißendes Mondlicht getaucht, zwei Schatten, die sich an der Wand in einen Tango des kleinen Todes ergießen. Schnitt.

Der Tequila rinnt meine Kehle hinab, ich fühle seinen Weg durch meinen Körper, wie er erst in die Beine geht und dann, beim ersten Atemzug, direkt in den Kopf.

»Schwanzgeiles Luder«, zischt er mir zu. Ich lache ihn aus. Denn ich bin nicht hilflos in meiner Lust. Ich liefere mich nicht aus.

»Hast du jemals von dem Honig gekostet, der frisch aus einer wolligen Pussy herausrinnt, den eng anliegenden Seidenslip ruiniert und die warmen Schenkel herabfließt, duftend nach Moschus und Weiblichkeit. Kennst du dieses Gefühl, wenn man sich nichts sehnlicher wünscht, als daß man dort berührt wird? Erst sanft, kreisend, fast ohne die zarten Lippen überhaupt zu streifen, und schließlich taucht man hinab, in die wartende Nässe, in die cremige Geilheit, in die Fleisch gewordene Wollust, und dann bist du bereit, einen ganz bestimmten Gast einzuladen, anzuklopfen an deine Pforte, in der das Blut pocht und deinen kleinen Lustknopf anschwellen läßt. Doch erst wird dich der kleine Vorbote besuchen kommen, meine Zunge, die so hart wie ein kleiner Penis in dich hämmert. Ich werde dich lecken und deine süße Muschi noch feuchter machen, als sie eh schon ist. Und

nicht nur dort. Überall werde ich dich lecken, auch an deiner zuckenden Rosette. Rosig und lecker wird sie sein, und dann werde ich dich auf den Bauch drehen, deine Hüften leicht anheben, deine durchtrainierten Beine spreizen, so daß du dich mir mit deiner ganzen weiblichen Köstlichkeit darbietest.« Als er das sagt, zeichnet sein Mund kleine Kreise auf sein Glas, das sofort einen feuchten Schimmer annimmt und die Eiswürfel zum Schmelzen bringt.
»Und ich werde deine Lippen mit den Fingern auseinanderziehen, so daß ich deine rote Grube beobachten kann, wie in leisen Stößen dein Saft herausquillt. Ich will dich lieben, wie nur ein Mann eine Frau lieben kann, deinem Körper und deiner Seele huldigen. Sei meine Göttin, sei meine Diva, sei meine Königin. Sag nicht nein, denn ich will dich haben, ich will mit dir schlafen, und ich will dein Diener und dein Herr sein. Laß mich zärtlich und wild sein. Du bist das Instrument, und ich werde dir die Saiten stimmen, und deine Musik der Lust wird mich verzaubern, so wie du mich jetzt schon verzauberst. Ich will in dein Gesicht blicken, wenn du mich um mehr anflehst. Ich werde alles tun, was du willst, und ich werde es schon vorher wissen, bevor du es ausgesprochen hast.«
Dabei schaut er mir unverwandt in die Augen, und in seinen dunklen Augen lodert das Feuer, kleine tanzende Flämmchen, die mich hinabziehen in einen Strudel. Kaum dringt an mein Ohr, was er sagt, ich höre nur seine Stimme, die ein kehliges Vibrato besitzt.
»Chérie, mon amour. Laß uns gehen. Heute nacht wird es geschehen.«
Er zahlt, und wir gehen zu mir.

Wir leben in einer Kommunikationsgesellschaft. Das Fax hat den Brief abgelöst, das Handy – oh, wie diese zwei Silben auf den Lippen zergehen – das Fax. Telefonsex ist fast schon so alltäglich wie der Pizza-Dienst. Und sehr safe, denn Aids und diverse andere Umständlichkeiten erfordern immer mehr Vorsicht und Selbstverantwortung. In Bed with, einem Telefonhörer und genügend Taschentüchern. Die Stimme am anderen Ende ist an-

genehm moduliert, das Thema ist die Verführung und Befriedigung. Für jeden ist was dabei: Entweder unschuldig-süß oder dominant-fordernd. Wie hätten Sie es denn gerne? »Hallo, starker Mann, ich habe den ganzen Tag darauf gewartet, daß du mich endlich anrufst. Fast hätte ich es mir schon selber gemacht, meinen Körper am Boden gewälzt und mir irgendwas ganz tief in meine Möse gesteckt. Auch jetzt kann ich es kaum aushalten, darf ich es tun? Bitte, sag nicht nein, du weißt doch, wie ich es brauche.«
So oder anders. Unbewußt stellt man sich tatsächlich eine Frau vor, in sündiger Wäsche, mit verklärtem Blick, die nur Lust auf einen selbst hat, daß man derjenige ist, der ihr das geben kann.
Die Wirklichkeit sieht anders aus. Meistens sitzt die Dame im legeren Jogging-Anzug da, einen Kopfhörer mit Mikro – wie bei der Telefonauskunft oder im Cockpit einer 707 – eine Packung Pfefferminzbonbons gegen Heiserkeit neben sich, einen vollen Aschenbecher und die neueste Ausgabe von *Petra* aufgeschlagen auf den Knien. Sie sind hübsch oder durchschnittlich, dick, klein, jung, Hausfrau oder eine Bankkauffrau in den Ferien, einfach eine Frau, die uns auch an der Tankstelle begegnet.
Aber die Phantasie ist auch wie bei Horrorfilmen à la Hitchcock das treibende Geschäfts- und Beeinflussungsmittel. Der rein verbale Sex am Telefon mit einer unbekannten Person fördert die Imagination und auch die Lust. Nur schade, daß die Gebühren so hoch sind.
In den seltensten Fällen ersetzt der Telefon-Sex das Gespräch einer zwischenmenschlichen Beziehung, doch es soll Telefonbeziehungen geben, die sich wie eine Beichte auswirken können. Die Absolution wird per gebührenpflichtiger Frequenz erteilt.
Eine andere Sache ist der Telefon-Sex unter zwei Personen, die sich kennen und vielleicht schon miteinander geschlafen haben. Diese Spielart der Verbalerotik kann ungeheuer reizvoll sein.

Aber nicht nur reizvoll im körperlichen Sinne, sondern auch in bezug auf Geist und Selbstbewußtsein. Stellen Sie sich vor, in der Mittagspause kommt dieser Anruf von Ihrem Partner: »Hallo, hier ist, na, du weißt schon, wer.« Noch ist Ihnen nicht klar, was von Ihnen verlangt wird. Sie fragen: »Wie geht's dir?« oder »Was gibt's?« »Eigentlich ganz gut, aber sobald ich deine Stimme höre, geht's mir mehr als gut.« Pause. »Du warst phantastisch letzte Nacht. Ich wäre jetzt am liebsten bei dir und möchte noch einmal von deinen Lippen trinken. Aber ich warte gern bis zum nächsten Mal.«

Das kann sehr schön sein, so einen zärtlichen Call zu bekommen. Und nicht nur für Sie. Tun Sie es selbst. Tun Sie es jetzt. Sie haben letzte Nacht nicht? Schade, aber an das letzte Mal werden Sie sich hoffentlich erinnern. Aber bedenken Sie eins: Deswegen aus einer Konferenz geholt zu werden ist unangenehm und kann nicht den gewünschten Effekt erzielen. Seien Sie also nicht zu erwartungsvoll, wenn Sie jetzt Ihren Partner in der Arbeit anrufen möchten. Vielleicht hat er viel zu tun und ist nicht ganz so aufnahmefähig, wie Sie es sich wünschen. Aber bedenken Sie auch, daß es ihm etwas geben wird, wenn er merkt, daß Sie an ihn denken. Jeder braucht dieses Gefühl, daß er einem anderen Menschen etwas bedeutet. Zeigen Sie es ihm mit einem kleinen schlüpfrigen Anruf. Bringen Sie ihn aber nicht extra in Verlegenheit. Wenn er mit anderen im Büro sitzt, braucht er Sie nicht am Telefon zu küssen. Stellen Sie ihm Fragen wie: »Gefällt dir das?« Und nicht »Was denkst du jetzt«. Denn das könnte Ihnen unangenehme Antworten bescheren. Ein Gutenacht-Anruf dagegen ist mit allen Wassern gewaschen. Da können Sie stöhnen, sich selbst berühren und Ihre Stimme sexy klingen lassen. Gefallen Sie sich einfach in dieser Rolle der momentan Unerreichbaren: Distanz und lockende Worte, verschwenderisch süß wie Konfekt, können eine verbale Erotik ganz besonderer Art sein. Es ist eine Sache nur zwischen Ihnen beiden; und wie einige lieber im Dunkeln miteinander schlafen, so ist auch der Telefonhörer wie die ausgeschaltete Zimmerlampe ein Hemmungsabbauer.

Erotik ist der eingefangene Augenblick. Leben Sie ihn. Sie können nur gewinnen – und trauen Sie sich!

2. Kapitel

Selbstbefriedigung

Masturbation: auch Selbstbefriedigung, Ipsation, Onanie, das Erreichen des Orgasmus durch Reizung und Erregung der eigenen Geschlechtsteile. Die Masturbation ist während der Pubertät als eine normale Erscheinung anzusehen, die bei den meisten Menschen (bei Knaben praktisch ausnahmslos) eine »Durchgangsphase« der normalen geschlechtlichen Entwicklung ist. Die Masturbation hat keine gesundheitsschädigende Wirkung.«

Ich habe nichts Persönliches gegen das Bertelsmann Universallexikon und das dort gesammelte Wissen unserer Zeit in über 70 000 Stichwörtern und 2500 überwiegend farbigen Abbildungen, aber sagt diese Definition nicht fast alles über die Ignoranz und Selbstverleugnung unserer westlichen Gesellschaft?

Masturbation ist nach Bertelsmann nur während der Pubertät normal und hoffentlich auch bald vorbei. Der Hinweis auf die Knaben spiegelt die unschuldig-heuchlerische Vermutung vor, daß Mädchen nicht selbst Hand anlegen. Die Bemerkung, Masturbation habe keine gesundheitsschädigende Wirkung, ist zwar bemerkenswert scharfsinnig und beruhigend, aber resultiert nur aus der jahrhundertealten Überzeugung, sie sei es ja doch! Früher hieß es, man wird blind, taub und häßlich davon, gefühllos sowieso, oder viel zu wollüstig, aber in

dem Fall wurde eine Frau verbrannt. Und das dezimierte Material von tausend Schuß darf auch kein Mann so ineffektiv verschleudern.
Der gesicherte Erkenntnisstand des 20. Jahrhunderts und das überlieferte Standardwissen leisten dem Benutzer wahrlich gute Dienste.
Religion und gesellschaftliche Standardregeln sind auch hier mal wieder Hand in Hand gegangen, wenn es um Handarbeit geht. Schade, es wäre uns allen einiges erspart geblieben. So haben wir uns die Erde im wahrsten Sinne des Wortes untertan gemacht; Technik und Fortschritt auf allen Gebieten. Wir fliegen über den Wolken, haben die großen Krankheiten fast alle besiegt und sind geistig hoch genug entwickelt, um die Sinnlosigkeit der Kriege zu begreifen. Wir beschäftigen uns mit der Psychologie des Terrorismus und heißen das kinetische System bei Golf- und Tennisschlägern willkommen. Cyberspace hat die Meditation abgelöst, um wahre Bewußtseinserweiterung zu erlangen, und Kondome sind nahezu reißfest. Nancy Friday landet mit »Befreiung zur Lust« einen Bestseller. Jede zehnte Frau hat davon gehört, jede zwanzigste hat mal reingeschaut, und jede fünfzigste hat es durchgelesen. Und was sagen sie, wenn man sie fragt, wie es ihnen gefallen hat? »Also, ich kann mich nicht damit identifizieren«, »Ekelhaft«, »Solche Phantasien habe ich nicht.«
Da ist es überhaupt möglich, daß so ein Buch im freien Handel zu erwerben ist, und dann diese ängstliche Reaktion. Schamhaftigkeit macht sich breit im Angesicht dieser selbstverständlichen Ehrlichkeit, die diese Frauen in dem Buch beschreiben.
Doch im Bereich der eigenen Sexualität, der Masturbationstechniken und dem Begreifen des eigenen Ichs in bezug auf Masturbation, befinden wir uns immer noch im psychologischen Mittelalter. Freud, Jung, Masters und Johnson haben uns zwar einige Wegbegleiter angeboten, doch der wissenschaftliche Beigeschmack ihrer Werke über den Menschen haben uns nicht die

Scham genommen. Tief verwurzelt in der menschlichen Psyche, vererbt durch jahrhundertealtes Genmaterial, sitzt die Scham, die Angst vor sich selbst und der Gesellschaft, in der man sich zwangsläufig anpassen muß, um zu überleben.
Selbst meine Freundin sagte mir noch vor vier Jahren, sie hätte »sowas« nicht nötig.
Hätte sie aber gehabt, genauso wie Sie und ich es nötig haben. Heute hat sie sich ein paar Liebeskugeln zugelegt und macht es sich regelmäßig mit dem Duschkopf, läßt den Wasserdruck den Rest für sich tun.
Das Schlüsselwort ist »für sich«.
Einigen Frauen werden in gewissen Medien-Publikationen Aussagen in den Mund gelegt wie: Ich brauche es jeden Tag drei- bis viermal. Nur leider macht diese Vorstellung Männer an, und das ist nicht der eigentliche Sinn der Selbstbefriedigung. Selbstbefriedigung hat einen gewissen schizophrenen Touch, aber den hatte Faust auch schon. Frauen entwickeln dabei auf jeden Fall mehr Phantasie – ohne die geht es jedenfalls nicht so gut. Und dabei sind sie Ausführende und Hinnehmende in einer Person. Ihre Hand – mit oder ohne Spielzeug – wird zur Hand einer anderen Person, ihr Bett zum Schauplatz wilder Orgien, sie ist überall, nur nicht zu Hause.
Masturbation ist höchst befriedigend, manchmal ist der Orgasmus sogar intensiver als beim Sex mit dem Partner. Männer geben sich zeit ihres Lebens mit ihrem Gemächt ab, sie berühren es beim Urinieren, greifen sich unbewußt in den Schritt, um die Juwelen wieder zu ordnen, und schauen sich in der Sauna gegenseitig diskret-neugierig auf das beste Stück, zwecks Länge- und Dicke-Vergleich. Den meisten weiblichen Babys wird sanft, aber bestimmt die Hand weggezogen, die sich zwischen die kleinen Beinchen gestohlen hat. Der lieben Oma gibt das kleine Mädchen nur die gute rechte Hand; erwischt sie einen beim Gute-Nacht-Kuß mit der linken unter der Bettdecke, heißt es gleich: »Das da unten ist bäh und dreckig, da kommt das Pipi

raus, das darfst du nicht anfassen« oder so ähnlich. Aber dieses Gefühl da unten ist manchmal so gut, und dann nimmt das kleine Mädchen vielleicht ein Kissen zwischen die Beine und weiß doch gar nicht, warum.
Masturbation ist gleichbedeutend mit der bewußten Akzeptanz der eigenen Sexualität, dem Bedürfnis nach Befriedigung und nach voller Auslebung des Triebs. Davor hat man Angst: Angst, alle Hemmungen abzulegen und sich darin zu verlieren, abhängig vom körperlichen Verlangen zu werden, Angst vor den eigenen Untiefen und Phantasien, die oft mit einem Hauch Gewalt begleitet werden und uns abschrecken. Die Frage »Bin ich jetzt pervers, wenn ich mir so etwas wünsche, wenn ich das tue, weil ich es getan habe?« taucht immer wieder auf, sobald man sich traut, über sich nachzudenken.
Trotz der Tatsache, daß unsere Reizschwelle aufgrund der totalen Reizüberflutung durch Medien und Publikationen aller Art ein sehr hohes Level besitzt – daß also erst eine ganze Menge passieren muß, bevor wir diese verbotene Erregung in uns spüren –, ist keine tatsächliche Diskussion entstanden. Natürlich wird ab und an in Zeitschriften und Fernsehsendungen wie *Cosmopolitan*, »liebe sünde« oder auch »Peep!« das Wie angesprochen, sehr selten auch das Warum. Aber diese Diskussionen wirken auf die breite Öffentlichkeit immer noch wie Exoten im Gänseblümchengarten. Es gibt auf dieser Welt drei Themen, die so vorsichtig wie eine Tretmine behandelt werden: Religion, Rassismus und Masturbation. Und dummerweise hängen sie alle miteinander zusammen: Aus Religionsgründen wird kleinen Mädchen in Teilen Afrikas und den arabischen Ländern die Klitoris abgeschnitten, aus Religionsgründen wurden die Naturvölker missioniert und schließlich allen Farbigen gleichermaßen die reine, weiße Keuschheit aberkannt.
Rassismus passiert dort, wo die Karriere einer weißen Schauspielerin an dem Tag zu Ende geht, an dem sie mit einem Schwarzen vor den Traualtar tritt, Rassismus tritt dann ein,

wenn ein Vater seiner Tochter den Umgang mit Schwarzen verübelt, weil schon seine Kumpels berichteten, Schwarze könnten länger, hätten einen Größeren und sowieso violettes Sperma. Allein die Tatsache, daß Frauen sich beim Masturbieren vorstellen, sie würden mit einem Schwarzen schlafen, und das irgendwie verboten finden, ist ein Resultat des versteckten täglichen Rassismus.

Aber zurück zur Onanie. Sie entwickelt sich parallel zur eigenen Persönlichkeit, die Qualität des damit erreichten Orgasmus wächst proportional zur Auslebung der Sexualität. Vor der Defloration masturbieren die wenigsten Mädchen bis zum Orgasmus. Sie schubbern sich an Gegenständen, an Kissen, Sofadecken, Stofftieren oder streicheln sich mit ihren Fingern. Sie entdecken sich spielerisch selbst – wenn ihnen nicht jemand die Hand dazwischen hält. Die Phantasien sind begrenzt. Es ist einfach dieses Gefühl, vergleichbar mit dem wohligen Zufriedensein, als man noch an Mutters Brust saugte oder in der warmen Badewanne sitzt. Nach dem »ersten Mal« ist die Scheide etwas geweitet, und die Tampons passen endlich. Zunächst muß die heranreifende Frau sich an den Mann gewöhnen, der ihnen die Pforte geöffnet hat. Manchmal ist eine Frau nicht fähig, sich soweit zu entspannen, um zum Orgasmus zu kommen. Das ist mehr als schade, doch Frigidität oder Anorgasmie gibt es nicht. Die sitzt im Kopf, nicht im Becken.

Masturbation kann helfen, seinem Körper die richtigen Botschaften zu entlocken, wie er es braucht. Auf Masturbation muß man nicht eifersüchtig sein. Ein Mann, der täglich onaniert, fühlt sich nicht unbefriedigt von seiner Partnerin oder seinem Partner und denkt meist noch nicht mal an eine Nebenbuhlerin. Eine Frau, die masturbiert, wird nie auf einen Mann oder eine Frau verzichten können. Also keine Angst, daß man zu kurz kommt, wenn sich der Partner mit sich selbst vergnügt. Sie können sich glücklich schätzen, wenn Ihr Partner masturbiert. Er ist auf dem besten Wege, sich und seinen Trieb zu akzeptieren. Und dann finden Sie gemeinsam auch einen Weg, alles auszukosten, was Sex zu zweit bietet.

Das Entdecken des eigenen Körpers ist seit neustem die Einnahmequelle diverser Schulen. In diesen Liebesschulen, die es beispielsweise in New York, Paris und Berlin gibt, lernt man die Technik. Das ist lobenswert, doch der Kommerz dabei scheint mir nicht der richtige Weg. Denken Sie etwa, Sie könnten an einem Nachmittag oder an einem Wochenend-Workshop Ihre langjährige Schamhaftigkeit ablegen, eine Liebestechnik wie Billardspielen erlernen? Ich könnte es nicht. Ich habe sechs Jahre gebraucht, vom ersten Mal Sex an gerechnet, bis ich mich, meine Phantasien, Wünsche und Bedürfnisse als okay akzeptiert habe – ich sage deshalb nicht normal, weil ich mir nicht anmaßen kann, die Welt in normal und unnormal, falsch oder richtig einzuteilen – und es war schleichend und zäh. Man ist dabei völlig allein gelassen, denn als erstes hat man vor sich selbst ein Gesicht zu verlieren. »Ich bin pervers, also bin ich ein schlechter Mensch« heißt die einfache Milchmädchen-Rechnung. Danach kommt erst die Befürchtung, von der Umwelt fallengelassen zu werden.

Erst wurde nie darüber geredet, dann kam die Welle des neuen Masturbations-Outing, und jetzt wird immer noch nicht darüber geredet, weil es ja sooo selbstverständlich ist. Tolle Ausrede, aber in den Köpfen ist es immer noch schlecht, abartig, obszön, verboten, sündig. Denn unseren Eltern abzuverlangen, daß sie Masturbation verstehen, ist wie der Versuch, in einem runden Raum in die Ecke zu sch .... Man läßt quasi immer wieder die Hose runter, prallt jedoch auf das Ding der Unmöglichkeit. Aber wäre es nicht schön, wenn einen die Eltern verstehen würden? Bis ich die Stimme meiner Mutter aus dem Ohr bekam: »Natürlich mache ich es mir, aber irgendwas da unten hineinzustecken – igitt, niemals.«

Und so besitze ich erst seit meinem 20. Geburtstag einen Vibrator, und acht Monate später kaufte ich mir noch einen kleine-

ren – für unterwegs. Dem Zoll ist er bisher noch nicht aufgefallen, ist er doch diskreterweise in einem Parfum-Zerstäuber-ähnlichen Flakon untergebracht. Sssssss ...
Masturbation kann nur auf die Vagina zielen oder den ganzen Körper einbeziehen. Streicheln, eine Gänsehaut zaubern, genau zu wissen, wo man sich berühren muß, um Genuß ohne Grenzen zu erfahren, ist einfach phantastisch. Und erst die Phantasie.

Die Egoistin

Freitag nachmittag. Sie kann sich kaum auf ihre Arbeit konzentrieren. Für diesen blöden Formel-1-Bericht braucht sie geschlagene fünf Stunden. Fünf Stunden, in denen sie immer wieder aus dem Fenster blickt, sich wie unbewußt über den Ansatz ihrer Brüste streicht und die Beine zusammenpreßt. Nervös zündet sie sich noch eine Zigarette an. Verdammt, schon wieder eine ganze Schachtel an einem halben Tag.
Sie kennt diese Anzeichen. Kaum, daß endlich Büroschluß ist, stürzt sie aus dem Gebäude. Aber noch zögert sie es hinaus. Sie weiß, heute wird es soweit sein. Sie hat Lust. Lust auf sich, Lust auf Berührung, Lust auf einen richtig guten Orgasmus, auf dieses Danach, wenn sie danach ihren Spielgefährten unter warmem Wasser abwaschen und dabei in den Badezimmerspiegel grinsen wird. »Wer wird heute in meinen Gedanken sein? Vielleicht Bernd? Oder sollte ich auf meine bewährte Footballmannschaft zurückgreifen? Oder der große Unbekannte, der mich zusammen mit seinem Freund nimmt, auf dem Tisch oder an die Wand des Fahrstuhls gedrückt?« Sie muß lachen. Natürlich sieht niemand es ihr an, wie sie sich darauf freut, allein zu sein. Als sie auf ihr Rennrad steigt, reibt sich der Stoff ihrer Jeans an den erwartungsvoll angeschwollenen Schamlippen. Ein Schauer durchrieselt sie, und der kühle Fahrtwind streift ihre nackten Schultern. Wie eine Hand.

Erst mal ein wenig Musik. Sie weiß, daß sie vielleicht laut stöhnen wird, und die Musik macht es ihr leichter zu vergessen, daß ihre Nachbarn sie genauso gut hören können, wie sie die beiden beim Sex belauscht hat. Zum Soul-Rhythmus beginnt sie sich auszuziehen, vor dem Spiegel, streicht über ihren Körper, schiebt das Becken vor, ganz leicht nur. Fährt sich den Nacken hoch, zwirbelt ganz leicht ihre Brustwarzen, hebt ihre Brüste hoch und knetet sie. Ihre Hände wandern über ihre Haut, mal mit den Fingerspitzen, dann wieder ritzt sie kurz mit den Nägeln über die Gänsehaut und dann wieder mit der glatten Handfläche. Dann feuchtet sie ihren rechten Zeigefinger an und legt ihn ganz kurz an ihre geöffnete Vulva. Ziept ein wenig an den gekräuselten Härchen, kitzelt an den Schamlippen. Sie holt ihren Dildo. Jetzt erst beginnt ihre Phantasie zu blühen: Sie legt sich auf ihr Bett, die Beine locker gespreizt. Sie schließt die Augen. »Wir wollen dich. Wir wollen dich haben, einer nach dem anderen, wie gefällt dir das?« Sie stellt sich die Stimme vor, die ihr das heiser zugeflüstert hat, stellt sich seinen Gesichtsausdruck vor. Sie versinkt.

Ihr Rock ist hochgeschoben. Ein roter Lederrock. Ihre weiße Bluse ist geöffnet, die braune Haut unter dem weißen BH blitzt auf. Unter dem Rock trägt sie nichts außer frisch rasierter Pussy. Der Mann hat sie auf die Bank gedrückt, sie wendet ihm den Rücken zu, den Po hoch in der Luft, die Knöpfe ihrer Bluse wippen gegen das Holz. Die weiße Farbe blättert ab. Der Mann hält sie mit einer Hand im Nacken, die andere liegt besitzergreifend auf ihrer Taille. Er hat noch sein Trikot an, blau, mit einer weißen 6 auf dem Rücken und der breiten, muskulösen Brust. Er riecht nach Anstrengung und nach Aggressivität. »Gleich werde ich ihn dir reinstecken. Ich weiß, daß du es brauchst. Heiß und dreckig, und die anderen werden zuschauen, wie ich dich nehme. Das wolltest du doch, als du hierherkamst, nicht wahr, und du willst es, du bist naß wie eine frische Muschel, ich werde gleich in deine enge, geile Möse stoßen, und dann wird es ein anderer sein, der seinen pochenden Schwengel zwischen deine Lippen schiebt, und wir werden dich alle vollspritzen. Und wenn ich dich gleich nehme, wird er dort drüben seinen Schwanz in deinen Mund stecken.

Wir werden dir deine süßen Löcher stopfen, und wenn du willst, werde ich dich zum Schluß noch in deinen lüsternen Arsch ficken. Los, sag es, sag, daß ich dich ficken soll.«
Noch führt sie ihren Dildo nicht ein, denn wie nebenbei durchzuckt sie die Überzeugung, daß diese Phantasie nie ausleben würde.
Aber darum geht es jetzt nicht, es geht darum, den Orgasmus hinauszuzögern, mit sich zu spielen und glücklich zu sein, daß diese Phantasie in all ihren flammenden Farben ihr alleine gehört und sie entführt in ein Meer voller Wollust.
Sie streicht mit ihrer Hand über ihre Spalte, fährt ihre Körperkonturen nach, hebt ihre Hüften ganz leicht an, beobachtet ihren Schatten an der Wand.
Ist die Tür abgeschlossen? Nun wohnt sie schon fast ein Jahr allein in ihrem Appartement hoch über den Dächern der Stadt, und doch muß sie sich sicher fühlen, die Musik hört sie aber fast nicht mehr.
Sie wälzt sich auf den Bauch, ihre Brustwarzen drücken gegen das kühle, zerwühlte Laken. Dann geht sie auf die Knie, beugt sich vor, drückt mit zwei Fingern ihre Schamlippen auseinander, befeuchtet sie kurz, nein, sie sind schon mehr als feucht, und dann drückt sie ihn hinein. Es ist so eng, und sie hält inne, reibt sich über ihren angeschwollenen Kitzler, fühlt ihre zarte Haut, frisch rasiert und so empfindlich. Sie schaltet ihn nie ein, ihren kleinen Freund, dieses aufdringliche Sirren würde diese Situation etwas lächerlich erscheinen lassen. Und dann gleitet er hinein. Er fühlt sich – wie immer in den ersten Sekunden – etwas zu groß an, aber sie mag es, dieses Gefühl, ganz ausgefüllt zu sein. Sie rollt sich auf den Rücken, stemmt die Füße an die geweißelte Wand, drückt die Knie auseinander. Dabei hat sie die Augen geschlossen, schaut sich von innen zu, wie sie es sich selber macht. Ihr Venushügel fühlt sich gut an, so weiblich, herausfordernd. Ihre Vulva pocht, kleine Vorboten der Wollust suchen ihren Weg aus der lockenden Grube der Köstlichkeiten.
Doch ihre Gedanken sind nicht bei derart blumigen Umschreibungen, sie verliert sich in Phantasien mit einem Hauch Gewalt, sie wird dominiert, als Frau begehrt und bedingungslos genommen. Und da

spürt sie ihn schon kommen, den Orgasmus, und sie schafft es gerade noch, sich zurückzuhalten. Immer wieder kurz vorher aufzuhören – mit der Gewißheit, daß sie kommen wird, ohne Zweifel. Mit der rechten Hand führt sie den Dildo, die linke reibt langsam, aber stetig über ihren erbsengroßen Lustpunkt. Ihre Brustwarzen erhärten sich, und für einem Moment löst sich ihre linke Hand zwischen ihren Schenkeln, und sie fährt sanft über die zusammengezogene Haut. Eine kleine Lustwelle fährt von ihren Brüsten zu ihrer geöffneten Vagina. Das liebt sie, auch wenn sie auf einem Mann sitzt und auf seinem Penis tanzt, oder wenn sie mit einer Frau schläft und sich zwei weiche, warme Frauenbusen berühren. Doch jetzt gehört sie nur ihren eigenen Händen, und sie weiß genau, was sie mit ihnen tun muß. Und sie stellt sich vor, wie er, dieser starke Unbekannte, in sie hämmert, wie er es sich den ganzen Tag gewünscht hat, genau das nur mit ihr zu tun. Wie er es braucht, und wie sie es braucht. Ihr Atem geht schneller, sie keucht verhalten, ihre Hüftmuskeln spannen sich an, und ihre Haut rötet sich. Dann verwandelt sich das Bild blitzartig. Ja, diesmal ist er es. Bernd, ohne Brille, die Haare zerzaust, seine Armmuskeln treten heraus, als er sich auf seine Hände stützt und mit seinem erigierten Penis in ihre Pforte stürzt. Sie zieht seinen Körper an sich, bedeckt seinen Hals mit imaginären Küssen und schmeichelt ihm mit kleinen Schweinereien, dicht an seinem Ohr. Sie hört, wie er ihren Namen flüstert und wie er auf den Moment gewartet hat, sie zu haben. Und dann kommt sie. Wie ein schwarzer Luftballon, der in ihr platzt. Ihre rechte Hand versagt fast ihren Dienst, die linke preßt sie an ihre Klitoris. Sie stöhnt »Ja, ja, bitte« und kommt immer noch. Sie verkrampft sich, entspannt sich, läßt alles laufen, alle Empfindungen läßt sie zu. Sie spürt ihre Hitze, und sie ist geil, und doch ist es eine reine Befreiung.

Erschöpft sinkt sie zusammen, ihr Brustkorb hebt und senkt sich. Es war gut, es war verdammt gut. Besser als beim letztenmal Sex. Da kam sie zwar auch, aber bei weitem nicht so tief, erschöpfend, geil, großartig und überwältigend. Sie fühlt sich wunderbar. Etwas müde, ja. Langsam zieht sie den nassen Kolben aus ihrer schmalen Vagina, mit einem leichten Schmatzen rutscht er aus ihr heraus. Sie grinst mit geschlossenen Augen und bleibt einfach liegen, döst vor sich hin, überlegt, ob sie noch ein zweites Mal. Nein, es war wirklich genug. Sie schaut auf die Uhr. Wieder mal hat es noch nicht mal acht Minuten gedauert. Sie streckt sich, ihr Brustbein knackt, und sie bewegt ihre Zehen im Rhythmus der Musik, die sie jetzt auch wieder hört. Es ist wie ein Aufwachen aus einer anderen Welt. Sie liegt noch ein wenig herum, blättert in einem Buch von Stephen King und geht dann auf die Toilette, wäscht sich die Hände und ihren Dildo. Dabei blickt sie in den Spiegel über dem Waschbecken. Da ist er wieder, dieser gewisse Ausdruck in ihren rehbraunen Augen. Ein wenig verschleiert, ziemlich wissend, aber nicht lüsternd, wie dieser unmögliche »Rammel-mich«-Kaninchen-Blick. Sie erinnert sich, wie sie einmal nachts um halb eins masturbierte, und plötzlich klingelte das Telefon. Und wer war dran? Genau der, an den sie gerade gedacht hatte. Es war seltsam. Danach hatte sie nicht mehr ihn in ihren Gehirnwindungen und Unterleibszuckungen, sondern verlegte sich eine Zeitlang auf ihren zuverlässigen, unbekannten Football-Team-Captain. Heute dachte sie wieder darüber nach. War es möglich, daß es derjenige Mensch irgendwie spürt, wenn man intensiv an ihn denkt? Sie überlegte, daß das bei Bernd keine so schlechte Sache wäre, und zog sich ihren Kimono an, um noch eine Zigarette – danach – auf ihrem Balkon zu rauchen und durch die Bäume die Gäste auf der Terrasse des mexikanischen Restaurants zu beobachten.

Masturbation, so wie diese Frau sie nun leidenschaftlich gern betreibt, muß nicht die Regel sein. Ich kenne einige beneidenswerte Frauen, die entweder nur ihren Kitzler zu berühren brauchen, um zu kommen, anderen reicht die Bewegung eines kleinen Vibrators in ihrer Vagina, ohne daß sie die andere Hand zu Hilfe nehmen brauchen.
Die meisten Frauen scheuen sich jedoch, die eigenen Hände einzusetzen. Sie masturbieren unter der Dusche mit dem Wasserstrahl oder drücken rhythmisch die Oberschenkel zusammen

und bewegen dabei ihren PC-Muskel (im Bertelsmann als Abkürzung für Personal Computer, natürlich), das ist der Pubococcygeus-Muskel. Dieser befindet sich im Inneren der Vagina, und man merkt ihn beispielsweise dann, wenn man sich das Urinieren verkneifen muß. Beispiel: Autobahn A7. Kasseler Berge rauf und runter. Sie müssen dringend auf die Toilette. Na, typisch, den Eistee wieder in einem Zug runtergestürzt und jetzt pieseln müssen. Und doch kann man den Strahl prima zurückhalten. Auch als man bei der nächsten Raststätte aussteigt, nach zwei Zehn-Pfennig-Stücken sucht, geht es noch. Und dann – endlich. Nun wäre es an der Zeit auszuprobieren, wo der PC-Muskel sitzt. Unterbrechen Sie Ihren Urinfluß. Nein, nicht die Oberschenkel zusammenpressen, es ist, ja, genau, dieser Muskel. Ein blöder Witz – Stammtisch Oberhausen, würde ich sagen – besagt, daß mit genügend Übung eine Frau mit ausgeprägtem PC-Muskel Nüsse knacken kann. Was dieser Stammtisch nicht weiß, ist, daß ein trainierter PC-Muskel die Größe und Spannweite einer Vagina tatsächlich beeinflussen kann. Angewendet beim Sex, kann es für den Mann eine gehörige Luststeigerung hervorrufen. Wie ein kleiner Saugring stimuliert der PC-Muskel seinen Penis, verengt sich und hält ihn fest. Die Franzosen nennen das »casse-noisette«. Doch diese Klemmschachtel bringt nicht nur beim gemeinsamen Sex etwas, sondern erhöht auch die persönliche Sensitivität und letztlich die Intensität des Orgasmus. Man kann seinen Muskel trainieren, indem man ihn regelmäßig zusammenzieht – das funktioniert überall, in der Straßenbahn, beim Plausch mit den Kollegen oder beim Zeitunglesen – und wieder losläßt, auch mal drei Sekunden fest zusammengezogen hält. Die Kombination von leichter Schenkel- und PC-Muskelbewegung ist eine prickelnde Stimulation und eine gute Vorbereitung auf die Masturbation. Ich weiß noch, wie ich mich manchmal in der Schule langweilte und diese Übung so nebenbei machte. Während ich lässig auf meinem Stuhl lümmelte, hatte ich äußerst angenehme Gefühle in meiner Jeans. Ich erzählte meinen Freun-

dinnen davon, und bald wackelte unter den anderen Tischen noch so manches Knie hin und her.
Jeder ist heutzutage dann und wann etwas nervös – Ihre Bewegungen werden also nicht weiter auffallen. Obwohl mein Freund Peter O. letztens bemerkte, unruhig mit den Füßen zu wippen wäre ein Zeichen für unbewußte Masturbation. Und? Er tut es selbst. Nur leider haben Männer immer etwas derbere Ausdrücke dafür übrig. Wichsen, schleudern, einen runterholen. Aber wenigstens ist Onanieren für die andere Hälfte der Menschheit eine akzeptable Selbstverständlichkeit.

Als Heranwachsende veranstalten Jungs nicht selten Spritzwettbewerbe. Wer kann am schnellsten kommen? Nur Pech, wenn man der letzte ist. Dann schauen einem die anderen alle zu. Später finden die inzwischen zu koitusreifen Männern entwickelten Schnellspritzer heraus, daß von einem sogenannten guten Liebhaber etwas anderes erwartet wird, als ständig Erster zu sein.
Aber Onanieren gehört immer noch bei den meisten zum täglichen Geschäft. Mal eben auf der Toilette im Stehen, vor dem Fernseher auf der roten Couch in ein Taschentuch oder auf dem Bett liegend mit einem Hauch von erotischen Gedanken. Eins ist klar: Männer setzen so gut wie keine Phantasie ein, wenn sie sich selbst befriedigen. Bei einigen ist es die pure manuelle Stimulation, die ihnen nach zwei Minuten einen zwar erleichternden, aber wirklich nicht überwältigenden Orgasmus beschert. Sie umschließen ihre Eichel mit Daumen und Zeigefinger oder mit der ganzen Faust, manchmal fest, manchmal zart, und schieben, wenn sie haben, die Vorhaut rauf und runter. Einige Einfallsreiche streicheln vielleicht noch ihre Hoden. Harry steckt sein bestes Stück schon mal in das Rohr des Staubsaugers und denkt an vergangene Situationen, die er mit seiner Freundin verlebt hat; Tom schaut sich gerne einen Pornostreifen dabei an und spritzt in ein Handtuch oder benutzt ein Kondom, Heiner

beugt sich über die Toilettenschüssel und denkt an gar nichts. Die Schüssel legt er vorher mit Klopapier aus – denn Sperma wäscht sich so schlecht mit kaltem Wasser beim Abziehen ab. Doch alle haben eins gemeinsam: Der Orgasmus ist nicht halb so befriedigend wie beim Sex. Bei Frauen ist es meist umgekehrt.

Vielleicht ist das der Grund, warum Kirchenmänner bisher immer die Masturbation der Frau härter verdammt haben als die der Männer; sie könnten ja daran Gefallen finden und sich selbst den Vorzug geben, als ihren Pflichten als Gebärmaschine nachzugehen.

In mehreren Gesprächen mit den Inhaberinnen des Sex-Shops nur für Frauen in München kristallisierte sich auch etwas anderes heraus. Die Angst der Männer, wenn sie ihre Freundin oder Partnerin beim Onanieren überraschen und sie mit einem – für männliches, unausgegorenes Penisempfinden – riesengroßen Dildo hantiert. Sie stellen sich die Frage: »Reiche ich ihr jetzt nicht mehr?« und dann folgt der verschämte Blick in die gelüpfte Unterhose.

In diesem Shop »*Ladies First*« gibt es Dildos in allen Formen, Farben und Größen; Vibratoren mit Schwingkopf und Klitorisstimulator; Schmalere für den Analbereich; Liebeskugeln in klein und groß; Godmichés (das sind Dildos, die an einer Art Gürtel befestigt sind) zum Umschnallen; Doppeldildos, die zu beiden Seiten hin eingeführt werden und somit beispielsweise Po an Po von zwei Frauen benutzt werden können, und viele Toys mehr.

Bei der Eröffnungsfeier durften das erste und letzte Mal auch Männer in den hell eingerichteten Shop, und die meisten verließen ihn bald ziemlich still und blaß. Wenn Frauen allein masturbieren – es gibt kaum einen größeren Vertrauensbeweis, als seinen Partner dabei zuschauen zu lassen –, entwickeln sie zunächst eine stärkere Leidenschaft als beim gemeinsamen Beischlaf.

Kein Wunder, sie sind allein. Irgendwann wird sich dieses Los-

lassen aller Hemmungen und Schamhaftigkeit auch auf das gemeinsame Sexleben ausdehnen – wenn er als Mann zuläßt, daß sie es überhaupt tut. Wie?
Erforschen Sie Ihren Körper. Sorgen Sie dafür, daß Sie nicht gestört werden, stöpseln Sie das Telefon aus. Duschen Sie, oder nehmen Sie ein Bad mit duftenden Essenzen. Das nimmt die Scham, etwas »Dreckiges« zu tun, und sorgt der Hygiene vor, die unerläßlich ist. Schließlich ist die Scheide empfindlich für kleinere Infektionen, da sollten die Hände sauber sein – nicht wegen der Moral, sondern damit sich nichts entzündet. Machen Sie ein gründliches Körper-Peeling, vielleicht zünden Sie eine Kerze im Bad an, löschen das Licht und lassen sich genüßlich in das warme, schmeichelnde Wasser gleiten. Aber nicht zu heiß. Eine Kreislaufschwäche kann jede Erregung im Keim ersticken. Legen Sie sich ein kaltes Handtuch auf die Brust, und nehmen Sie einen Schluck eisgekühlten Wein zu sich. Wenn Sie sich einseifen, stehen Sie auf und lassen Ihre Hände über Ihren Körper wandern. Mehrmals, fahren Sie Ihre Rundungen nach, genießen Sie Ihre Formen der absoluten Weiblichkeit. Sie sind einzigartig und schön, jedes Gramm Ihres Körpers ist liebensWERT. Wenn Sie nun die Erhebungen Ihres Körpers ertasten, vergessen Sie Ihre üblichen Befürchtungen, wenn Sie sich kritisch im Spiegel betrachten. Der Venuskomplex gehört jetzt nicht hierher. Vielleicht hören Sie Musik von Barry White, Enigma oder Eylin de Winter.
Nun sinken Sie zurück in die schaumige Nässe, lassen sich treiben und schließen die Augen, während die Wärme um Sie herum den Rest für Sie tut. Sie entspannen sich, Ihr Nacken wird entlastet, und Sie denken nur an das eine: SEX. Wie war es, das letzte Mal? Mit wem? War es gut? Mit wem würden Sie gerne? Lieber zärtlich oder hart? Konstruieren Sie eine Situation, während Sie sich nun nackt und naß auf Ihr Bett legen. Der Wind durch das leicht geöffnete Fenster wird Sie trocknen und eine leichte Gänsehaut zaubern. Helfen Sie dem Himmelsboten, und

zeichnen Sie den Weg des Windes nach. Sie können etwas Öl benutzen, wenn Sie nun Ihre Schamlippen berühren. Wenn Sie sie öffnen, ganz vorsichtig darüberfahren, um herauszufinden, wo es sich gut anfühlt. Tun Sie es, träumen Sie, masturbieren Sie, ohne oder mit Dildo, mit Vibrator, in allen möglichen Stellungen, sagen Sie Wörter, die Ihnen nie über die Lippen kommen würden, die Sie aber in diesem Moment aussprechen wollen. Wenn Sie etwas in Ihrem After haben wollen, dann tun Sie es; und wenn Sie einen Dildo in der Vagina und einen kleineren oder größeren anal haben wollen, dann tun Sie es. Und wenn Sie es in Ihrer Vorstellung mit Ihrer Chefin, dem Mann der besten Freundin, der nigerianischen Nationalmannschaft, einem Schäferhund oder einer futuristischen Fickmaschine à la Tomi Ungerer machen wollen – richtig, dann tun Sie es. Niemand wird es erfahren, und Sie können es immer wieder tun, die Phantasiebilder ausfeilen, ein Geheimnis haben. Neben der Phantasie werden Sie Ihren Körper kennenlernen und wissen, auf was er reagiert. Wenn Sie sich erst trauen, sich selbst zu berühren, dann können Sie es auch beim Sex, zum Beispiel a tergo, von hinten. Sie reiben sich währenddessen, wie Sie es beim Masturbieren machen, über die Klitoris. Finden Sie selbst heraus, was passiert. Es passiert nämlich ganz schön viel. In einem anderen Kapitel werde ich noch weitere Stellungen beschreiben, bei denen man selber ein wenig nachhelfen kann, um sich zu erregen.

Masturbation hat nicht immer was mit Orgasmus zu tun, genauso wie Sex auch nicht was mit unbedingtem Höhepunkt zu tun hat – bei Frauen bedauerlicherweise öfter, als ihnen lieb ist. Manchmal ist es beim Masturbieren einfach das angenehme Kribbeln, zum Beispiel kurz vor dem Einschlafen noch ein wenig an sich herumzuspielen. Manchmal ist es auch leider so, daß eine Frau nicht bereit ist, während der Selbstbefriedigung zum Höhepunkt zu kommen. Eigentlich ist sie soweit, aber irgendwie geht es nicht. Es geht einfach nicht, obwohl alles in ihr danach

lechzt, ihr Unterleib wie eine brennende Flamme bebt, aber die Entladung läßt auf sich warten. Vielleicht könnte man die Technik wechseln, noch mal von vorne beginnen, es tatsächlich mal mit einem Dildo probieren, die Klitoris streicheln oder sich einfach mehr angeblich schmutzige Phantasien machen.
Erstmal müssen Sie sich lösen von den Stimmen oder vielmehr Nicht-Stimmen Ihrer Eltern. Selbst wenn Sex schmutzig ist, mußten Sie schließlich auch geboren werden. Und dazu war was nötig? Richtig, Ihre Eltern haben miteinander geschlafen. So schrecklich kann es nicht gewesen sein.
Und außerdem gibt es noch ein ganz rationales Argument für Masturbation: Es ist gesünder, als sich dauernd einen anderen Partner zu suchen, wenn es – ganz lapidar mit den Worten meines Vaters gesagt – zwischen den Beinen juckt.
Einzige Bedingung: Tun Sie es.

3. Kapitel

Was ist ein guter Liebhaber für Frauen – und was denken Männer, was Frauen von einem guten Liebhaber erwarten.

Man munkelte, sie hätte einen Liebhaber. Nun sah man sie über die Straße gehen und wußte genau, zu wem sie ging. Die Frauen folgten ihr mit Blicken und Neid in den Augen, die Männer bedauerten den gehörnten Ehemann – denn er schien sie wohl nicht davon abhalten zu können. Jeder wußte, daß sie ihren Mann liebte und alles für ihn tun würde, doch ihr Liebhaber war etwas anderes, etwas, was blitzende Augen und einen wiegenden Gang hervorrief.«

Der gute Liebhaber – eine lebende Legende.

Wir kommen nun zu einem traurigen Problem in der Geschichte der Menschheit. Aber es ist nun mal so: Mann und Frau leben in zwei verschiedenen Welten: Nach der ersten gemeinsamen Nacht ist der Mann bei seinem besten Freund zu Besuch. Der Freund fragt: »Wie war sie?« Der Mann antwortet: »Sie ist echt auf mich abgefahren. Hat geschrien und konnte gar nicht genug bekommen. Ich glaube, so einen wie mich hatte sie noch nie.« Sie ist bei ihrer besten Freundin auf einen Kaffee. Die Freundin fragt: »Und, wie war's?« Sie sagt: »Oh, Mann, so einen hatte ich noch nie. Sagte dauernd, komm Baby, ich will dich schreien

hören und so Zeugs. Und zugepackt hat er wie ein Bauarbeiter – aber ich wurde nicht halb so wild, wie er es dachte. Schau mal, ich habe überall blaue Flecken, weil er wohl dachte, er muß mich hart anpacken. Das schon, aber doch nicht so.«
Wie oft mußte ich hören, daß mich ein Freund gefragt hat: »Was will sie von mir?«
So manches Mal habe ich schon erklärt, daß es am besten ist, wenn man als Mann genau darauf achtet, was sie, die Partnerin, macht. Sie zieht ihn aus, bedeckt seinen Körper mit Küssen, berührt ihn überall, nimmt seinen Penis in ihren Mund und reizt ihn bis zum Wahnsinn, hört kurz vorher auf, wuselt dabei mit ihren Händen über seinen Körper und führt seine Hände hier und da so hin. Und was tut er? Nachdem sie ihn so erregt hat, spreizt er ihre Beine, und nach exakt zwölf Minuten kommt er. Und sagt am nächsten Tag: »Es war doch eine Super-Nacht.« Ja, für ihn schon, denn er hat auch genug ihrer zärtlichen Wildheit empfangen. Er hat sie sich nicht genommen, die Frau gibt sie ihm mit Wonne. Aber er kam nicht mal auf die Idee, es ihr gleichzutun. Schon mit zarten siebzehn mokierten meine Freundin und ich uns über unser Liebesleben. In Ermangelung der Fähigkeit, unserem Liebhaber zu sagen, was wir wollten, versuchten wir es ihm zu zeigen. Mit Handlungen, die er einfach nachmachen konnte. Wir massierten ihn in der Hoffnung, es könnte ihm so gefallen, daß er es auch irgendwann in den nächsten Tagen mit uns tut. Wir nahmen seinen Schwanz zwischen unsere saugenden Lippen in der Hoffnung, er würde uns auch mal lecken.
Nicht sofort, aber bitte doch bald. Wir verführten ihn mit einer leichten Dominanz, und er wartet die nächsten Male darauf, daß wir es wieder tun. Na prima. Männer denken, Frauen haben es gerne zärtlich. Ja bitte, aber wir haben auch nichts dagegen, ungestüm begehrt zu werden. Männer denken, Frauen wollen »vergewaltigt« werden. Von unserem Liebsten schon, wenn wir es sowieso wollen. Nur sträuben dürfen wir uns auch ein bißchen,

das ist aufregend, den Willen aufgezwungen zu bekommen, den man eh schon hat. Männer denken, sie müßten eine Frau nur zum Orgasmus bringen, damit sie restlos befriedigt ist.
Dabei geben wir uns auch mit zwei Stunden heißem Petting zufrieden und müssen nicht immer beim Sex zum Orgasmus kommen. Männer denken, sie müßten eine Frau danach die halbe Nacht im Arm halten. Ich drehe mich um und schlafe. Männer denken, groß und dick ist der Frauen Glück. Und damit haben sie ausnahmsweise recht, aber es geht auch anders.
Jeder Mann wäre ein guter Liebhaber. Wenn er so wäre wie eine Frau. Dabei meine ich nicht die Frauen, die sich einfach hinlegen, die Beine breitmachen und von hundert rückwärts zählen und bei neununddreißig anfangen zu stöhnen.
Ein guter Liebhaber sein bedeutet nicht, eine halbe Stunde zu können und manchmal sogar ein zweites Mal. Es hat nichts mit Penislänge oder -größe oder Figur oder Aussehen zu tun. Von Frauen hört man immer, er solle einfühlsam sein. Heißt das zärtlich? Oder nicht drängend? Nachgebend? Es heißt, sich auf die Wünsche der Frau einzustellen. Nur leider haben Frauen manchmal das Problem, daß sie nicht wissen, was sie wollen. Es ist zwar ein Fortschritt, wenn sie wissen, was sie nicht wollen. Aber das bringt auch nicht immer den gewünschten Erfolg. Beispiel: Sie liegt auf dem Bett, er kniet sich zwischen ihre Beine. Sie schiebt seinen Kopf weg, will nicht geleckt werden. Er tut es nicht. Weil er ja einfühlsam ist. Aber er weiß nicht, ob sie es vielleicht nicht doch will. Er sollte das nächste Mal einfach mit ihr vorher baden. Manche Frauen haben die unbestimmte Scheu, daß ihre Vagina nicht gut riecht, obwohl das erst bei drei Tagen ohne Wasser und ständigem Sex und Sport so ist. Das Sekret der Vagina schmeckt wunderbar. Auch wenn man morgens geduscht hat und zwölf Stunden später geleckt wird. Dann erst recht, denn jetzt ist es so typisch weiblich, erotisch und lecker. Gut, also beim nächsten Mal wird vorher gebadet, aber nicht mit Seife gespült, denn wer will schon Schaum vor dem Mund ha-

ben? Nur mit klarem, lauwarmem Wasser, das reicht und durchblutet. Aber zurück zu dem guten Liebhaber.
Männer, schnallt euch an. Denn Frauen wollen alles. Nicht auf einmal, aber möglichst nach und nach vom gleichen Mann. Aber die Liste der Dinge, die sie nicht wollen, ist vielleicht auch ganz interessant. Ein guter Liebhaber ist nicht nett, und er ist auch nicht reich. Er ist nicht *nur* Macho oder Kuschelbär. Er ist nicht cool, aber er ist auch kein Weich-Ei, der immer fragt, ob er ihr auch nicht weh tut und ob dies oder das gut für sie ist. Ein guter Liebhaber behält seine Socken nicht an, egal ob Frottee-Weiß oder von Boss. Er ist kein Bettakrobat und auch keine Labertasche. Er fragt danach nicht »Wie war's?« oder »Bist du gekommen?«. Ein guter Liebhaber ist nicht wie Michael Douglas in »Basic Instinct«. Er läßt sich nicht nur bedienen. Er ist nicht leicht zu kriegen, aber er ziert sich auch nicht sechs Wochen lang. Drei sind genug. Er verniedlicht nicht alles, was man als Frau tut. Er ist nicht still im Bett oder kommt ohne einen Mucks. Er sagt nicht mitten im Clinch: »Irgendwie bin ich zu überreizt.« Sein Ding macht nicht schon nach 15 Minuten schlapp. Er kommt nicht nach zehn Stößen. Kein guter Liebhaber tut es nur im Dunkeln. Er legt keine Gummimatte unter seine gute Bettwäsche. Er ekelt sich nicht vorm Oralverkehr und meint dazu »Ich mag nicht, wenn es nach Toilette riecht«.
Die Liste könnte endlos so weitergehen, doch kommen wir zum Wichtigeren. Was macht einen guten Liebhaber aus, bei dem die Freundin beim Kaffee die Augen gen Himmel verdreht und ihr ein »Wow« entfährt?
»Ich will keine Schokolade – ich will einen Mann. Einen, der mich küssen – und um den Finger wickeln kann.«
So unschuldig dieser Schlagertext aus den ganz frühen 60er Jahren für uns klingt, er sagt doch schon mal das Wesentliche eines sogenannten guten Liebhabers aus. Küssen und um den Finger wickeln, d. h. verführen, das muß er können, der gute Mann.

»*Sie sank an seine starke Brust. Leise stöhnte sie auf, als er sie fest an seine Hüfte drückte. Er schien mehr als zwei Hände zu haben, die über ihren Körper glitten, heiß und wissend. Ihr wurde schwindlig, und sie ließ es zu, daß er sie sanft aufhob und zum Bett trug. Nur der Gesang der Vögel vor dem Fenster vermochte ihre Trance zu durchdringen, als sie sich ihm mit ganzer Leidenschaft hingab ...*«

O süßer Schmelz der verklärten Liebesromane. Eigentlich weiß man nicht genau, was er nun mit ihr anstellt, aber es muß ja wirklich toll sein. Liebesromane können starke Sehnsüchte und Gefühle erwecken. Und dann die unselige Sehnsucht nach mehr von diesen unerklärlichen Gefühlen, die solche Stellen in Liebesromanen auslösen. Schließlich eine verzehrende Sehnsucht, diese Gefühle selbst zu erleben, den Traum Wirklichkeit werden zu lassen. Aber dann die Enttäuschung – es ist nie wie bei der schönen Jungfrau und dem männlichen Held. Wenn die Stelle so beschrieben wäre: »Er packte sie und warf sie auf das Bett« kommt das dem realen Leben irgendwie näher.

Was ich damit sagen möchte ist, daß es nur schwer ist, einen guten Liebhaber zu beschreiben, ihn sich zu wünschen und wenn möglich zu basteln, wenn es ihn so gar nicht gibt.

Manchmal versteift man sich als Frau so auf dieses Bild, was man von einem sogenannten guten Liebhaber hat, und verpaßt den Anschluß an die realen, greifbaren Männer. Man kann unmöglich die Wünsche seiner Freundinnen zitieren, wenn man einen guten Liebhaber beschreibt. Das sind Träumereien, nicht die Wahrheit. Die Wahrheit ist weniger verklärt, sie ist nackt, ehrlich, bedingungslos und konkret. Sie ist von Handlungen geprägt, nicht von Sehnsüchten.

Es besteht ein Unterschied zwischen dem, wonach sich Frauen sehnen, und dem, was sie wirklich haben wollen. Denn was sie wollen, wissen sie meistens ganz genau; wonach sie sich sehnen, werden sie nie wissen.

Was wollen Frauen von einem Mann, daß er später in die Hitliste eingetragen wird?
Manchmal kann ein Macho besser oder befriedigender im Bett sein als ein Softie.
Wahrscheinlich geht jetzt ein Aufschrei durch Deutschlands Betten – waren diese gefühllosen Arschlöcher, Chauvinisten und Egoisten nicht diese Art Männer, die eine Frau sich noch nicht mal nackt auf den Bauch binden würde, auch wenn sie die letzten Menschen wären?!
Das kann gut sein, aber die Machos von heute benehmen sich nicht mehr wie die verurteilten Machos der 80er Jahre. Und überhaupt sind die Bezeichnungen Macho und Softie nur die beiden Extreme auf einer waagerechten Meßlatte, die sich genau gegenüberliegen. Auf die Nuancen dazwischen kommt es an, den es gibt doch wohl bitte schön mehr als zwei Männertypen. Ein lapidares »Er war ein typischer Macho/Softie« erklärt noch lange nicht, wie er war.
Aber wie genau hätte er denn sein sollen?

Claudia will, daß er ruhig mal zupacken soll. Und am besten soll er auch wissen wo, ohne daß sie es ihm zeigt.
Natascha möchte, daß er so richtig ins Schwitzen kommt.
Claire kann nicht ohne ein ausgiebiges Vorspiel auskommen.
Madonna empfiehlt: Erst abschlecken, dann reinstecken.

Leider gibt es kein Grundrezept, meine Herren, um aus Ihnen einen hundertprozentigen guten Liebhaber zu machen. Denn wie jeder Mensch Anspruch auf seine Individualität erhebt, sind auch die Wünsche sehr individuell. Jede Frau will etwas anderes – wenn alle das gleiche wollten, wäre es auch verdammt langweilig. Doch auf die Technik oder den Sex als solchen kommt es bei einem guten Liebhaber nicht an; es ist das Gefühl, das er bei einer Frau hinterläßt. Und das unterscheidet sich gravierend von dem, was Sie glauben, wie es sein sollte.

Ist die Lust einer Frau nicht befriedigt, ist der Mann kein guter Liebhaber. Aber Lust ist nicht gleich Orgasmus. Sie kann keinen gehabt haben und sich trotzdem phantastisch amüsiert haben. Sie kann zwei gehabt haben und sich immer noch irgendwie leer fühlen, unbehaglich, kalt, in ihrer Lust allein gelassen. Das bedeutet nun wiederum nicht, daß Frauen immer das Bedürfnis haben, mit ihrem Partner zu verschmelzen, eins zu werden.

Ein guter Liebhaber muß einfach folgende Qualitäten mitbringen (jetzt geht's los – Augen zu und durch):

Einfallsreich – das Bett ist zwar bequem, aber ein Überfall auf dem Teppich ist auch nicht zu verachten. Sie will nicht? Bringen Sie sie dazu, daß sie es will. Mit allen Fasern ihres herrlichen Körpers. Sie hat doch einen herrlichen Körper, diese Frau, die Sie begehren, oder? Und, weiß sie es? Von Ihnen? Nein – also wird es wirklich Zeit. Vertrauen ist wichtig; zu wissen, daß man dem Mann gefällt, daß man ihn als Frau anzieht. Sprüche wie »Du bist wunderschön« sind zwar nett, aber das hört man wirklich überall. Ein Mann könnte versuchen, herauszufinden, auf welche Schmeicheleien (ehrlichen – wenigstens sollten sie ehrlich klingen) sie reagiert. Romantisch? »Im Schein des Mondlichtes bist du die wildeste Versuchung, der ich bedingungslos erliege.«

Neckisch? »Komm her mit deinem süßen Knackarsch, meine kleine Reiterin!«

Vulgär? »Oh, wie ich es brauche, deine Möse, deinen Mund, der so herrlich gierig ist.«

Finden Sie es heraus, wie es ihr am meisten Freude bereitet, von einem Mann gehuldigt, angebetet, begehrt und gewollt zu werden.

Wild ist er, der gute Liebhaber. Er stöhnt, er windet sich, er genießt es, er ist sich und seiner Männlichkeit voll bewußt.

Er setzt seine Hände ein, streichelt sie sanft, bringt eine Gänsehaut zum Erblühen.

Er läßt sie gewähren, wenn sie ihn verwöhnen will, und fuchtelt nicht im Weg rum, wenn sie ihn mit ihrer Zunge, ihren Händen oder Brüsten bearbeitet. Er wartet ab und will nicht alles sofort zurückgeben, was sie mit ihm macht. Er zeigt ihr lieber, wie gut es ihm tut. Wie? Er kann leise murmeln – aber bitte nicht »Oh, Baby, das machst du gut«, das ist zwar eindeutig, aber klingt so, als ob er sich nicht an ihren Namen erinnert.

Er beherrscht seinen Körper. Also drückt er ihr nicht die Luft ab, wenn er sich leidenschaftlich auf sie schmeißt, oder stößt mit seinem Becken auch nicht übermäßig fest zu, wenn sie ihn oral stimuliert. Stecken Sie sich als Mann mal einen Löffel in den Rachen, und versuchen Sie, nicht zu würgen. Versuchen Sie es jetzt lieber nicht mit Ihrem Deoroller.

Er will nicht immer alles recht machen. Für eine Frau ist es berauschend, wenn sie weiß, daß sie der pure Genuß für ihn ist. Das heißt, daß er seine Lust voll auslebt, sich ihr hingibt und auch egoistisch seinen Gefühlen nachjagt – aber ohne dabei die Frau zu benutzen. Wenn er zu schnell zum Orgasmus kommt, und sie noch innerlich brennt, dann sollte er etwas dagegen unternehmen. Wozu hat er Hände und Lippen?

Um ihr Lust zu verschaffen – und nicht nur, um die Lust zu befriedigen. Das ist das Wesentliche, was einen guten Liebhaber ausmacht. Lust verschaffen. Ob mit Worten, Gesten, Blicken, Handlungen oder der Macht des Geldes. Man muß die Lust wecken wie den schlafenden Wind, der die Schwüle vertreibt und zum Sturm wird, verschlingend, tobend, dahinjagend. Die Begierde entfachen wie eine Flamme; stetig, lodernd, sich ausbreitend, alles andere um sich herum verzehrend.

Männer denken, sie müßten eine Frau befriedigen. Dabei gilt es doch zuerst, in ihr überhaupt den Wunsch nach Befriedigung zu wecken. Denken wir noch mal zurück an die eingangs beschriebene Situation der ersten gemeinsamen Nacht. Er hat sich auf sie gestürzt und gleich losgelegt, als ob es ums Überleben ginge. Deswegen hat sie ihn mit einem Bauarbeiter verglichen. Hätte er erst ihre Lust geschürt, hätte sie vielleicht am nächsten Tag mit ihren blauen Flecken geprahlt.

So sind wir schon bei den wichtigsten zwei Eigenschaften, die ein guter Liebhaber in den Liebestanz einbringen muß: Lust erwecken und diese befriedigen. Das eine kann nicht ohne das andere. Und leider haben die meisten Männer Probleme, diese beiden Komponenten zu erfüllen, die wie Yin und Yang zusammengehören. Der eine vermag seine Partnerin heiß zu machen, aber läßt sie leer ausgehen. Der andere kann zwar lange und weiß genau, wie er in ihr den Orgasmus auslösen kann, aber dieses Paar tut es trotzdem selten, weil sie irgendwie keine Lust auf ihn bekommt.

Deswegen haben Männersprüche wie »der werde ich es mal richtig besorgen« einfach keinen Sinn. Es ist ja lobenswert, so edle Ziele zu verfolgen, eine Frau zu befriedigen, aber es hat keinen Sinn, eine lustlose Frau zufriedenzustellen. Es hat auch keinen Sinn, alles mit einer gewissen Routine anzugehen. Wenn Sie schon Jahre miteinander befreundet sind, wird es früher oder später darauf hinauslaufen, daß Sie sich zwar noch lieben, aber immer weniger zusammen schlafen. Beide wissen ganz genau, was sie vom anderen erwarten können. Es hat sich eingependelt, man weiß, welche Stellung man bevorzugt und ob sie es während ihrer Periode mag oder nicht.

Mir ist mal was Erschreckendes passiert. Nachdem ich mich aus einer Beziehung gelöst hatte, kamen wir doch noch mal zwei Jahre später zusammen ins Bett. Danach sagte er zu mir: »Ja, es war verdammt gut, aber irgendwie bist du routiniert geworden.« Seitdem habe ich mir geschworen, jeden Sex als etwas Einzigartiges zu betrachten. Auch in meinen nachfolgenden längeren Beziehungen wollte ich immer wieder das bekannte Terrain erforschen, als ob es unbekannt ist. Das heißt nicht, daß wir uns immer neue Spiele ausdachten oder ausgefallene Hilfsmittel benutzten. Nein, diese Erkundungstour fängt im Kopf an. Man muß die Bereitschaft entwickeln, den Körper des anderen als eine Art Versuchsballon zu betrachten. Jahrelang drückt man die gleichen Knöpfe, und er geht hoch. Aber vielleicht gibt es noch andere Knöpfe, oder die alten haben sich abgenutzt, oder manchmal ist einfach die Luft raus.

Tut man jedoch so, als ob man immer noch am Experimentieren ist, dann bleibt die Illusion des Neuen, Unbekannten, Aufregenden erhalten. Und wie wir alle wissen, ist das am aufregendsten, was wir nicht kennen, aber unbedingt haben wollen, weil es neu ist, anders, besitzenswert.

Und so benimmt sich ein guter Liebhaber. Er behandelt seine Partnerin, als ob sie etwas Neues, Besitzenswertes ist. Und er verhält sich so, daß er immer wieder besitzenswert wirkt.

Ein guter Liebhaber überrennt eine Frau nicht mit seinem Können, sondern vermittelt das Gefühl, daß er sich nur mit ihr so verhält. Eine Frau will nicht spüren, daß er sich mit Frauen auskennt, sondern daß er sich ganz speziell mit ihr auskennt. Eine Frau möchte lieber hören: »Ich habe Lust auf dich« als »Ich habe Lust auf Sex«.

Diese Tatsachen sind einleuchtend, doch sie gehören nicht zum Allgemeinwissen der männlichen Hälfte der Menschheit. Niemand nimmt die Jungs etwa in der Zeit der 10. Klasse beiseite und sagt: »Hey, so geht's.« Deswegen kann man als Frau wohl kaum einem Mann verübeln, wenn er sich nicht als der Held im Bett beweist. Woher soll er es denn auch haben? Natürlich läuft auch viel über die Intuition, den Instinkt und die Erfahrung ab, aber manchmal geben sich Frauen tatsächlich wie ein Buch mit sieben Siegeln. Und was der Mann auch alles hinein- und herausinterpretiert – es bleibt eine Ungewißheit wie angesichts der Büchse der Pandora, wo man nicht weiß, ob man sie öffnen soll oder nicht.

Kleine Zwischenbilanzen wie: »Das war ziemlich gut gestern abend« oder »Könntest du es dir vorstellen, wenn wir mal nur Petting machen – wie Teenager, die noch gar nichts wissen«, tragen dazu bei, daß der Mann weiß, wo er steht.

Denn was eine Frau will, was ihr gefällt, kann ein Mann ihr leider nicht an der Nasenspitze ansehen. So kommen immer wieder Mißverständnisse auf, die Männer etwas ganz anderes zum Thema »guter Liebhaber« vermuten lassen. Es wäre schön, wenn Männer sich mal ein Gespräch unter Freundinnen anhören oder sich in der Damentoilette einschließen würden. Da könnten sie einiges erfahren. Wie sie für Dinge gelobt werden, die ihnen nicht so wichtig erscheinen, und wie Handlungen in spitzen Worten vernichtet und herabgewürdigt werden, die ihnen sonst am Herzen liegen:

»Lange können – na und? Er läßt seine Hemmungen nicht fallen.«
»Gefühl zeigen – na und? Ich will einen Mann, keinen Weichspüler.«
»Aktiver Stellungswechsel – na und? Darauf kann ich verzichten, wenn er es in einer bringt.«
»Zärtlichkeit – na und? Seine Finger kitzeln mich wie lästige Fliegen.«
»Er wartet immer auf mich, bis ich gekommen bin – na toll, dabei mache ich alles alleine, anstatt daß er sich mal anstrengt.«
»Ich liebe es, wenn er mich langsam leckt und nicht so lange – gerade richtig, daß ich mir seinen Schwanz wünsche.«
»Wenn er seine Bauchmuskeln anspannt und meine Hüften ganz fest hält – dann komme ich in weniger als zwei Minuten.«
»Das Klicken seiner Gürtelschnalle ist wie ein erotisches Signal.«

Aber was immer es noch zu lernen gibt, um ein guter Liebhaber zu werden, es gibt nur einen Weg: Üben.

4. Kapitel

Wenn der Liebhaber zu gut ist: Angst vor der intellektuellen Abhängigkeit und Unfreiheit

»Ich gehöre dir!«

Die Nacht war berauschend. Kaum daß der Morgen dämmert, finden die Körper schon wieder zueinander. Wie sehr sie es wollte, daß er sie liebte – sie konnte schon jetzt, nach der kurzen Zeit ihrer Beziehung, den Gedanken nicht ertragen, daß er auch andere Frauen so geliebt hatte wie sie; die Vorstellung, eine andere würde eines Tages in den gleichen Genuß kommen wie sie jetzt, raubte ihr den Atem, überrollte sie mit Eifersucht und ließ sie sich atemlos an ihn klammern. So lange hatte sie darauf gewartet, daß ihr ein Mann all ihre Wünsche erfüllt und all die tobenden Gefühle in ihr erweckt, zu denen nur sie selbst jahrelang Zugang besaß. Es war so gut, ihn zu spüren, und sie fühlte die Tränen des Glückes und der absoluten Wollust in ihren grünen Augen brennen. Wie besessen schlang sie ihre Beine um seinen Körper, zog ihn dicht zu sich heran und hielt ihn fest, wurde von einer Woge der Liebe und Verlustangst dahingetragen, die ihr augenblicklich einen Orgasmus bescherte. Sie fühlte sich vollkommen ausgeliefert, bereute fast ihre bedingungslose Willigkeit und ging dann doch unter. Sie fühlte sich noch nie so intensiv als Frau, und es war ein einziger Genuß, die Lust auszuleben, die er geweckt hatte und die er immer wieder befriedigte, indem er die Hitze in ihr kühlte wie eine Mutter die Stirn ihrer fiebernden Tochter. Er wußte es genau, daß sie nie nein sagen konnte – und gar nicht nein sagen wollte.

Kaum daß er aus dem Haus war, sehnte sie sich schon nach seinen Berührungen und fühlte sich fast viel zu schwach, um zur Arbeit zu gehen. Sie war so glücklich, glücklich wie noch nie. Ohne zu zögern verließ sie in der Mittagspause das Büro, um ihn zu sehen. Er führte sie in den Kühlkeller und nahm sie auf einem Bierfaß. Bedächtig bog er ihr den Kopf zurück, um ihr in den dargebotenen Hals zu beißen, seine Zunge über ihren Brustansatz tänzeln zu lassen und ihr das Höschen in Fetzen zu reißen. Wie sie es brauchte, von ihm gebraucht zu werden.

Sie kam zu spät zurück und ordnete noch hastig im Fahrstuhl ihre Haare. Noch nie hatte sie ihren Körper so bewußt gespürt – oder doch? Ja, in den langen, einsamen Nächten, als sie ihn erforschte und sich vorstellte, daß fremde Hände sie berührten. Und nun war er da, erfüllte sie mit einer Wollust und einem Begehren, daß sie sich schon fast schämte. Der Tag wollte und wollte nicht vorübergehen. Die Stunden schlichen dahin wie dickflüssiger Honig, und es war so süß, das Warten und die Gewißheit, noch heute abend seine Umarmung genießen zu können.

Was er wohl gerade macht? Ob er an sie denkt? Gedankenverloren starrt sie vor sich auf die polierte Tischplatte, unfähig, sich aus ihren Überlegungen zu lösen. Alles kommt ihr unwirklich vor – wie hatte sie bis jetzt ohne ihn leben können?

Heute war Dienstag. Kinotag mit ihrer besten Freundin Ellen. Aber sie mußte sie anrufen; bestimmt würde sie es verstehen, daß man sich nicht immer so aneinanderklammern kann. Oder? Vielleicht sollte sie sagen, daß sie einfach zu müde sei, um noch auszugehen. Danach gingen sie zwar immer noch in die kleine Bar an der Ecke, nicht weit von ihrer Wohnung, um Leute zu beobachten, aber naja, dieses eine Mal. Sie zog es dringend in ihre vier Wände. Gott, wie sie ihn liebte. Schnell, schnell, duschen, umziehen, sie wollte, daß er sie wartend, bereit und duftend vorfinden würde.

Dann wartete sie. Eine Stunde. Er kam nicht. In dem neuen Negligé fror sie ein bißchen – aber er würde sie schon wärmen, wenn er erst mal da wäre. Und dann kam er – sie war schon fast auf dem Sofa eingeschlafen – und weckte sie mit der Zunge unter dem Saum des verführerischen Dessous, das er über ihre Schenkel geschoben hatte.

Drei Monate später.
Ellen ließ sich schon lange nicht mehr blicken. Doch das machte nichts – wenn sie nicht an ihrem Glück teilhaben wollte, dann eben nicht.
Aber warum war sie so müde? Gestern abend hätten sie sich fast gestritten. Er kam erst nach zwölf, obwohl sie sich um acht verabredet hatten. Sie war eifersüchtig. Er beschwichtigte sie mit zarten Schmetterlingsküssen und schaffte sie dann ins Bett. Sie spürte es – sie verlor ihn – sie konnte es nicht ertragen, daß sie ihn so sehr brauchte, seine Liebe. War es Liebe? Ihr wurde ganz heiß bei dem Gedanken, daß er sie auch so berühren würde, wenn er sie nicht liebte. Wenn er sie doch nie verlassen würde.
Er wollte zu ihr ziehen. Ja, ja, sie wollte es auch.
Sie wollte eins mit ihm sein, sich verschlucken, aufsaugen lassen, von ihm, nur ihm.
Ihre Schwester erzählte ihr, er würde mit Drogen handeln. Und außerdem würde sie gar nicht mehr malen, seit sie mit diesem Kerl zusammen ist. Dann kam es zu der Auseinandersetzung. Sie mußte sich anhören, daß sie gar nicht mehr sie selbst sei und daß ihre Schwester sie noch nie mit so wenig Selbstbewußtsein erlebt hätte. »Ich liebe ihn«, schluchzte sie und rannte hinaus. Sie hörte noch, wie ihre Schwester ihren Namen rief.
Das konnte nicht sein – er gab ihr doch so viel, es war herrlich. Sie wünschte ihn jetzt bei sich, einfach nur, daß er sie im Arm halten würde. Sie beide gegen den Rest der Welt.
Er wollte immer sie. Sagte er. Sie zog keine Unterwäsche mehr an, wenn sie arbeiten ging. Sie kauften sich erotische Literatur, lasen sie zusammen, und dann liebten sie sich, sie mit einer schmerzlichen Ungewißheit. Sie war doch glücklich, wenn sie mit ihm im Bett war?

Aber sie waren ja nur im Bett. Sie dachte an nichts anderes, wie sie ihn immer wieder überraschen könnte, damit er bei ihr bliebe. Er machte ihr angst, das gestand sie sich ein. Er wußte genau, wie er sie dazu bringen könnte, alles zu tun. Er beherrschte sie. Sie liebte ihn, hatte aber kein Vertrauen.

Als ihr das klar wurde, daß sie ihn fürchtete, weil er ihr jegliche Scham, jegliche Hemmungen und jeden Stolz genommen hatte, wußte sie nicht, was sie tun sollte. Er spielte auf ihrem Körper wie auf einem Instrument, sie selbst könnte es nicht besser machen. Was wäre, wenn er sie verließe – sie würde vertrocknen – oder? Dieser Triumph in seinen Augen war keine zärtliche Liebe. Verdammt, es war nur Sex, und es war guter Sex. Der beste, den sie je hatte. Sie gestand sich auch ein, daß sie ohne diese Erfahrung nie gelernt hätte, daß sie solche Wünsche ausleben kann.

Sie verlor sich in ihm. Sie ging nicht mehr aus. Sie hatten nur sich – natürlich, er hatte noch seine Freunde, seine Musik, seine Arbeit. Sie hatte Angst – das war nicht sie, dieses abgehärmte Wesen, das dort mit gehetztem Ausdruck in den Augen in den Spiegel blickte. Gestern nacht hatte er sie mit einem Drahtseil gefesselt. Sie hatte ihm von ihrer Phantasie erzählt, und er hatte sie angekettet, als sie schlief. Ein Gewitter tobte, ließ alle Fenster vibrieren, und der Sturm schien direkt durchs Haus zu fegen. Alle Türen waren auf, und er hatte sie an die Fenstergitter gefesselt, die direkt über dem Bett angebracht waren. Ein leichter Regenschauer ging auf sie nieder, als er sie nahm. Sie hatte Angst, konnte sich jedoch nicht der verbotenen Erregung entziehen, die sie überkam, und mit ihr der Orgasmus. Sie weinte, als sie unter ihm kam, das erste Mal, daß sie unter einem Mann gekommen war. Nicht wie sonst obenauf, oder von hinten, wenn er ihre Klitoris massierte. »Das war gut für dich, nicht wahr?« murmelte er, aber band sie nicht los, sondern betrachtete sie ernsthaft. »Meine kleine Hure, du brauchst es doch.« Sie konnte kaum atmen, so fasziniert war sie von dem, was er sagte. Sie konnte es nicht glauben, daß er das sagte. Vollkommen überlegt und überzeugt. »Du wirst immer mir gehören, weil du es genauso gern hast wie ich, nicht wahr?« Sie woll-

te sich losreißen, doch das Metall bohrte sich tief in ihre Handgelenke. Sie spürte eine warme Nässe, die an ihrem Unterarm herunterfloß. Ihre Schultern taten ihr weh, doch er machte keine Anstalten, sie loszubinden. »Das wolltest du doch, oder?«
Sie bettelte ihn an, und sie hörte ihre flehende Stimme, und sie haßte sich dafür, daß sie es soweit hatte kommen lassen. Er beherrschte sie nicht nur, er besaß sie. Sie war von ihm besessen und fühlte sich gedemütigt, daß er ihre Lust so ausgenutzt hatte. Der Schweiß stand unter ihren rasierten Achseln. Er holte einen silbern funkelnden Vibrator hervor und hob ihre Hüften an. Sie wand sich wie rasend, als er ihn in ihren After schieben wollte. »Davon hast du doch immer geträumt, daß du doppelt gestopft wirst, oder?« Das Blut aus ihren aufgerissenen Handgelenken tropfte auf das Bettlaken, das Gewitter tobte, nicht unweit des Hauses wurde eine alte Eiche mit einem Schlag vom Blitz gespalten und fing Feuer. Im Schein der lodernden Flammen glitzerten ihre tränennassen Wangen, in ihren weit aufgerissenen Augen spiegelte sich die hoch vor ihr aufragende Gestalt des Mannes, dem sie ohne Vorbehalt alles offenbart, ihre ganze Seele vor ihm ausgebreitet hatte, und sie war verwirrt wie noch nie. Das war kein Liebesspiel mehr.
Sie fürchtete sich, daß es ihr gefallen könnte, so behandelt zu werden. Sie fürchtete, ihn zu verlieren, wenn sie ihn nicht gewähren ließe. Er warf den Vibrator achtlos auf den Boden und kniete sich zwischen ihre Beine. »Dein Saft ist so herrlich frisch«, flüsterte er, als er sie gebannt beobachtete. »Wenn du einen anderen Mann gehabt hättest, würde ich es riechen. Und ich würde dich umbringen.« Die Entspannung, die sie empfunden hatte, als seine warme Zunge um ihre Schamlippen glitt, löste sich in nacktes Entsetzen auf. Seine Stimme schien von weit her zu kommen, als er fragte: »Hast du es schon mal mit Kokain versucht? Ich verreibe es auf meiner Eichel, und dann komme ich zu dir, es wird dir gefallen, Darling.«
Warum hatte sie die Anzeichen nicht bemerkt? Es gefiel ihm nicht, sie zu befriedigen, sondern sie zu beherrschen. Wenn er sagte, denke jeden Tag um zwölf an mich, dann hatte sie ab zehn nichts anderes

mehr im Kopf. Wenn er sie beschuldigte, sie würde zuviel ausgehen, obwohl sie doch nur mit Ellen Kaffee getrunken hatte. Als er eifersüchtig war, als sie sich mit seinem Freund John so gut verstand. Als er ihr sagte, sie wüßte nicht, was sie will, und daß er ihr zeigen wollte, was gut für sie ist.

Am nächsten Tag packte sie seine Sachen und stellte sie vor die Tür. Und vermißte ihn. Und haßte sich dafür.
Er war der erste, der sie zur Raserei gebracht hatte. Und sie war ihm hörig, das wußte sie jetzt. Aber nur weil er der erste war, hieß das nicht, daß er der letzte war.
Die Narben an ihren Handgelenken erinnern sie auch noch zwei Jahre später daran.

Wenn er zu gut ist – was hat diese Geschichte dann für einen Sinn? Ist es nicht wunderbar, einen Partner zu haben, der die Welt aus den Fugen hebt und der einem die tiefsten Abgründe seiner selbst vor Augen führt?!
Es ist tatsächlich schön. Wenn man sich nicht darin verliert. Eifersucht, schmerzliche Leidenschaft und Trennungsangst können bösartige Begleiterscheinungen einer solchen heftigen Bett-Liaison sein. Totale Hingabe erfordert Vertrauen.
Doch leider reagiert der Körper viel zu stark, als daß man noch die Stimme des Zweifels zuläßt. Es gibt kaum etwas Aufregenderes als sich gehen zu lassen. Man kann alles mit sich machen lassen, solange man sich selber im Spiegel noch ertragen kann. Es geht nicht um die Dinge, die man getan hat. Es geht um das Gefühl dabei. Fühlt man sich leer, trotz körperlicher Befriedigung, dann stimmt irgendwas mit der Beziehung nicht. Glaubt man, nur durch diesen ganz bestimmten Partner seine Libido ausufern lassen zu können, dann liegt man falsch. Das ist eine äußerst ungesunde Fixierung. Das gilt nicht für eine echte Liebesbeziehung, die auf Gegenseitigkeit beruht.
Doch bei einer Affäre, die zu einem Drama ausartet, ist es bes-

ser, sich zu überprüfen, ob man das wirklich eingehen möchte. Trieb hin, Trieb her, es nimmt einem die Freiheit.

Denn ein wirklich guter Liebhaber wirkt nicht zerstörerisch, sondern verschafft auch ein gewisses Wohlbefinden.

5. Kapitel

❧

**Was begehren wir?
Das, was wir täglich sehen**

Wann hat man zuletzt begehrt? Was war es, was man so dringend besitzen wollte, daß die Sehnsucht und die Gier danach schon fast körperlich schmerzten?

>Ein Mercedes-Cabriolet.
>Ein Kaschmir-Mantel von Armani.
>Ein Jil-Sander-Kostüm.
>Drei Wochen Urlaub auf Jamaica.
>Die gesamte Ausgabe Freudscher Philosophie
>   in der Moderne.
>Einen echten Matisse.
>Käsekuchen.

All die Dinge kann man kaufen, wenn man das Geld dafür hat. Die Gewißheit, daß diese Objekte der Begierde erwerblich und damit in erreichbarer Nähe sind, macht diese Symbole des Besitzes langweilig. Sie verlieren ihren Reiz, man überwindet die Sehnsucht.

Anders ist es bei

>Nachbars Sohn,
>Schwesters Freundin,
>dem Chef,

der Kollegin,
dem Kindermädchen,
dem Parkwächter,
der Zeitungsverkäuferin.

Das Phänomen der Begierde auf das, was wir täglich sehen, steht im krassen Gegensatz zu der Erkenntnis der Sexualwissenschaftler und Psychoanalytiker; diese besagt, daß alles Neue, Unbekannte, Plötzliche und Andere aufregend, reizvoll und begehrenswert auf den Menschen erscheint.

Doch noch begehrenswerter scheinen die Dinge – oder vielmehr Menschen – zu sein, die durch ihre tägliche Nähe unerreichbar bleiben.
Es gibt im Journalismus eine unglaublich wahre und deprimierende Regel: Der Fuchs jagt nicht im eigenen Bau.
Ich liebe es, diese Regel in Gedanken zu übertreten.
In der Schule war ich in meinen Deutschlehrer verliebt, der mich drei Jahre unterrichtete; danach war es der Biologielehrer, dazwischen ein Golftrainer und irgendwann ein Mitarbeiter meines Vaters.
Ich war verliebt, ich schwärmte, ich wollte haben, empfinden, diese Menschen noch mehr in mein Leben integrieren.
Wollte ich das wirklich?
Einen Menschen zu begehren, den man aufgrund der gesellschaftlichen und persönlichen Position, in der man sich gegenüber dieser Person befindet, nur schwer oder meist gar nicht in sein idealisiertes Liebesleben aufnehmen kann, ist eigentlich eine ungefährliche Schwärmerei.
Es wird selten klappen, wenn sich der andere nicht auch in Sie verliebt oder Sie begehrt.
Und das weiß man.
Ich unterstelle jedem, der sich in eine nahestehende, aber unerreichbare Person verguckt, einen Mangel an Selbstverantwortung.

Es ist wesentlich bequemer, eine quasi unerreichbare Person zu begehren, als eine, bei der die Gefahr besteht, daß sich tatsächlich eine Affaire d'amour entwickeln könnte.

Ebenso spielt auch der Wunsch nach Harmonie eine Rolle. Mit unseren Kollegen und Kolleginnen verbringen wir den größten Teil unserer Zeit. Acht bis neun Stunden täglich, und manchmal noch darüber hinaus. Sie prägen uns, ob wir wollen oder nicht. Einen Job über fünf Jahre auszuüben bedeutet auch, fünf Jahre fast immer mit den gleichen Menschen zu tun zu haben. Und plötzlich lernen wir eine ganz neue Seite einer Partnerschaft kennen: Wir arbeiten mit jemandem zusammen und begegnen uns auf einem vorwiegend sachlichen Sektor. Und da klappt es einfach prima! Und jetzt begeht das kleine sehnsüchtige Gehirnchen einen Fehler: Wir versuchen unwillkürlich, die geschäftliche Harmonie und Zusammengehörigkeit auf ein gemeinsames Gefühlsleben zu übertragen. Sich absolut nah sein, auf jeder Basis. Aber da jeder Mensch nicht nur in der Schablone denkt, wird uns auch bald klar, daß das eine nicht das andere einschließt. Deshalb möchte ich hier mehr auf den Aspekt der »ungefährlichen Schwärmerei« eingehen.
Eine sogenannte ungefährliche Schwärmerei, auch wenn sie bisweilen als heftiges Begehren und augenscheinliches Verliebtsein bis tief empfundene Liebe auftritt, ist eine äußerst hilfreiche Angelegenheit. Hilfreich wobei? Sich verliebt zu fühlen.
Jeder kennt dieses beschwingte, energiegeladene Gefühl der aufwallenden Zuneigung zu einem Menschen. Es macht den Schritt federnder, den Gang aufrechter, und die Augen bekommen diesen gewissen Glanz. Eine Diät fällt plötzlich viel leichter, und Dessous oder After-shaves werden plötzlich unter einem ganz anderen Gesichtspunkt gekauft. Würde es ihm gefallen? Mag sie es?
Das hört sich jetzt ein wenig nach Klischee und Hollywood-Laune an, aber es ist so.

Deswegen plädiere ich für jede Schwärmerei, die so etwas auslöst. Geben Sie sich diesem Gefühl ganz hin, stellen Sie sich vor, wie es wäre, diese Person so zu »besitzen«, wie Sie es wünschen. Gönnen Sie sich ein verlegenes Erröten, machen Sie sich darüber lustig, daß Sie plötzlich kein vernünftiges Wort mehr zustande kriegen, sobald das Objekt Ihrer Begierde sich nähert. Ist es nicht wundervoll?
Sehen Sie es als Spiel an, Ihre ganz persönliche Pokerrunde. Manchmal ist sogar ein Full House drin; und wenn nicht? Nun denn, der Einsatz war nicht zu hoch, als daß Sie nun Haus und Hof verlieren. Oder Ihre Würde. Oder Ihr Selbstbewußtsein. Solange Sie die Regeln aufstellen und der einzige Mitspieler bleiben, kann gar nichts passieren. Sie lieben aus der Ferne und hoffen und wünschen und schwärmen. Und genießen diese süße Qual, wahrscheinlich niemals zum Ziel zu kommen.
Warum das so befriedigend sein kann? Weil die Chance, verletzt zu werden, sehr gering ist. Sie behalten Ihr idealisiertes Bild der Person, weil Sie ihm oder ihr nie nah genug kommen werden und dann diese Wunschvorstellung auch nicht zerstört werden kann.
Außerdem geht man deftigen Problemen aus dem Weg. Stellen Sie sich nur mal die unbequeme Heimlichtuerei vor, die tuschelnden Kollegen, die Zeit, die Sie damit vergeuden, sich bewußt aus dem Weg zu gehen, die Peinlichkeit, wenn Ihre Liebe zurückgewiesen wird. Das sind alles Urängste, die man nicht unterschätzen sollte.
Beruht das Begehren auf Gegenseitigkeit – dann los! Sie wollen es beide – worauf warten Sie noch? Wenn nicht – lassen Sie es bleiben, schwärmen Sie. Lassen Sie Ihre Gedanken auf Wanderschaft gehen, Ihre Hände über den Körper des anderen gleiten, stellen Sie sich endlose Nächte mit herrlichen Gesprächen vor. Denn das ist ungleich besser, als so eine Aktion zu starten wie der psychopathische Killer im »*Schweigen der Lämmer*«, dessen erstes Opfer eine Frau war, mit der er täglich zu tun hatte

und in deren Haut er schlüpfen wollte, um ihr nah zu sein und wie eine Frau zu erscheinen. Er zog ihr die Haut ab und nähte sich ein paar hübsche Fummel daraus. Und wie sagte Hannibal Lector dazu: »Was begehren wir? Das, was wir täglich sehen.«

6. Kapitel

🐌

Voyeurismus / Exhibitionismus

Ich wußte nur noch, daß mich drei verdammt übel aussehende Typen durch eine nach Durchschnittsmüll stinkende Gasse jagten. Sie erwischten mich in Höhe des verräucherten China-Restaurants, wo vor zwei Tagen Tony Manson, der Immobilien-Hai, an einem Stück Surimi erstickte und mit seinem Schweinekopf in seine Glasnudelsuppe sackte. Jetzt sollte mich wohl ein ähnliches Schicksal ereilen. Dabei hasse ich Fisch. Er erinnert mich an die einzige Frau, die ich jemals geliebt habe.

Durch den Smog von New York City sah ich den Sternenhimmel auf mich zukommen, konnte im Fallen die eleganten italienischen Schuhe des einen Affen im Nadelstreifenleibchen bewundern und hatte dann Vollkontakt mit dem Asphalt.

»Das hast du davon, Stanowsky, wenn du deine große, jiddische Nase in Sachen reinsteckst, die dich nichts angehen.«

Die große Nase nahm ich ihm übel, und außerdem hatte ich meinen Namen in Stanton geändert, Lou Stanton statt Loris Stanowsky.

Schon mein Vater sagte mir: »Junge«, sagte er mir, »in der Bronx wirst du nur als Redneck was.«

Und nun lag ich hier in der regennassen Hinterhofscheiße und blutete wie eine deflorierte Jungfrau aus allen Löchern. Und alles nur wegen dieser Schlampe Irina Karlow.

War es tatsächlich erst vier Stunden her, seit dieses Prachtweib in mein verqualmtes Büro in der Columbia Street kam und mich um Hilfe bat?

Oh, sicher, ich hätte ihr gerne sofort geholfen, hätte ihrem Luxuskörper, den sie unter einem teuren Jäckchen und einer Wolke Chanel No. 19 versteckte, einmal gezeigt, was wir Männer aus Arbeiterkreisen alles mit so einer anfangen können. Aber, verdammt, sie hatte nicht nur einen umwerfenden Körper, sondern auch jede Menge zwischen ihren hübschen Ohren mit den Klimperdingern, die soviel wert wie ein Kleinwagen waren. Und noch mehr in ihrer Krokotasche.

Ich bin Privatdetektiv und außerdem einer von der harten Sorte. Nur Spezialaufträge. Eifersucht, Ehebruch und so. Kein Mord, aber man nimmt's, wie es kommt. Ich kannte sie alle, die kleinen Fische in dem großen Teich; ich wußte genau, an welchen Straßenecken ich nach den willigen Mädchen Ausschau halten mußte, die nicht nur eine phantastische Pussy, sondern auch bisweilen ein Abhörgerät unter dem roten Wasserbett oder eine Autofocuskamera im Wandspiegel hatten. Gegen einen geringen Aufpreis wurde man mit allem versorgt, was man so braucht.

Ich war eigentlich ganz zufrieden mit mir, als sich die Karlow zu mir verlief. Ich hatte ein paar Aufträge laufen; einer war die alte Missis Zolti, die ihren Penner von Mann verdächtigte, er würde es mit seiner Ziege treiben. Ich traf ihn ab und zu, er erzählte mir von seiner Ziege, ich kassierte von ihr die Kohle.

Wie auch immer, ich war mit der Miete nur zwei Monate im Rückstand, es war genug Scotch da, und ich hatte schon lange nichts mehr auf die Schnauze bekommen.

Und dann kam diese Frau rein, von der mein Kollege Philip nur im Vollrausch träumen konnte. Ich meine, sie kam nicht einfach rein, sie machte einen Auftritt daraus. Ich hätte sie am liebsten gleich gepackt, ihr Chanel-Röckchen bis über ihren champagnerfarbenen Hüftgürtel geschoben und ihren zarten Hals zurückgebogen, um meine Zähne wild und warm hineinzuschlagen. Und dann hätte ich mich ihres köstlichen Körpers angenommen, die wunderbar weichen Haare von dem lästigen Ascot-Hut befreit und von ihren feuchten Lippen gekostet. Ich sah mich schon über ihr, wie ich sie auf meinen Tisch zwang, ihre Arme würden meine teure Wallstreet-Lampe und den vollen Aschen-

becher zu Boden fegen, sobald ich in sie eindrang. Und dann hätte ich ihr Innerstes erforscht, meinen harten Schwanz einfach in ihre Upperclass-Pussy gesteckt und sie mit kräftigen Stößen zum Wahnsinn getrieben.
Statt dessen zündete ich mir mit einer Hand eine Zigarette an und betrachtete mich in dem Wandspiegel hinter ihr. Etwas verlebt, nun ja, aber mit dem gewissen Etwas eines harten Mannes mit weichem Kern und melancholischen, rauchigen Augen. Die andere Hand lag locker auf meinem Schaft.
Ich war stolz auf meinen Revolver. Mein einziger fester Mitarbeiter. Automatik ist zu unsicher, die können Ladehemmungen haben. So gab mir das schwarze Metall immer etwas Beruhigendes.
Irina Karlow hieß sie, und als sie einen Handschuh abstreifte, um mir ihre kühle Hand zu reichen, sah ich einen schmalen Ehering an ihrem Finger. Die Nägel waren kurz geschnitten, nicht pompös maniküriert, und ich wußte gleich, das war eine Frau, die einem Mann nicht gleich den ganzen Rücken zerkratzt. Ich wußte auch, daß sie es sich selber macht. Wahrscheinlich mit so einem neumodischen Schwanzersatz, wie ihn die Reichen und weniger Schönen in ihren exklusiven Handtaschen herumtragen, um unabhängig zu sein.
Ich erwartete so ein Ding, als sie ihr Krokoteil öffnete, doch sie holte nur eine silberne Zigarettendose heraus und ein Bündel Geldscheine. Ich gab ihr Feuer, und sie hielt mein Handgelenk länger als nötig fest. Und dann diese Augen – grün und tief, grün wie der Chevy meiner Sekretärin, die ich seit Weihnachten nur noch mit Naturalien bezahlte. Und diese Stimme: verhangen und erotisch, mit diesem gewissen Sirren unterdrückter Sinnlichkeit; einem kleinen ungarischen Akzent und einem leichten Lispeln, wenn sie mit ihrer flinken, rosigen Zunge gegen ihre blendendweißen Zähne stieß. Ich wollte zu gern wissen, ob eine Frau mit einem kleinen Sprachfehler einen anderen Blow-Job macht. Ich sollte es schneller herausfinden, als mir lieb war.
Sie erzählte mir, daß sie ihren Mann verdächtigte, er würde fremdgehen, und bat mich, ihn aufzuspüren und beweiskräftiges Material zu sammeln.

»Er schläft nicht mehr mit mir, das ist ein sicheres Anzeichen«, sagte sie mir mit einem verächtlichen Zucken ihrer rechten, gezupften Augenbraue.
Es war wie in einem schlechten Film.
Sie fragte: »Wieviel?«
Ich nannte einen Preis, der etwas höher als Standard-Sätze war, etwa dreimal soviel. Schließlich besaß sie ja genug, und wenn sie wollte, konnte sie mich auch in Naturalien bezahlen.
»Hier sind ein paar Adressen. Schauen Sie sich gut um. Und fangen Sie an. Sofort.«
Und weg war sie. Ließ ihren dummen Handschuh da, vielleicht, um mich daran zu erinnern, daß sie überhaupt dagewesen war.
Da saß ich nun mit einem Haufen Geld und einem schmerzenden Steifen, der wie ein wildgewordener Eber gegen meine Gabardine-Hose klopfte, und überlegte mir, ob ich gleich zu Joes gehen sollte, um mit Philip ein paar zu kippen, oder erst zu Madame Cleo. Sie hatte einen ganzen Stall neuer Mädchen bekommen.
Das Telefon klingelte, und ich ignorierte es, nahm den Seidenhandschuh, zog im Gehen meinen Trench und meinen Hut – von Philip vermacht – an und machte mich auf den Weg.
Ich marschierte gleich zur ersten Adresse. *Rubys Katzensalon*. Nichts von wegen Dauerwellenlegen für niedliche Tigerkrallen inklusive Pediküre, sondern ein erstklassiger Sadomaso-Shop. Ein feiner Insider-Tip. Woher sie den wohl hatte?
Ich drückte mich im Verkaufsraum rum, prügelte ein bißchen mit der neunschwänzigen Katze auf die aufblasbare Puppe ein, die auf die Streckbank gefesselt war, und kaufte mir, um meine Tarnung zu erhalten und für meine Sammlung, ein Paar Original Smith & Wesson Handschellen. Irgendwer versuchte mir ein paar dreckige Photos von einem blonden Nymphchen mit ihrem Schäferhund zu verkaufen, aber ich lehnte ab. Es war garantiert kein Schäferhund.
Schließlich machte ich ein bißchen Rabbatz beim Geschäftsführer, schmiß mit Namen und Drohungen um mich, fuchtelte mit meiner Kanone herum, bis ich die drei Affen auf dem Hals hatte, die mich in die

kalte Nacht hinaushetzten. Und jetzt lag ich hier, fror bis auf die Knochen und erinnerte mich an alles.

Eine Katze sprang mir auf meine zerschmetterte Schulter und fauchte mich an, ihre Augen blitzten im fahlen Mondlicht, das durch die Feuerleitern die seltsame Szene beleuchtete. Fluchend stand ich auf und scheuchte sie weg, wankte ein paar Schritte die Straße hinunter. Verdammt, in meinem Schädel wüteten die Schmerzen wie heulende Zuhälter am Jüngsten Tag. Meine Lippen waren aufgesprungen, als mich das eine Monster mit seinem Siegelring auf die Matte beförderte. Ein typischer Militär-Akademie-Ring. Ein Chicano mit einem Ledernacken-Ring. Wahrscheinlich hatte er ihn einem verreckenden Absolventen, der sich zu tief in das Viertel hier vorgewagt hatte, von den noch warmen Fingern gezogen, vielleicht den Finger gleich mit. Den Stinkefinger.

Ich mußte unwillkürlich grinsen, was mir einen höllischen Stich durch mein Zahnfleisch jagte. Pussy ausschlecken war wohl nicht drin in den nächsten Tagen.

Ich stolperte zurück zu *Rubys* und hielt erstmal Ausschau. Ich mußte nicht lange warten.

Eine schwarze Limousine kam langsam die Gasse runtergefahren und hielt wenige Meter vor dem Hauseingang, in den ich mich drückte.

Viel sah ich nicht, denn die Scheiben waren nach guter Gangster- und Diplomaten-Manier dunkel getönt. Nach einer kleinen Weile, in der ich noch nicht mal wagte, mir eine Kippe anzustecken, ging die Fondtür auf.

Ein unglaublich langes Frauenbein kam zum Vorschein, und dann noch eins. Die Seidenstrümpfe glänzten im Schein der Straßenlaterne, um die die Motten stoben, und die Schuhe, o masl-tow, diese Schuhe. Rote Nutten-Schuhe. Stiletto-Absätze, spitz und schmal und hoch. Roter Lack. Dann der Blick zu den Knien. Sie würden gut auf meine Schultern passen, diese Knie. Und dann – diesen Rock kannte ich doch. Diesmal eine andere Farbe. Sie hatte doch glatt Zeit gefunden, sich umzuziehen, während ich mir für sie den Arsch aufreißen ließ. Und sie hatte einen anderen Hut auf. Aber ich erkannte sie so-

fort, an ihrem wiegenden Gang, den eine Frau eigentlich nur dann hat, wenn sie einen Mann gehabt hatte. Dann ist sie nur Hüften, Arsch, wogende, heiße Brüste, brennende Pussy mit dem frischen Saft der Wollust. Mir tat es fast weh, sie so zu sehen.
Irina Karlow, die Schöne. Schön auf eine billige, herausfordernde Art. Vor allen Dingen jetzt, hier, in diesem Stadtteil. Sie gehörte nicht hierhin, aber ich wußte, daß sie verruchter war, als ihren Eltern lieb gewesen wäre. Nein, sie war bestimmt nicht mehr Daddys kleines Mädchen, o no. Aber was tat sie dort? Wollte sie auf eigene Gefahr nachforschen, ob sich ihr Mann übers Knie legen ließ? Oder sich eine lüsterne Sklavin hielt? Oder einen süßen Lustknaben?
Sie klopfte in einem bestimmten Rhythmus an die Hintertür. Viel zu lang, um professionell zu sein. Bolero-Takt. Aber ihr wurde gleich geöffnet, und mit einer schlangenhaften Bewegung glitt sie in das dunkle Loch. Ich tastete mich an der Fassade entlang und huschte um das Haus herum. Da – ein Fenster. Ein besserer Schlitz, aber es reichte, dachte ich. Es war zu hoch. Mit meinen bulligen einsneunundsiebzig war ich offenbar zu klein. Und zu breit. Alles Muskeln. Stahlhart, kein Gramm Fett. Aber zu breit.
Ich schob eine Mülltonne vor den Schlitz und machte einen Höllenlärm in der Stille, als eine verrostete Dose mit Raviolis herausfiel.
»Nur eine Katze«, hörte ich sie von drinnen beruhigend mit einem Zischlaut zu dem Typen sagen, den ich vorher in dem Laden gesehen hatte, wie er die Brustklammern ausprobierte.
Ich miaute.
Diese Chicanos glauben doch alles.
Ich ahnte, daß sie genau wußte, daß es keine Katze war.
Was wurde hier gespielt?
Ich wagte einen Blick durch die schmutziggraue Scheibe und erhaschte einen Blick auf ihren phantastischen Hintern, als sie sich vorbeugte und – nein! Sie öffnete seinen Reißverschluß. Mit den Zähnen! Ich drückte mir fast die Nase platt, als ich versuchte zu erkennen, ob er schon so weit war. Da schnellte sein Kolben auch schon aus der Hose heraus.

Der Typ hatte die Augen geschlossen, seine Hände hinter dem Kopf verschränkt und lehnte breitbeinig an der gekachelten Wand. Ich überlegte, ob ich ihn nicht wegpusten sollte.
Ich sah Irinas Kopf im Profil. Jetzt nahm sie ihn in den Mund, in ihren herrlichen, weichen Mund. Schluckte ihn, schob ihn rein bis zum Anschlag. Leckte an seinem Schaft auf und ab, bis er glänzte und seine Eichel einen kleinen Sehnsuchtstropfen entließ. Ihre kleinen Hände schlüpften unter seinen Schritt, und ich wußte, sie sind kühl, kühlend auf seiner prickelnden Haut. Sie nahm seine Juwelen in die Hand, schien sie prüfend zu wiegen und ließ dabei keinen Moment ihre feuchten Lippen von ihm.
»Ich weiß doch, daß es dir gefällt, nicht wahr?« murmelte sie in einem aufreizenden Singsang.
Natürlich gefiel es ihm, und mir wurde auch schon ganz heiß. Was tat sie da? Ich meine, ich wußte ziemlich genau, was sie tat, aber verdammt, warum machte sie das eigentlich? Wer betrog hier wen? Luder.
Sie sank auf die Knie. Mit der rechten Hand knetete sie weiter, massierte seinen Pfahl und ließ seine Haube in ihrem Mund kreisen, stupste ihn spielerisch mit der Zungenspitze an und saugte wie eine Süchtige an seiner Wasserpfeife, während sie mit der Linken langsam ihr Kostüm aufknöpfte. Ein praller Busen kam zum Vorschein, hell und glatt und geil. Ihre rosa Brustwarzen hatten sich zusammengezogen wie Zehn-Cent-Stücke und standen stramm nach oben zum Salut.
»Ja, Baby, komm, mach's mir, hör nicht auf, mach weiter«, stöhnte der Typ nun endlich, nachdem er die ganze Zeit ohne einen Ton dagestanden hatte. Der hatte vielleicht Nerven. Ich griff in meine rechte Hosentasche, die wohlweislich ein Loch hat, und umfing meinen alten Freund. Hey, let's boogie.
Nun legte sie seinen zuckenden Schwengel zwischen ihre runden Brüste, drückte sie mit beiden Händen zusammen und wippte auf und ab, während seine Eichel zwischen ihren roten Lippen hinein- und hinausglitt.
Meine Mülltonne schwankte gefährlich, als ich mich an die Mauer

drückte, um die beiden genau zu beobachten. Irinas Rock hatte sich über ihre straffen Schenkel geschoben, als sie so ohne weiteres vor diesem Typen in die Hocke ging. Ihre Strapse endeten kurz unter ihrer Scham, die sich mir nackt, offen und rosa präsentierte. Ich verdrehte mir den Hals, so weit es ging, um ihr zwischen die Beine zu schauen. Und ich sah eine sauber rasierte Pussy, wie es sich für eine Dame gehört. Ha, Dame – schwanzgeiles Luder. Und in meinem Büro so rumtun.

Ich war wütend, verdammt wütend. So wütend, daß ich fast verpaßte, wie er sie mit einem tierischen Grunzen auf die Füße riß, sie quer über den Tisch legte, der auch schon bessere Tage gesehen hatte, und von hinten in sie eindrang. Sie, die Beine gespreizt, auf den hohen Schuhen, die alles strecken und spannen, ihr runder Arsch, den jetzt zwei behaarte Männerhände umklammerten, ihre kleine Rosette, die genauso feucht glänzte wie ihre rasierten Schamlippen.

Manchmal liebe ich meinen Job wirklich.

Sie griff mit ihrer rechten Hand, an der der Ehering verschwunden war, zwischen ihren Schenkeln hindurch, umfaßte mit kühnem Griff sein Gemächt, was ihn zu heftigen Stößen hinriß. Er schien sie auseinanderreißen zu wollen, einfach in der Mitte durchzuhämmern. Dann begann sie wie besessen ihre Klit zu reiben und ihn anzufeuern: »Gib's mir, ja, besorg's mir, o ja, das ist gut, das ist geil, du weißt genau, wie es geht.«

Sie wußte, wie man sich ausdrückt. Hatte sie wahrscheinlich des öfteren bei solchen Gelegenheiten gelernt.

Und dann kam es ihr. Ich merkte genau, wann die kleinen Fahnen wehen, wie mein Kumpel Henry Miller immer sagte. Ihre Flanken bebten wie die einer jungen Stute, und sie wimmerte wie eine läufige Hündin. Und als sie kam, schaute sie mich an, und sie wußte es die ganze Zeit, daß ich da war und sie beobachtete.

»Wiiiiiuuuuhhhh – tschkk!«

Neben mir schlug eine Kugel in die Wand, der Kalk berieselte

mein Gesicht, ich verlor das Gleichgewicht und segelte wieder mal in die Hinterhofscheiße. Wegrennen war nicht möglich, wie auch, mit einem Steifen. Also zog ich meinen Revolver, feuerte ein paar Blindschüsse in die Dunkelheit und kroch durch den Abfall auf die nahe Tür zu. Jetzt mußte ich schnell denken, bevor das mein letzter Ständer war.
Irina Karlow war Exhibitionistin, das war mir jetzt klar. Sie liebte es, vor fremden Augen gevögelt zu werden, das brachte sie richtig auf Touren. Und sie liebte es, jemanden dafür zu bezahlen, daß er ihr zuschaute. Und sie liebte es noch mehr, wenn jemand dafür mit seinem Leben bezahlt. Und sie wußte, daß ich es brauche, zu beobachten. Und sie wußte, daß ich neugierig genug war, um bei ihr nicht lockerzulassen.
Sie wußte zuviel.
»Stanton!«
Ihre Silhouette ragte hoch vor mir auf, und im Gegenlicht, das aus der offenen Tür fiel, konnte ich ihr Gesicht nicht erkennen, aber ich hatte einen ausgezeichneten Ausblick auf ihre tropfende Möse. So wie ich hier im Dreck lag, geblendet im Anblick eines der acht Weltwunder, hätte ich gut sterben können.
»Was tun Sie hier?« spie sie mir entgegen.
»Recherchieren«, krächzte ich.
»Auf dem Boden?«
»Überall, wo Dreck ist, findet man auch die Wahrheit, Lady«, erklärte ich ihr und stützte mich auf meinen gesunden Ellenbogen. »Wissen Sie, Missis, Sie haben ein ganz schönes Problem«, sagte ich ihr mit meinem berühmten zynischen Lächeln.
»Jetzt habe ich eins weniger. Sie sind gekündigt. Ich brauche Sie nicht mehr«, entgegnete sie eisig, obwohl sie vorhin noch schier in Flammen aufging.
Ohne Hast stand ich auf, klopfte mir den Staub von meinem Trench, rückte meinen Hut zurecht und deutete eine Verbeugung an. Den Gorilla mit der Kanone ignorierte ich.
Dann drehte ich mich um und ging. Ich wußte, daß sie mir nach-

schaute, und ich wußte, daß sie zu mir zurückkommen würde. Schließlich waren wir verheiratet.

Einige träumen davon, von Fremden oder auch Bekannten beim Sex beobachtet zu werden. Andere wiederum stehen total darauf, andere in intimen Situationen zu beobachten, sei es beim Masturbieren, Umziehen, Sex oder bei scheinbar alltäglichen Handlungen, die man in der Wohnung durchführt, ohne zu wissen, daß ein im Volksmund so genannter »Spanner« im gegenüberliegenden Haus im abgedunkelten Zimmer alles mitverfolgt. Die Spielarten des Entblößens vor Fremden auf der Straße – am bekanntesten ist wohl der Mann im Mantel, der kleinen Kindern und alten, harm- und wehrlosen Omis auflauert, um sie zu erschrecken – bis hin zum kindlichen-naiven Lüften des Röckchens vor Mutters Canasta-Runde, hat nicht immer etwas mit emotionalem Verhungern zu tun.
Tendenzielle Exhibitionisten, wie ich sie meine, sind einfach Menschen, die die Vorstellung oder die Tatsache antörnt, daß andere Personen sie beobachten und durch die Beobachtung Lust empfinden. Das ist wie eine Lustspirale; der eine wird erregt, weil er weiß, daß er beobachtet wird; die Erregung springt auf den Beobachtenden über, der die wollüstige Aktion verfolgt; der Beobachtete wiederum stellt sich vor, wie der unsichtbare Mitwisser anfängt zu masturbieren, und das macht den Exhi noch geiler, weil er nun weiß, daß er nicht nur sich und seinen Sexualpartner erregt, sondern auch einen passiven Teilnehmer. Dieser Effekt wird uns zum Teil durch Porno-Filme vorgegaukelt. Wir sind die unbekannten Zuschauer, und die Akteure auf der Leinwand oder der Bildröhre scheinen es mehr als zu genießen, daß sie eine Show für jemanden abziehen dürfen. Das ist zwar Humbug, aber der Schau-Lust-ige genießt die private Vorstellung und fühlt sich unentdeckt als Genießer.
Es ist auch eine Art von Voyeurismus, wenn man einem Paar beim Sex zuhört. Im Sommer, wenn die Balkontüren geöffnet

bleiben, kann man interessante Nachtspaziergänge machen und den Geräuschen, dem Zirpen und Wimmern, der Liebe und Geilheit lauschen. Wenn man Glück hat, hört man seine Nachbarn oder Untermieter; probieren Sie aus, ob man sie von der Küche, dem Bad oder dem Flur am besten hört. Das ist nicht widerlich, das ist verdammt schön. So spontan erinnere ich mich an den Film »*Das Geheimnis meines Erfolges*« mit Michael J. Fox; seine Nachbarn tun es jede Nacht. Sein Bett steht direkt Wand an Wand mit dem der Nachbarn, und es geht ziemlich ab. Auf Dauer findet er keinen Schlaf, doch letztendlich gelingt es ihm mit perfektem Timing, den Akt zu dirigieren und im Augenblick des Orgasmus des Mannes eine Bierdose aufzuzischen. Nett, nicht wahr?

Beim Masturbieren kann man sich auch in exhibitionistischen Vorstellungen ergehen, indem man sich vorstellt, von einer Horde Bauarbeiter überfallen und aufs höchste befriedigt zu werden, während sie in einem Halbkreis um einen herumstehen und sich nichts von dem sich bietenden Schauspiel entgehen lassen. Und sie können alles sehen, jeden glitzernden Tropfen, der aus der geöffneten Vaga rinnt.

Wer es partout nicht will, daß fremde Personen bei einem intimen Akt dabei sind, der kann sich immer noch mit der bewährten und ausdrücklich empfohlenen Phantasie behelfen.

Wer weiß, vielleicht haben Ihre Nachbarn Ihnen auch schon mal zugehört und es kurz darauf selbst getan, weil sie nicht anders konnten, weil es so gut war, weil es sie erregt hat, Ihr verhaltenes oder haltloses Stöhnen und Seufzen zu belauschen. Was ist daran schlecht? Sie werden Sie nie im Treppenhaus darauf ansprechen, garantiert nicht. Was sollten sie auch sagen? »Hey, das war echt toll, letzte Nacht, wie Sie geschrien haben, machen Sie das immer so?« Also bitte.

Trotz aller Leichtigkeit meiner Ausführungen sollte man jedoch nicht die sogenannten »krankhaften« Ausführungen des »Entblößens« oder »Spannens« unterschätzen. Wer kleine Mädchen oder Buben beim Umziehen in der Umkleidekabine des städtischen oder sonst irgendeines Schwimmbades aufdringlich beobachtet, verfolgt oder durch gierige Blicke belästigt, sollte sich mal in einem ernsten Gespräch mit einem Therapeuten auf seine Beweggründe durchchecken lassen. Das ist nicht witzig. Das macht den Kindern angst. Wer einen Hang zur Päderastie hat, sollte sehr, sehr vorsichtig damit umgehen. Denn man kann für seine sexuellen Vorlieben fast ebensowenig wie für angeborene Krampfadern. Bei bestimmten, für den Otto-Normal-Sexomanen ungewöhnlichen sexuellen Vorlieben stehen die Möglichkeiten, einen geeigneten Partner dafür zu finden, nicht besonders gut.

Genauso ist es mit Exhibitionisten, die sich im Park oder im Fahrstuhl des Fernsehturms entblößen. Sie verschrecken einfach. Zwar sind wir alle unter unseren Kleidern nackt, aber seit Evas Sünde bedecken wir unsere Nacktheit. Wir wachsen damit auf, daß Geschlechtsteile nur vor höchstens zwei bis drei Augenpaaren hervortreten dürfen. Also was soll man tun? Beifall klatschen? Einen Polizisten holen? Die heruntergelassene Hose so lange festhalten, bis er eingetroffen ist? Dem Kind die Augen zuhalten? Schreien, schimpfen, toben? Simple Fragen wie »Ist das nicht ziemlich kühl« stellen? Ignorieren?

Ich denke, das letzte ist der beste Ausweg. Denn nichts ist ernüchternder für einen »krankhaften« Exhibitionisten als gar keine Reaktion.

Aber beschäftigen wir uns noch für einen Moment mit den lustvollen Spielarten des »Sich-Zeigens« und »Beobachtens«: Sie betritt das Zimmer, nur mit einem Pelz und hochhackigen Pumps bekleidet. Sie genießt das Gefühl, völlig nackt darunter zu sein. Wie zufällig läßt sie den Mantel etwas aufschwingen und weiß genau um seinen entgeisterten Blick, der kurz darauf das Funkeln der Begierde annimmt.

Krankhaft? Nein, raffiniert.

Er liebt es, sie zu beobachten, wenn sie sich die Beine rasiert. Und ihre Achselhöhlen. Und schließlich ihre Vulva, ganz vorsichtig, aber doch mit geübten Strichen. Wenn sie ihren wundervollen Körper berührt – er liebt es so sehr, nur dazusitzen und sie bei der Ausübung persönlicher Dinge zu betrachten. Krankhaft? Nein, interessiert. That's it!

7. Kapitel

≥▲

Sextechniken
oder die Lust an der Lust
von A bis Z

Handwerker sind auch im gewissen Sinne Techniker; aber nur weil sie wissen, wie sie ihr Gerät zu bedienen haben, heißt das nicht, daß alles auf Anhieb funktioniert.
Sex-»Techniken« sind zwar keine handwerklichen Dinge im konventionellen Sinne, aber auch hierbei ist gut zu wissen, was für ein »Werkzeug« welche Funktion hat.
Kamasutra, U- und G-Punkt, Tantra und Reflexzonen-Massage hören sich zu dem Thema meist wie Gebrauchsanweisungen an, die mehr verwirren als verführen.
Instinkt und Intuition leiten einen Mann oder eine Frau meist dahin, wohin man es haben will. Auch wenn ich manchmal den Eindruck habe, die meisten Männer haben immer noch keine Ahnung, wie sie eine Frau anpacken sollen – liegt das etwa in der Natur der Dinge?
Tips und Trends wie »Zünden Sie doch mal eine Kerze an« oder »Streicheln Sie den Körper Ihrer Partnerin ausgiebig« sind nett gemeint, treffen aber die Sache nicht so richtig.
Einfühlungsvermögen und Kenntnis des weiblichen Körpers entwickeln sich erst im Laufe der Zeit – wenn Mann es will.
Und wenn Er sich traut, auf die Botschaften einer Frau zu hören, anstatt auf Suggestionen von anderen Männern.
Es ist ohnehin sehr selten, daß in Männerfreundschaften über

Sex-»Techniken« diskutiert und Erfahrungen ausgetauscht werden. Auf jeden Fall ist es sinnvoller, wenn Männer sich über erogene Zonen unterhalten, anstatt von ihrem Vater oder Bruder zu hören »Du mußt sie einfach nehmen«.

Wie auch immer; Männer, hört auf eure Frauen, nicht auf eure Väter!

Ich höre jetzt einen mißmutigen und abgrundtief verachtungsvollen, vor Abscheu triefenden Satz aus den Schlafzimmern, Badewannen, Küchennischen und Hobbyräumen dieses Landes: »Sextechniken, so ein Quatsch!« Er kommt entweder von Männern, die wissen, wie ES geht, oder von solchen, für die alles, was auch nur annähernd mit Sex zu tun hat und laut ausgesprochen wird, ein lebensbedrohendes, undefinierbares Etwas ist.

Für alle, die Spaß beim Lesen und Spaß beim Sex haben wollen, kann es jetzt endlich beginnen. Das Abenteuer, Frau zu sein, das Abenteuer, Mann zu sein.

Positionen, Massagen, Druckpunkte, Atmosphäre, Orte, Verwandlungsspiele, Hände, Mund, Finger.

Ich stelle keinen Anspruch auf Vollständigkeit – dazu gibt es extra Wälzer mit anschaulichen Zeichnungen und rosa umrandeten Merkkästen zum Wiederholen der wichtigsten Fakten.

Vieles ist hoffentlich bekannt, einiges neu und weniges nicht machbar. Bei Adam und Eva brauchen wir nicht anzufangen, aber wie bei einer Kleider-Kollektion lassen sich die Basisteile durch geschickte Stücke erweitern und kombinieren.

Öffnen Sie also Ihren Kleiderschrank und schauen, was Sie am liebsten anziehen, besorgen Sie sich ein paar Accessoires zum Aufpeppen, oder wagen Sie einen neuen Auftritt!

Der Ordnung halber halten wir uns an das übersichtliche Abc. Und zäumen das Pferd im wahrsten Sinne von hinten auf.

Analverkehr

In der Fachsprache der Sexomanen auch »griechisch«, »algerisch« oder »back entrance« genannt. Eine angenehme Position, um den festen Mitarbeiter des Mannes durch den Lieferanteneingang hereinzulassen, ist von hinten. Die Frau kniet sich hin, beugt sich nach vorne und stützt sich auf die Ellenbogen oder ein Kissen. Wenn man als Frau schon erregt ist, dann ist es leichter. Genügend Feuchtigkeit ist unabdinglich, obwohl der After, diese süße Rosette, nach einiger Zeit eine Art Flüssigkeit freisetzt, die den Penis herrlich hinein- und hinausgleiten läßt. Sonst hilft Mann nach – mit Sekt (kann allerdings mehr brennen denn prickeln), mit den angefeuchteten Fingern oder mit dem Ejakulat, welches man vorher in die primäre Lustgrotte entlassen hat und nach einiger Zeit vorsichtig mit der Zunge auf dem Damm und um den Anus verstreicht.

Um zu vermeiden, daß sich die Frau verletzt fühlt, sollte sie den Rhythmus, die Tiefe und die Bewegung bestimmen. Der Mann hält ihn einfach nur hin. Um ihn hereinzulassen, drückt man den Schließmuskel nicht zusammen, sondern preßt nach außen. Das erweitert. Um den Unterleib entspannter zu machen, sind tiefe, langsame Atemzüge genau das Richtige.

Einige haben mich gefragt, ob eine Frau tatsächlich Lust dabei empfinden kann – sie tut es. Der Darmausgang – der übrigens absolut sauber ist – besitzt feine Nervenstränge. Im Zusammenspiel mit der Reizung der Klitoris, die entweder die Frau oder der Mann übernimmt, ist Analverkehr sehr erregend. Dazu kommt natürlich auch noch die Erregung, etwas Verpöntes, Verbotenes zu tun. Nur, daß es nicht pervers ist. Es ist lediglich eine Spielart der körperlichen Liebe zwischen Mann und Frau oder Mann und Mann, die sehr befriedigend für beide sein kann. Der Anus umschließt den Penis viel fester als eine Vagina, und der Blick auf einen sich darbietenden Po während des Aktes ist verdammt geil, wundervoll, scharf.

Wenn Sie als Mann die Vorstellung eklig finden, den Analbereich Ihrer Partnerin zu liebkosen, dann liegt das an einer ganz natürlichen Scham, mit der jeder von uns aufgewachsen ist. Es hat unabdingbar etwas mit den körperlichen Ausscheidungen zu

tun. Und? Wo liegt das Problem? In der Sauberkeit oder Hygiene? Benutzen Sie ein Präservativ. Und seien Sie gewiß – es wird bestimmt nichts eindeutig Peinliches passieren. Sie wissen, was ich meine.
Danach sollte der Mann sich vorsichtig zurückziehen, nicht ruckartig.
Es ist wunderbar, wenn man als Frau danach noch ein wenig im Analbereich gepflegt wird. Ein feuchtes, warmes Leintuch wirkt sehr wohltuend auf den stimulierten Anusbereich und mindert das seltsame Gefühl, so »offen und weit« zu sein.
Ein kleiner Exkurs in Sachen Analverkehr mit dem Finger – ihrem Finger in seinem Po. »Der letzte Tango in Paris« ist neben den schauspielerischen Leistungen ein annehmbarer Lehrfilm. Sie schneidet sich am besten einen oder alle Fingernägel kurz, erregt seinen Penis, während sie mit leichter Hand seinen Damm massiert. Auch hier kann sie ihre Finger mit der Zunge anfeuchten. Um den vielleicht noch jungfräulichen Mann daran zu gewöhnen, wie sich etwas Härteres in seinem persönlichen Versteck anfühlt, kann man den Finger krümmen und mit dem Fingerknöchel leicht in den Anus eindringen, als wenn man an eine Tür klopft. Den aufgereckten Soldaten sollte man nicht vernachlässigen, denn er ist eine Garantie darauf, daß sich der Mann entspannt. Steckt man nun den Finger in sein protestierendes Löchlein, fühlt es sich überraschenderweise weich, aber wie ein Gummiband an, welches man zu fest um den Finger gewickelt hat, um zu schauen, wie schnell die Spitzen blau werden. Die Rosette saugt, pumpt, zwickt und hält den Finger wie ein kleiner Mund fest.
Es ist ein interessantes Gefühl, daß man als Frau praktisch in die männliche Rolle schlüpft. Jede sollte es wenigstens mal ausprobieren.

A tergo
Auch »von hinten« oder »Hündchenstellung« bzw. »nach Hundeart« genannt. Grundstellung wie beim Analverkehr. Variante:

Beine geschlossen. Das ist herrlich eng für ihn, und sie spürt ihn irgendwie mehr. Den Oberkörper hält man entweder niedrig, oder, wenn man sich dabei irgendwie zu rezessiv fühlt, richtet man sich langsam auf und stützt sich entweder an dem Bettpfosten ab oder winkelt die Arme an und schlingt sie um seinen Nacken. Das erfordert allerdings ein wenig Feingefühl für den Winkel, damit der Goldpfeil nicht aus seinem Pfeilkorb rutscht. Da von hinten die für die Lust durchaus nicht zu vernachlässigende Klitoris nicht direkt stimuliert wird, kann frau Hand anlegen – im Sinne von Liebe an und für sich. Sanfte, kreisende Bewegungen, wie man es am liebsten hat. Er sieht es ja nicht, also braucht man sich nicht zu genieren. Wenn man es nicht mag, nur gestoßen zu werden und in das Kissen zu beißen, dann könnte man seinen Partner durch leise Worte bitten, seinen Pfirsich einfach nur hinzuhalten.

Und dann tanzt frau mit ihren Hüften und ihrem Becken einen Lambada, Tango oder Rumba. Als besonderer Leckerbissen zwischendurch saugt man mit seiner »cache noisette«, dem einsatzfreudigen PC-Muskel, an seinem Dirigentenstab; oder man läßt den Gast nur gerade über die Schwelle treten und neckt seine Eichel mit den kleinen, verführerischen Saugnäpfen und treibt die Sache im wahrsten Sinnes des Wortes auf die Spitze. Das ist für einen Mann natürlich nicht einfach auszuhalten, wenn er diesen wippenden Po vor sich sieht, den aufreizend gespannten Rücken, den zarten Nacken und den wollüstig zurückgeworfenen Kopf der Partnerin; es kann sein, daß er sich abrupt zu heftigen Gegenbewegungen hinreißen läßt. Einem Mann läßt sich da raten: Genießen Sie es, versuchen Sie, sich zurückzuhalten. Halten Sie Ihr Prachtstück hin, lassen Sie sich ein wenig benutzen. Damit hat Ihre Frau / Geliebte / Begleiterin / Freundin auch nicht das dumme Gefühl, sich zu erniedrigen, sondern spürt durch Ihren bewegungslosen Genuß, daß auch a tergo nicht nur eine Spielart ist, bei der der Mann kein freundliches Gesicht zu machen braucht, sondern daß er trotz der dominanten Position ihr ausgeliefert ist. Es ist nur nicht so offensichtlich – und das ist bekanntlich bei Männern wichtig, daß sie nicht das Gefühl haben, dominiert zu werden, obwohl sie es gerne hätten.

Auf
- dem Teppich. Auf die Knie aufpassen, sonst hat man tagelang schmerzhafte Hautabschürfungen. Ist eigentlich wie im Bett, nur härter. Und irgendwie leidenschaftlicher, spontaner.
- der Waschmaschine. Kommt gut im Schleudergang, die Vibrationen sind stark genug, daß man fast nicht mehr machen braucht, als sich von vorne und von unten durchschütteln zu lassen. Einfach Beine spreizen, bis an den Rand vorrücken, die Füße gegen die Trommeltür stützen und mit den Händen entweder die Schultern des Geliebten/One-Night-Stands/Mann/Callboy umfassen oder sich mit den Händen am hinteren Ende der Waschmaschine festkrallen.
- der Treppe. A la 9 1/2 Wochen. Etwas hart, besonders im Rücken. Gilt für beide.
- dem Klavier. Am besten auf dem eigenen. In einer Hotelbar kann es vielleicht nur Richard Gere mit Julia Roberts machen, weil er vorher alle nach Hause geschickt hat; auch in einem Pianohaus wäre es wie auf der Bühne – es sei denn, der Laden gehört Ihnen. Wie auch immer, nicht auf den geschlossenen Deckel setzen, der ist zu tief. In dem Sinne bietet sich an, sich nach ganz oben zu setzen und sich oral verwöhnen zu lassen.
- die Schnelle. Siehe »Quicky«.
- der Motorhaube. Nach drei Stunden Autobahnfahrt könnte dieselbe zu heiß für die empfindliche Haut im Po-Bereich sein; man sollte auch darauf achten, mit den Stöckelschuhen nicht den kostbaren Lack zu zerkratzen – ER würde ihn an diesem Abend nicht mehr hochkriegen. Es empfehlen sich nicht unbedingt Pkws mit aerodynamischer Form wie Toyota Celica, Lamborgini (wenn Sie den haben, können Sie sich auch ein

Hotelzimmer leisten), Porsche 917, Corvette oder Jaguar Roadster; die Rutschgefahr und das Gegenhalten gehen auf die Wadenmuskulatur. Angenehm sind Citroën CX, Trabant, VW Santana, Opel Corsa und die alten BMWs. Die perfekte Haube habe ich noch nicht gefunden, aber ich arbeite auch nicht beim Zweitwagenhändler.
- der Toilette. Von hinten, ein Fuß auf dem Deckel abgestützt, die Hände auf dem Spülkasten. Oder er setzt sich auf den Deckel und sie rittlings auf ihn. Wenn Sie ihn gerne anschauen, dann mit dem Gesicht zu ihm, und sonst anders herum. Dann kann man sich zwischendurch anlehnen. Dieses Anlehnen besitzt außerdem den Vorteil, daß er das Tempo nicht übermäßig erhöhen kann, sondern alles seinen geordneten Gang läuft.

Autosex
Auch »Parken« genannt. Etwas unbequem und sollte nicht für das erste Mal dienen. Irgendwas ist immer im Weg; die Rückenlehne geht nicht ganz runter, der Schaltknüppel verfängt sich in den Hosenbeinen, und man stößt sich den Kopf an. Irgendwann gibt die Standheizung ihren Geist auf, und die Scheiben beschlagen. Ausziehen geht nur unter schwersten Verrenkungen, es sei denn, sie hat einen Rock an und er eine Jogginghose. Selbst ein Allzweck-Golf ist für diese Zwecke nicht geschaffen. Auch ein Porsche mit Schiebedach, aus dem man als Frau seinen Kopf herausheben kann, wenn man auf dem Mann sitzt, ist nur bedingt komfortabel. Dagegen sind Lieferwagen oder Pick-ups durchaus geeignet. Man darf sich nur nicht an den Stechmücken, Zuschauern und Quietsch-Geräuschen stören.

Blasen
Ein etwas ungeschickt gewähltes Wort für diese Art oraler Befriedigung. Ein Penis ist kein Saxophon und wird nicht mit eingeblasener Luft zum Schwingen gebracht. Vornehmer ausgedrückt heißt es »Fellatio«, leger auch »Blow Job«. Im allgemeinen

wird behauptet, daß alle Männer es für das Größte halten, neben dem reinen Akt natürlich. Andererseits gibt es auch Männer, die müssen erst dreißig werden, bevor eine Frau sie mit ihrem Mund zum Ejakulieren gebracht hat. Lernt man als Mann zunächst nur Frauen kennen, die mit dieser Methode entweder nicht vertraut sind oder sich davor scheuen, dann können sich diese Männer in der ersten Zeit einfach nicht entspannen, sich loslassen, es einfach nicht genießen. Es dauert seine Zeit, bis ein Mann sich den Empfindungen hingeben kann, daß eine andere Person sein Geschlechtsteil bis zum Höhepunkt bearbeitet, zwischen den Zähnen hat, daran saugt, leckt, nuckelt, knabbert, die Zungenspitze vorwitzig in seine Kranzfurche und sein Eichellöchlein schiebt. Es erfordert Vertrauen, sich dem hinzugeben. Ob man nun darüber redet und er ihr – oder ihm! – erklärt, daß das bei ihm noch nie jemand »bis zum Schluß« gemacht hätte; keine Angst, man blamiert sich nicht, wenn man diesen Umstand zugibt, im Gegenteil. Es ist ein erhebendes Gefühl, wenn man den Eindruck hat, bei irgend etwas der oder die Erste zu sein.

Natürlich liegen die Unstimmigkeiten auf der anderen Seite des Geschlechts. Manche Frauen – ob nun 20 oder 50 Prozent – scheuen sich vor der Berührung des männlichen Penis mit ihren Lippen. Wieso?

Ganz banal: Sie haben die Befürchtung, zu würgen oder zu ersticken. Lösung: Die angefeuchtete Faust um seinen Schaft legen, direkt am Wurzelansatz. Damit wird der Star des Abends künstlich verkürzt, und man nimmt ihn nur so weit in den Mund, bis die Lippen auf den eigenen Daumen treffen. Das ist nicht weniger aufregend für einen Mann, denn er hat dann sozusagen doppelte Stimuli. Einmal durch die feuchte Wärme der Mundhöhle und durch die köstliche Enge des Handtellers.

Mann liest es überall, aber ich wiederhole es vorsichtshalber noch einmal: Stoßen Sie einer Person, die diese Würgängste oder -reflexe hat – das merken Sie schon, wenn Sie erst mal soweit sind –, nicht tief in den Rachen hinein, und legen Sie auch nicht besitzergreifend die Hand in ihren oder seinen Nacken. Das erzeugt eine Emotion der Beklemmung, des Bedrängtseins. Ein anderes Problem: Undefinierbarer Ekel. Das ist schade und kann leider auch nicht durch Technik oder ähnliches aus dem Schlafzimmer verbannt werden, sondern erfordert Feingefühl, Zeit und, wenn nötig, sogar Verzicht. Es nützt nichts, mit der angeekelten Person auch noch Pornos anzuschauen, wo diese Technik ständig praktiziert und ausgiebig in Großaufnahme und Multicolor präsentiert wird. Das könnte ein Gefühl der eigenen Unzulänglichkeit hervorrufen, ein noch tieferes Unbehagen. Der- oder diejenige könnte vermuten, daß sie nicht normal sei – weil ES doch offenbar alle machen und Spaß dabei haben, nur sie nicht. Wenn man die Geduld, Zuneigung und auch Selbstkritik besitzt, dann sollte man es als Mann unbedingt probieren, den Partner von diesem Ekel und der Angst der Unfähigkeit zu erlösen. Ist es der Geruch? Ob eingebildet oder nicht – unter die Dusche mit Ihnen. Ist es die Größe? Schön für den Mann, schlecht für die anderen. Manchmal kann eine Frau sich von einem nicht erigierten Muschelsucher weniger »bedroht« fühlen als von einem hoch aufgerichteten, steifen, für ihre Begriffe überdimensionalen Turmspringer, den sie auch noch in ihren kleinen Mund nehmen soll, in den noch nicht mal eine Semmel paßt. Also lassen Sie sich als Mann ruhig mal ausgiebiger betrachten, wenn Sie noch nicht kampfbereit sind. Betrachten, anfassen, vorsichtig lecken, vielleicht zwischen die Lippen nehmen. Vielleicht. Der Rest wird sich Schritt für Schritt ergeben.

Und sonst? Der Geschmack. Entweder ist es dieselbe Lösung wie beim Geruchsproblem – das heiße Wasser ruft. Oder es ist die Vorstellung, Sperma zu schlucken, das Aroma auf der Zunge zu haben. Nun, es gibt auch Männer, die ihr eigenes Ejakulat nie probiert haben – und es auch nicht wollen. Das ganze Geheimnis: Es ist manchmal leicht nußig, salzig und auch durchaus zartbitter. Die Konsistenz reicht von zäh-cremig bis cocktail-flüssig. Es ist selten mehr als ein Teelöffel. Es ist warm, etwa wie Handin-Hand-gehen oder ein Hamburger. Und das beste daran: Man muß es nicht schlucken. Lassen Sie es einfach auf seinen Bauch sprudeln, und bringen Sie Ihr Gesicht aus der Schußlinie, wenn Sie die Protein-Ladung nicht in der Kehle haben wollen. Aber neugierig wie man ist, kann man ja mal ganz leicht eine Fingerspitze in die Sahne stippen und kosten. Und wenn Sie es nun doch in den Mund bekommen, weil er so leise war und Sie damit überrascht hat, dann schlucken Sie es, oder spucken Sie es in ein Taschentuch, aus dem Fenster, ins Waschbecken (Sie können ruhig schnell verschwinden; er liegt noch in den letzten Zuckungen, und bis er wieder anlehnungsbedürftig ist, vergehen etwa 26 Sekunden. Genug Zeit, sich den Mund zu spülen) oder lassen Sie es diskret auf seine Brust tropfen. Ob gemein oder innig: Küssen Sie ihn, und lassen Sie die ganze Köstlichkeit in seinen Mund laufen.

Übrigens: Die kleinen Spermien wuseln bestimmt nicht auf Ihrer Zunge rum und kribbeln am Gaumen; und im Magen macht sich gleich die Magensäure über sie her. Das war's dann mit dem drohenden Generationskonflikt. Die restlichen Zutaten bestehen aus Protein-Verbindungen und Transportmaterial der halben Nachkommen. Völlig ungefährlich also für den Organismus.

Ein letztes Problem: Das Gefühl dabei. Es kann sein, daß sich eine Frau erniedrigt fühlt, wenn sie zwischen seinen Beinen kniet. Also Hände weg aus dem Nacken! Wenn Sie als Frau diese blöde Vermutung haben, dann kehren Sie es einfach um. Wird er herrisch, dann erinnern Sie sich daran, was Ihr Zahnarzt letztens zu Ihrem Gebiß gesagt hat. Es besitzt eine Hebelkraft von einem Schlagbolzen. Die Frau vom Bobbit mußte ein Messer nehmen, aber sie hätte es auch mit ihren Zähnen erledigen können. Und außerdem können Sie ihn mit Ihren raffinierten Händen, die neben dem Mund und der Zunge zum Einsatz kommen, zum Rande des Kontrollzusammenbruches führen. Und dann kann er nichts mehr steuern, auch nicht Sie. Man muß nur wissen, wie.

Und wie?
Mit der Zungenspitze die Eichel umkreisen, mit einer Hand die Vorhaut sanft zurückschieben und die Kranzfurche – der Grat zwischen Eichel und Schaft, auch Frenulum oder Vorhauthäutchen genannt – freilegen. Zunächst ist es also immer etwas geschickter, auf die sogenannte Auslassungstechnik zu vertrauen. Das läuft nach der bereits angesprochenen Erregungsspirale: erregen und befriedigen. Also nicht gleich todesmutig den Blumenmund über den Stachel stülpen, sondern aufreizend mit Fingern und Zunge am Schaft entlangfahren, tastend die schweren Juwelen in die Hand nehmen, vielleicht auch vorsichtig ein Ei nach dem anderen zwischen die feuchten Lippen nehmen und zärtlich saugen. Es gibt vielfältige Möglichkeiten, und Sie persönlich kennen bestimmt so einige, von denen ich nicht mal den blassesten Schimmer habe. Mit den Fingern durch das krause Schamhaar fahren, daran ziepen, plötzlich wollüstig die Lippen um den Scheitel der Zucchini pressen und auf und ab rutschen, dabei Knetbewegungen mit der Hand andeuten. Stellen Sie sich vor, wie er es sich selber machen würde. Und imitieren Sie es mit dem Mund, mit der Hand, mit beiden Händen, mit Ihrem Busen. Und blasen Sie ihm kräftig den Marsch.

Brüste
Bitte nicht Titten sagen, das hört sich so lieblos an. Tities, okay. Oder Knospen. Bei Körbchengröße 95C kann man auch von voll erblühten Knospen reden. Busen ist übrigens der Abschnitt zwischen den Brüsten, nicht das Gesamtkörperteil, welches sich zum größten Teil aus Fettgewebe und Hautlappen sowie feinster Nervenstränge zusammensetzt. Wie auch immer, mit den Brüsten läßt sich eine Menge anstellen. Man kann sie an den Körper des anderen reiben, pressen, sanft damit über den Rücken streicheln, ihm ins Gesicht schwingen lassen oder seinen Penis an den Busen legen und die Brüste leicht zusammenpressen und ein wenig auf und ab rutschen. Man kann sie vor seinen Augen

massieren, bei entsprechender Größe selber in den Mund nehmen und mit Marmelade bekleckern. Als Frau jedenfalls. Und was fängt er mit ihnen an? Ich sehe immer wieder in seltsamen Filmen, wie sich der Mann in ihnen vergräbt, wild drauflos knetet und quetscht oder einfallslos sofort auf die Brustwarzen losgeht und anfängt zu saugen oder anzustupsen.
Dabei scheint es Frauen mehr zu gefallen, wenn sie erst mal außerhalb des Brustbereiches gereizt werden; soll heißen, wenn sie eine Gänsehaut bekommen und sich die Warzen von alleine zusammenziehen, dunkler, kleiner, härter, fester werden und gegen den Luftwiderstand pieksen. Dann ist die Berührung an der Brust oder den Warzen intensiver, wie eine kleine Erlösung. Es wäre einen Versuch wert: Erst den Oberkörper streicheln, vielleicht in den Hals oder Nacken beißen, das fein modellierte Ohr der Begehrten ablecken, um ihr eine herrliche Gänsehaut zu verschaffen. Und dann erst zugreifen. Oder zubeißen. Aber vorsichtig! Es erfordert ein gewisses Feingefühl, um genau herauszufinden, wo die Grenze zwischen Schmerz und Lust liegt. Wenn Mann heftig an den Brustwarzen saugt, dann kann das bei der richtigen Intensität zu einem auch für die Frau interessanten Effekt führen: Die empfindsamen Nervenstränge leiten ein gewisses Gefühl in den Unterleib weiter, und im Schoß macht sich eine ziehende Empfindung bemerkbar.

Carezza
Stammt angeblich aus der Kamasutra-Liebeskunst. Wenn der Mann in seine Partnerin eingedrungen ist, bewegt er sich nicht mehr und hält absolut still. Auch während des Aktes kommt er nicht zum Orgasmus, dafür aber die Frau mehrere Male. Anstatt also die Hüften und Lenden wild zu bewegen, tauscht man Zärtlichkeiten aus, streichelt sich, genießt die Lust der Wärme und Nähe, nicht der Wollust. Wenn man das mit jemandem tut, den man liebt und von dem man wiedergeliebt wird, ist es ein intensives Gefühl von Innigkeit und Geborgenheit. Vor allen Dingen

beim ersten Mal zusammen, um sich näherzukommen. Doch ganz ohne Orgasmus ist nicht jedermanns Sache.

Champagner
Wer in den entsprechenden Kreisen aufgewachsen ist, der läßt natürlich nur Moët & Chandon an seine Haut. Sonst tut es auch Lanson, Heidsiek, ein guter CAVA Vintage oder Veuve Cliquot. Der Schampus wird entweder mit reifen Erdbeeren, köstlichen Pfirsichen oder einer schäumenden Pussy genossen, vorzugsweise im Bett oder Bad. Er eignet sich auch als Getränk vorher, nachher, dazwischen und überhaupt; doch er wird auch als Schmiermittel für gewisse Hintertür-Arrangements gereicht oder um die Härchen auf dem Alabasterkörper der begehrten Person zum Stehplatz zu sträuben. Wenn keine Gläser im Haus sind, kann man ihn direkt aus der Kniekehle, der Halsmulde, dem Nabel oder der Muschel trinken, süffeln, schlürfen, lecken und so weiter. Übrigens: Tankstellen haben die ganze Nacht geöffnet und bieten ein reichhaltiges Angebot an Spirituosen. Und wenn man den sanft gerundeten Flaschenhals betrachtet, dann kommt man auch auf ganz andere Ideen.

Cunnilingus
Das Gegenstück zu Blasen oder Fellatio. Er leckt ihre Vagina, sie leckt ihre Klitoris, wie nun einmal die Konstellationen auch sein mögen. Man nennt es auch »Französisch«, »Züngeln«, »Ausschlecken« oder schlicht »Lecken«. Die Bezeichnung »Lachs moussieren« ist etwas abwegig, da Frauen im Genitalbereich weder nach Fisch riechen noch schmecken. Es sei denn, sie haben vor 36 Stunden Sperma in ihrer Vagina aufgenommen und sich seitdem nicht gewaschen. Das vielzitierte Lachsaroma resultiert einfach aus der chemischen Verbindung von Sperma und Vaginalsekret. Fertig, die Rechnung bitte. Es schmeckt nie gleich – denn es kommt auch auf den individuellen Hautstoffwechsel der Frau an sowie auf ihre Tagesform. Es gibt Damen, deren Saft

eher prickelnd und leicht pikant schmeckt; andere wiederum wirken wie Honig mit einem Hauch Fruchtsäure und viele einfach nur moschusartig mit einer Nuance Champagner. Es kommt dabei auf die Ernährung an, die Art der Hygiene und auf die Aktivitäten des Tages sowie den weiblichen Hormonzyklus. Zur Hygiene: Warmes Wasser reicht völlig aus. Intimseife oder Duschgels verändern den natürlichen pH-Wert der Scheide und das sogenannte Scheidenmilieu. Dieses ist von Natur aus so beschaffen, daß es einen höheren Säureschutzmantel aufweist als andere Hautbereiche – einfach, um Bakterien und andere Eindringlinge – wie kleine, paddelnde Spermien – zu vernichten oder zumindest zu deformieren. Deswegen ist es ungut, Seifen und ähnliche in der Werbung angepriesene Mittelchen zu verwenden. Sie verändern die Scheidenflora, schwächen sie und wirken sich ungünstig auf den natürlichen, körpertypischen Geschmack aus. Das dazu.

Kunstvoll zu lecken ist so eine Sache.

Man sollte wissen, wo man ansetzen sollte. Dazu ist zumindest eine genaue Kenntnis des Terrains nötig. Könnten Sie aus dem Stegreif eine Vaga zeichnen? So richtig, mit allem Drum und Dran, äußere und innere Schamlippen (Labien), Klitoris, Harnausgang?

Nein? Macht nichts. Es wäre wohl etwas umständlich, eine exakte biologische Zeichnung mit entsprechender Legende neben sich auf dem Bett liegen zu haben und dann Punkt für Punkt alle relevanten Erregungszonen durchzuarbeiten.

Aber mal ganz im Vertrauen, von Frau zu Frau: Es gibt Männer, die können es, und es gibt Männer, die können es irgendwie weniger. Es gibt die, die mit ihrer Zunge die erstaunlichsten akrobatischen Leistungen vollbringen, alle Winkel erforschen und immer den richtigen zum richtigen Zeitpunkt finden, sogar solche, von denen wir noch nicht mal wußten, daß wir sie besitzen. Und es gibt solche, die schlecken erst mal alles naß, überreizen die Klitoris hoffnungslos. Das ist wunderbar entspannend, aber

einschläfernd. Doch wenn ich jetzt anfangen würde, einen genauen Fahrplan zum oralen Orgasmus aufzustellen, dann wäre das so, als würde ich versuchen, 24 Millionen Menschen in einen Topf zu werfen.
Nur soviel: Gut erreichen kann man das duftende Tal, wenn die Angebetete auf dem Rücken liegt, das Becken leicht erhöht, die Beine über Ihre Oberarme geschlungen oder angewinkelt. Oder Sie legen sich ein Klavier mit der richtigen Höhe zu. Auch von hinten ist es ein interessantes Spiel. Oder sie steht mit einem Bein auf einem Stuhl, einer Apfelsinenkiste oder der Stoßstange, und er erweist ihr die Ehre des Kniefalls.
Stichwort Erregungsspirale. Nicht gleich voll loslegen, sondern Spannung aufbauen. Konsequent die schönsten Stellen bis zum Schluß auslassen. Nicht permanent an der empfindlichen Klitoris saugen. Die Zunge kreisen lassen, mal mit enormem Druck, mal leicht wie ein Schmetterlingsflügel. Und, ach ja, die Finger. Hinein und hinaus, mit ihnen die äußeren Lippen spreizen, aber nicht auseinanderziehen, das tut besonders am Anfang weh. Einige stupsen mit ihrer Nase gegen das Schambein, in der Hoffnung, einen gewissen Rubbeleffekt auf den Lustknopf auszuüben. Stecken Sie Ihre Nase nicht in Dinge, die Sie nichts angehen – nun, nicht ganz so kraß, aber ein findiger Finger findet mehr Gefallen. Und küssen Sie die Lippen, die zum Küssen gemacht wurden. Eröffnen Sie ein Trommelfeuer mit Ihrer Zunge. Lassen Sie Ihre Zunge den Damm liebkosen, die Innenseite der Schenkel, den Venushügel, die Vulva. Tip an die Damenwelt: Teilrasur. Zumindest dort, wo das kräuselige, duftende Schamhaar die Klitoris überwuchert und die wunderschönen Schamlippen verdeckt. Auf dem Venushügel können Sie es stehenlassen. Somit werden Ihnen außerordentlich feine Empfindungen offenbart; es ist einfach ein direkteres Gefühl, wenn eine Männer- oder Frauenzunge auf eine unbehaarte Vaga trifft. Aber zurück zur zweitschönsten Nebenbeschäftigung der Welt. Männer, laßt die Zungen rollen. Ob zum spanischen oder russi-

schen Rrr – sprecht die Sprache der Liebe. Und zeigt euch gemäßigt am Anfang, wild in der Mitte und stetig bis zum Ende. Betupft die äußeren Lippen, erkundet die kleineren, knabbert mit den spitzen Lippen an dem Lustpünktchen, setzt die Finger ein – und zwinkert bloß nicht eurer Geliebten aus dem dunklen Tal herauf zu.

Damm
Der empfindliche Übergang zwischen Skrotum und After bzw. Vagina und Rosette. Höchst sensibel und lustempfänglich, oft von mir erwähnt und gehuldigt und leider in der Praxis viel zu oft vernachlässigt. Eigentlich auch ein Druckpunkt, der aufreizende Akzente setzt. Ausprobieren. Genießen.

Druckpunkte
Man muß nicht gleich einen Volkshochschulkurs in Shiatsu belegen, um mit wenigen Fingerübungen den Partner in die kosmischen Sphären der Lust zu katapultieren. Druckpunkte sind überall am Körper verteilt, und bei der entsprechenden Handhabung tragen sie zur Erregung, Entspannung oder Ekstase bei. Gewisse subtile Punkte befinden sich am unteren Ende des Rückgrates, etwa drei Zentimeter oberhalb der lieblichen, vertikalen Grube eines Mannes. Es sind drei auf jeder Seite der Wirbelsäule, die noch nicht mal fingerbreit auseinanderliegen. Man braucht praktisch nur den Zeige-, Mittel- und Ringfinger beider Hände, um sie gleichzeitig zu stimulieren. Entweder kreisend massieren, leicht drücken oder lecken. Andere liegen an den Innenseiten der Handgelenke neben dem Puls, in den Handflächen zum Daumenballen hin oder am letzten Glied der Finger. Direkt unter dem Schlüsselbein muß man etwas vorsichtig sein, eine zu kräftige Druckausübung kann schmerzhaft sein.
Im Genitalbereich sind es die Leisten, also der Übergang der Schenkel in das Becken. Sie sind eher flächig, also kann man sie mit festem Streicheln zum Schwingen bringen. Auch an den

Zehen befinden sich die Knöpfe, mit denen man den Lift hochjagt. Etwas pikantere und offensichtlichere Ziele befinden sich an den Innenseiten der Pofalte. Zieht man sanft die Backen auseinander und spielt ein kleines Scherzo, dann ist das Instrument bald bereit zur Arie. Wenn Sie keine Opern mögen, dann spielen Sie halt einen Ragtime.

Duschen
Morgens nach dem Sport oder abends zwecks Sauberkeit angewandt. Üblicherweise. Auch als Vorspiel nicht zu verachten. Gegenseitiges Einseifen und Reizen mit dem sprudelnden Naß des Duschkopfes, prickelnde Tropfen für die Durchblutung. ES in der Dusche zu tun bringt ein gewisses Risiko mit sich. Wie man weiß, passieren die meisten tödlichen Unfälle im Haushalt. Bestenfalls rutscht man weg und aus, schlägt sich den Kopf oder das Steißbein an. Das soll aber niemanden daran hindern, es trotzdem zu tun. Wenn sie einen Fuß auf die Kante stellt, sich leicht nach vorne beugt und gegen die Fliesen stützt, kann er von hinten in sie eindringen. Dabei muß er zunächst für einen sicheren Stand sorgen, die Knie leicht gebeugt, die Beine gespreizt. Und dann gaaanz vorsichtig wippen. Die Variante, bei der er sie hochhebt und sie ihre Beine um ihn schlingt, sieht ja ganz gut aus, ist aber nicht lange durchzuhalten. Denn dabei kommt sie zwangsläufig mit ihrem Rücken mit den kalten Fliesen in Berührung, und er muß nicht selten einen Balanceakt und gleichzeitig eine Kraftanstrengung aufbringen, um die Geliebte zu halten. Ganz abgesehen von der Lust, die einem manchmal die Beine wegzieht.

Erdbeeren
Es gibt nur zwei Arten, sie richtig zu essen. Einmal zum Champagner direkt aus der Hand in den Mund. Oder man schiebt sie in ein fruchtig-cremiges Kätzchen und saugt sie wieder hinaus. Natürlich bedarf es einiger Geschicklichkeit, diese appetitlichen

Früchtchen aus einem noch appetitlicheren Früchtchen herauszutscheln. Zum Üben empfehlen sich auch glatte weiße oder rote Trauben. Und wer sich lieber nicht so gesund ernähren möchte, der greift zu Oliven – ohne Paprikafüllung und auch nicht die in Knoblauch eingelegten. Oder vielleicht doch? Wie es euch gefällt.

Essen
Nein, ich werde jetzt nicht sagen »Liebe geht durch den Magen«. Blödsinn. Ißt man das Falsche, dann vergeht einem irgendwie die Lust auf jegliche körperliche Betätigung. Zu schwer, zu fett, zu viel. Dagegen gibt es auch sogenannte Liebesmenüs. Nicht unbedingt die sagenumwobenen, aphrodisiaka-versprechenden Mahlzeiten aus Artischocken, Austern und Spargel. Sondern gewissermaßen erotische Nahrung. Farfalle. Lachs. Pilze. Erdbeeren. Sahne. Auberginen. San Danielle Schinken. Honigmelonen. Trauben. Ein blutiges Steak. Datteln. Bei der Gelegenheit verweise ich auf ein gutes Kochbuch: *Kochen mit George* (Selbstverlag). Darin steht alles, was Sie brauchen, um ein phantastischer Liebhaber zu werden. Na gut, das stimmt nicht ganz, aber die Rezepte sind so schnell gemacht, daß Sie in der verbleibenden Zeit auch andere Dinge machen können. Zum Beispiel wilden Sex mit Ihrem Partner.
Ich habe mal von einer Frau gehört, die es zur Gewohnheit machte, jede Menge gefüllter Schälchen um ihr Liebeslager zu drapieren, in denen sich labende Köstlichkeiten befanden. Und wenn es während des Kampfes zu Ermüdungserscheinungen kam, griff man nach delikatem Curryhuhn, Kaltschale oder Krabben mit vier verschiedenen Dips. Oder man ließ sich füttern und veranstaltete noch andere Schweinereien. Benutzte quasi den Körper als Teller. Hmmm. Da verzichte ich auf Witzigmann, Winkler und Co. Unsere Mütter werden schon gewußt haben, warum sie uns streng mahnten: »Mit dem Essen spielt man nicht.« Tut man wohl.

Fellatio
Siehe oben unter Blasen.

Fesseln
Abgesehen von den radikaleren Methoden der SM-Praktiken bzw. dem absoluten Kult des Bondage & Discipline ist Fesseln eine interessante Variation zum Thema.
Ob nun seine oder ihre Handgelenke mit einem Seidentuch, einem Cashmirschal, einem Seil oder Handschellen an den Bettpfosten, die Stuhllehne, Tischbein oder Heizungsstäbe gebunden werden; die Möglichkeiten sind vielfältig. Ob nun die Augen verbunden werden oder die Beine gleich dazu – es sei alles erlaubt, solange der Partner keine panische Angst bekommt oder es ausdrücklich verweigert. Sind die Hände gebunden und die Augen verschleiert, kann man sich nur auf sein Körpergefühl verlassen. Man ist ausgeliefert, aber nicht hilflos, denn Bänder kann man zerreißen oder so locker schlingen, daß sie sich bei leichter Anstrengung sofort lösen. Man kann sich zurücklehnen und alles geschehen lassen. Eine gewisse Hemmungslosigkeit wird entschuldbarer, denn man kann – oder will – sich ja schließlich nicht wehren. Fesseln besitzt diesen Hauch von Dominanz, dem sich weder Männer noch Frauen ganz entziehen können. Und wieso auch – es ist lustvoll, fremd, erregend, scharf.
Einzige Voraussetzung: Vertrauen.
Wie bekomme ich meinen Partner dazu, daß er mich fesselt oder daß er sich nicht sträubt, wenn ich ihn verwöhnen will und er sich in meine Hand geben soll? Nun, man muß ja nicht gleich mit dem Gürtel anfangen. Es gibt Männer, die es zunächst gar nicht ertragen können, die Hände still zu halten. Wenn Sie merken, daß er es partout nicht will – schade. Dann nicht sofort darüber reden, sondern später, in drei Tagen vielleicht. Spielerisch, ein wenig schüchtern. Vor einem wollüstigen »Fessle mich« oder »ich will dich hilflos zappeln lassen« schreckt er unter Umständen zurück. Also peu à peu. Aber eins sei gesagt: Sie verpassen et-

was, wenn Sie nie die sanfte Strenge eines Bandes verspüren, die Ihnen die Hände zur Ruhe und den Körper zum Genuß zwingt.

Füße
Schon mal eine wirklich gute Fußmassage bekommen? Ohne daß es kitzelt, sondern einfach verdammt guttut? Ja? Na dann wissen Sie Bescheid. Für den Rest: Liebe und Zärtlichkeit hören nicht bei den Waden auf. Fußgelenke, Zehen, Ballen und Ferse sind nahezu einmalige erogene Zonen. Man kann an den Zehen nuckeln, sie zwischen die Lippen nehmen und die Zunge in die Zwischenräume stecken. Und massieren kann man alles an einem gepflegten Fuß. Ob mit oder ohne Öl, es ist herrlich.

G-Punkt
»Ich möchte nicht wissen, wie viele Kilometer Schwanz inzwischen nach diesem G-Spot gestochert haben« – entschuldigen Sie meine rüde Ausdrucksweise, aber es war ein Zitat meines Sozialkundelehrers in der 11. Klasse, und ich wußte damals nicht so ganz, wie ausgerechnet er an dieses geflügelte Wort kam.
Der G-Punkt – benannt nach seinem Entdecker Gräfenberg – befindet sich an der inneren Scheidenwand, etwa fünf Zentimeter von der Öffnung entfernt – wenn man diversen Fachbüchern Glauben schenken darf. Zunächst hat man bei dessen Stimulation das dringende Bedürfnis, Wasser zu lassen. Bei fachmännischem Umgang führt jedoch eine stete Reizung dieses Punktes alsbald zum heftigen Orgasmus. Sagt man. Zudem machen wissenschaftliche Dossiers aus den 80ern diesen Punkt für die weibliche Ejakulation verantwortlich. Aber lassen wir die Forscher weiter in den dunklen Höhlen forschen, wenden wir uns lieber den Tatsachen zu. Ich denke, es gibt diesen Punkt. Ob er nun G, X oder N-Punkt heißt; seine Berührung ruft Empfindungen hervor, die den oben beschriebenen verdächtig ähneln. Nur über

seinen exakten Standpunkt bin ich mir nicht ganz klar. Es scheint jedoch, daß er am besten durch die a-tergo-Position zu erreichen ist und mit tiefen Penisstößen gereizt werden kann. Was noch besser ist, sind leichte Wellenbewegungen mit dem Finger. Effektiv sind die Wechselbäder des kundigen Fingerspieles: einführen, warten, plötzlich bewegen, zur Ruhe kommen lassen. Und nur diese leichten, tiefen Schnalzbewegungen, ohne den Finger horizontal zu rühren, also nicht hinein- und hinauszuschieben. Wenn Sie den G-Punkt, dieses Phänomen der Orgasmen, bis zur Ohnmacht suchen, dann nehmen Sie sich Zeit. Gesucht, gefunden. Und wenn es Ihnen gefällt, dann nutzen Sie diese neue Erfahrung, aber machen Sie keinen Krampf daraus. Es geht ja auch so.

Gleitmittel
Wie sie nicht alle heißen: Flutschi, Glitschi, Vaseline. In den praktischen, unauffälligen Tuben. Vorsicht: Bestimmte Gleitmittel greifen das Latex des Überziehers an und lassen es porös werden. Deswegen: Anal- oder Normalverkehr mit Kondom *und* Gleitmittel schützt nicht vor Babys oder Aids.
Aber es gibt auch natürliche Mittel und Wege, um die richtige Schmiere zu erreichen. Allzeit verfügbaren Speichel, prickelnden Sekt, duftende Öle (die übrigens ebenfalls den Gummi aufweichen), Marmelade oder Schokolade. Aber jetzt schweife ich schon wieder zu den Gaumengenüssen ab. Manche zum Verkauf angepriesenen Mittelchen versprechen sich gleich noch als Two-in-one-Produkt: länger, länger, länger. Kann er stehen, versteht sich. An Zentimeter-Zuwachs glaubt heute kein Schwanz mehr.

Handarbeit
Es geschieht ganz unwillkürlich, daß sich selbst noch hinter den harmlosesten Begriffen schlüpfrige Bedeutungen verbergen. Handarbeit – verstrickt und zugenäht. Auf der Haushaltsschule

lernt man, wie man mit Nadel, Faden und Klöppel umzugehen hat, aber nicht wie Mann wirklich seinen Faden in die Öse einfädelt.

Die manuelle Stimulierung und Befriedigung scheint bei einem erigierten Penis relativ simpel: rauf und runter. Das reicht eigentlich auch, ist aber genauso, als wenn ein Mann nur seinen Finger in die kleine Wunde steckt und ihn rein- und rausschiebt. Also, wenn Männer Hand anlegen, dann geschieht das etwa so ungeschickt, als wenn sie das erste Mal einen Babypopo pudern sollen. Wüstes Herumgereibe im oder gegen den Uhrzeigersinn ist aufreibend. Auch das weite Auseinanderspreizen der empfindlichen Schamlippen ist nicht so der Hit. Vielmehr sollte erst mal für Feuchtigkeit gesorgt werden, wenn nicht schon vorhanden. Und dann streicheln, streicheln, streicheln. Mit den Fingerspitzen, der flachen Hand, und schließlich das köstliche Eindringen mit einem der Mini-Penisse. Innen vorsichtig herumtasten, Druck ausüben, leichte Wellenschläge austeilen. Ein Finger ist um vieles beweglicher als der Ritter der Tafelrunde. Liegt der Handballen auf der Klitoris, können ein oder zwei Finger in die Vaga eindringen. Oder Mann streicht mit je einem Finger an den Seiten der äußeren Schamlippen (Labia Majora) auf und ab. Kreisende Bewegungen und Vibrationstechniken machen den Erfolg des Handwerks aus. Also bitte nicht Hammer, sondern eher Feinwerkzeug.

Hündchenstellung

Im Moment sind Blondinen-Witze mal wieder total in. In einem geht es um etwa folgendes: Eine Brünette, eine Rothaarige und eine Blondine liegen im Kreissaal und warten auf ihre erste Entbindung. Sagt die Brünette zu der Rothaarigen: »Ich werde eine Tochter bekommen – ich lag bei der Zeugung oben.« Antwortet die Rothaarige: »Ich werde einen Sohn bekommen – ich lag unten.« Schaut die Blondine ganz bestürzt von einer zur anderen und sagt dann: »Bekomme ich jetzt einen Welpen?« Also, wir wissen alle, was das bedeutet. Können wir auch unter der Rubrik »a tergo« nachlesen. Wuff.

Im
- Aufzug. »Love in an elevator. Lifting it up when I'm going down.« (Aerosmith) Besonders pikant in Hotels. Das *Sheraton* am Flughafen Frankfurt besitzt einen Aufzug der langsameren Gangart. Um die Mittagszeit herum sollte man es jedoch vermeiden, dort zwischenmenschliche Aktivitäten einzuleiten, da dann der meiste Verkehr ist. Sprich auf und ab und rein und raus. Zweiter Stock, vierter Stock, drei Leute steigen zu, einer aus, typischer Mittagsstreß.
Dieses Zeitlimit ist auch auf andere Hotelaufzüge anzuwenden. Hat man sich jedoch spontan entschieden, es im Lift zu treiben, müssen drei Voraussetzungen erfüllt sein: Genügend Zeit (den Stop-Knopf drücken), ein Rock bei der Dame und genügend Standfestigkeit des Herren im doppelten Sinne. Und ab geht's: Rock hoch, die Dame gegen die Wand gedrückt, deren Beine um die Hüften usw. Gefahren ähnlich wie in der Dusche. Kitzel: Gefahr des Entdecktwerdens (ihr kleinen Exhibitionisten, ihr).
- Büro. Auch das noch. Dort überall, denn es kommt nicht darauf an, wo (Tisch, Teppich, Couch, Stuhl, Fensterbank), sondern mit wem und wann. Mit dem eigenen Partner nach Feierabend, bevor die Putzfrau kommt – okay. Mit der Sekretärin vor dem Frühstück – Gehaltserhöhung und jede Menge Schwierigkeiten inbegriffen. Mit dem Kollegen in der Mittagspause – bedenken Sie, wie es weitergeht. Lassen Sie sich lieber zum Essen ausführen, und vernaschen Sie ihn oder sie zu Hause. Naja, hört sich prüde an. Wenn es Sie beide tatsächlich überkommt, dann müssen Sie es wohl tun. Im Büro.
- Flugzeug. Sprich Flugzeugtoilette. Im Film *(Emanuelle 1–34)* sind dieselben immer illusorisch groß; dabei kann sich ein einzelner kaum drehen, geschweige denn zwei. Ob in einer Dornier oder einer Boing 727: die Toilette ist einfach zu eng. Hinterher kann

man den Freunden zwar eine tolle Geschichte erzählen, aber Spaß dabei zu haben ist eine andere Story. Direkt auf den Sitzen ist auch etwas schwierig. Handarbeit oder Fellatio sind prima – besonders bei Überseeflügen, wenn fast alle anderen schlafen – es empfiehlt sich, sich vorher von der Stewardeß eine Decke bringen zu lassen und die galant über Hände und ähnliches zu legen. Jetzt braucht man nur die Augen zu schließen und in 25 000 Fuß Höhe die Hände auf Weltreise zu schicken, das lenkt auch von der Flugangst ab. Direkte Penetration (Sie auf ihm) ist möglich, aber gewagt – und wie gesagt, eng. Fliegen Sie deshalb in der Businessclass, und meiden Sie ausgebuchte Flüge. Dann haben Sie wirklich was zu erzählen. Ach, und für all die, welche auf das Bordpersonal spekulieren – die haben genug mit Luftlöchern, Kaffee, dem Piloten und der Versorgung flugkranker Gäste zu tun, als daß es befriedigend wäre. Warten Sie bis nach der Landung, und tun Sie es im Sanitätsraum.

- Regen. Naß. Witterungsbedingt. Aber sehr romantisch. Entweder liegend am Strand von Acapulco oder Fehmarn, oder stehend am Gartenhäuschen, oder sitzend auf der Motorhaube.
- Stehen. Siehe Duschen.
- Wasser. Nein, man kann nicht von chlorgetauchten Spermien schwanger werden. Ratzfatz sind die Dingelchen befruchtungsunfähig, sobald sie eine gewisse Zeit im Pool, im Meer oder im Whirlpool verbracht haben. Es im Wasser zu tun täuscht eine gewisse Schmierfähigkeit vor. Dazu muß es eine angenehme Temperatur haben, und danach empfiehlt sich gründliche Hygiene für beide Parteien. Die kleinen Bakterien lauern überall, und als Frau fängt man sich in Bädern und Saunen schnell einen feinen Herpes Genitalis ein. Das ist nun mal so.
- Zug. Geschlossenes Abteil (Liegewagen) bevorzugt. Aber Achtung: In französischen Zügen sind die Betten lausig, dafür die Toiletten der Ersten Klasse sehr gut. Geräumig, sauber, und manchmal mit großen, marmorierten Spiegeln. Das Waschbecken und die Ablage sind groß genug, damit Frau sich oben

aufsetzen kann. Die Beine werden auf der Toilette und der Türklinke abgestützt. Und dann im Rhythmus der Überlandfahrt: radeng, radeng, radeng, radeng. In deutschen Zügen ziemlich witzlos. Die Toiletten der DB sind widerlich, auch die der Ersten Klasse, und zu hellhörig. Im Intercity Night (Schlafwagen) ist es zu wagen. Erst kommen und dann ankommen. Einen wunderschönen guten Morgen.

Interruptus
Auch Aufpassen oder Rückzieher genannt. Der Coitus Interruptus ist ein beliebtes Versprechen, um kleine, naive Mädchen ins Bett zu kriegen und ihre Angst vor dem goldenen Schuß zu zerstreuen. »Ich werde aufpassen« ist ziemlicher Schmarrn, wenn es um Verhängnis-, äh, Empfängnisverhütung geht. Wir wissen alle, daß vor dem eigentlichen Orgasmus des Mannes (Ejakulation) schon kleine Tröpfchen Sperma austreten. Und wie gesagt: Eins genügt. Den Blütenstengel kurz vor dem Überlaufen aus dem Bukett zu ziehen, um die Sahne dann auf dem Bauch der Liebsten zu verteilen, ist keine Garantie für gefahrlosen Sex.
Für das Liebesspiel ist der Interruptus eine Eigenart für sich. In Pornostreifen ist er gang und gäbe. Kurz bevor er kommt, wird der Schwanz in die Kamera gehalten, damit jeder sieht, daß alles echt ist. Ich habe noch keinen einzigen Film dieser Art gesehen, wo er in ihr verbleibt.
Im privaten Bereich kann es eine abwechslungsreiche Version sein, den Liebessaft auf den Körper des Partners zu spritzen. Außerdem sieht es interessant aus – und in der richtigen Stimmung ist es höchst erregend, sich die Brüste, den Po oder den Rücken mit dem Ejakulat begießen zu lassen.

Jux und Dollerei
Sex ist eine Sache, über die man nicht lacht. Man amüsiert sich zwar über schmutzige Witze, aber lustig oder spaßig wäre eine unpassende Definition für Sex.

Spielen kann man trotzdem. Zum Beispiel Backgammon. Die Partie ist kurz genug, damit man nicht die Lust verliert, und man kann um drei oder fünf Minuten spielen, wo der Gewinner einer Partie die Möglichkeit hat, mit dem anderen zu tun, was er will. Drei Minuten, und dann wird streng weitergespielt. Bis die Würfel gefallen sind.
Oder Strippoker. Oder Würfeln. Oder Blitzschach. Oder Rätselraten. Oder Vokabelabfragen. Schiffeversenken. Oderoderoder.

Kostüme
Was fällt uns da zuerst ein? Krankenschwester und Arzt? Zimmermädchen und Lord? Wie auch immer, als Kinder haben wir uns gern verkleidet. Als Erwachsene wußten wir dann, warum wir das gern taten, und hörten prompt damit auf. (Von der Psychologie der Gesellschaft mit ihren Rollenspielen mal vollkommen abgesehen). Ist man verkleidet oder trägt eine Maske, besitzt man die Illusion, ein anderer Mensch zu sein. Und was ein anderer Mensch tut, kann für unsere Selbstachtung egal sein. Auf deutsch: Wir legen unsere Hemmungen mit jedem fremden Verkleidungsstück, das wir anlegen, ab. Und deswegen ist es befreiend, als quasi andere Person zu handeln.
Sie finden es albern, sich in ein Servierschürzchen zu schmeißen, hohe rote Schuhe anzuziehen, womöglich noch ein Häubchen aufzusetzen und halbnackt Ihren Mann zum Dinner zu bitten? Warum?
Kämen Sie sich dabei blöd vor? Oder denken Sie, er würde entsetzt sein, abgestoßen, empört, belustigt oder was?
Was hindert Sie als Mann daran, sich in einen Blaumann zu schmeißen, mit dem Werkzeugkoffer anzurücken und nicht nur ein Rohr im Bad zu verlegen? Daß Sie sich lächerlich machen? Es ist doch nur ein Spiel, und es ist nicht krankhaft oder pervers. Es ist anders. Es ist neu.
Woher kommen Ihnen diese Begriffe bekannt vor? Ach ja, Erotik in der Partnerschaft. Alles, was neu und anders ist, wirkt an-

ziehend. Und Anziehung ist ein Begriff der Wertigkeit einer Partnerschaft. Das Spielfeld ist freigegeben zum Anpfiff, die Bühne frei für den Auftritt, und das Publikum sind nur Sie beide, sonst niemand.

Kratzen
Sollte man den Wunsch besitzen, sein Revier mittels Kratzmalen zu markieren, sollte man wohl am besten seine Initialen auf dem Rücken des Liebespartners einritzen. Muß er am gleichen Abend noch nach Hause zu Ehepartner und Kind, ist das aber nicht sehr nett. Kratzen an sich ist die bekannteste Form des Lust-Schmerzes. Im Moment der Ekstase kann es tatsächlich erregend sein, einen leichten Schmerz zu spüren und die Symbole am nächsten Tag in der gemischten Sauna stolz vorzuführen. Ein Mann mit zerkratztem Rücken muß ja toll sein – denn er konnte die Frau in Sphären katapultieren, die jeglichen Anstand vergessen ließen. Oder?
Drei parallele Kratzer auf jeder Seite des Rückens sind das Zeichen für Sex. Im Film, zu Hause, überall. Sie stehen für das reizvolle Bild »er oben, sie unten, er gibt es ihr, sie wird rasend«. Ist es so? Ist eine kratzende Frau der lebende Beweis für den real existierenden weiblichen Orgasmus?
Wie immer im Leben kommt es dabei a) auf die Person an, b) auf die Situation und c) auf die Veränderung der Dinge. Kratzen gleich Orgasmus stimmt nicht immer, Schmerz gleich Lust stimmt nicht immer, und überhaupt mögen es nicht alle Männer, gekratzt zu werden oder selbst zu kratzen. Meist entbehrt dieser Akt der Zeichnung eh der Kontrolle, und das ist das Schönste dabei.

Küssen
ist eine Kunst. Naß müssen sie nicht immer sein. Und ob Küßchen, Kuß oder Bussi (scheußliche Angewohnheit der Bussi-Gesellschaft; ich plädiere für den Handkuß), gekonnt muß er

sein. Zart wie ein Windhauch, nicht feucht wie ein Waschlappen. Hart kann er sein, bestimmt und fordernd. Saugend, beißend, suchend, auf den Mundwinkel, an der Unterlippe klebend, die Oberlippe umschließend. Tip: Üben. Denn Küssen löst erotische Begierde aus. Wenn ein Mann gut küssen kann, macht er viel mehr her, als wenn er »nur« gut im Bett ist.
Ist es nicht herrlich, einen Filmkuß zu sehen? Sie sinkt ihm an die Brust, er beugt ihren zierlichen Oberkörper etwas zurück, sie schmachtet ihn mit halbgeöffneten Lippen und umflorten Blick an, er beugt sich zu ihrem Gesicht hinunter, halb zieht sie ihn, halb sinkt er hin, und dann treffen ihre Münder aufeinander. Schnitt. Nur leider wird im Film ganz anders geküßt. Es sieht nämlich nur so aus als ob. Er legt seinen Mund oberhalb des ihrigen, aber küssen tun die beiden sich nicht. In modernen Filmen vielleicht, aber Clark Gable hat Vivian Leigh nie geküßt, jedenfalls nicht so, wie es Normalsterbliche und Kinobesucher tun. Tut mir echt leid.

Limitierter Sex
Ich meine das jetzt nicht ironisch. In langjährigen Ehen und Partnerschaften ist der Sex eh schon limitiert (einmal die Woche, einmal im Monat, jeden Freitag abend). Ich meine nicht quantitativ begrenzten, sondern zeitlich limitierten Sex. Kurz bevor man ausgeht, schaut man noch mal, ob »er« bei »ihr« noch paßt. Eben mal so, zwischendurch, mit keiner Aussicht auf weiteres. Oder man spielt um fünf oder zehn Minuten, wie oben angedeutet. Denn weniger macht Appetit auf mehr. Wie eine Diät, in der man ständig Lust auf die verbotenen Sachen hat. Hmmmmm.

Massage
Es gibt wohl kaum etwas Entspannenderes als eine – wohl gemerkt – gekonnte Massage. Jedoch unterscheidet sich eine gesundheits- und verspannungslösende Massage erheblich von einer erotischen Massage. Im ersten Fall wird auf Teufel komm

raus geknetet und gewalkt, bis zur Schmerzgrenze und darüber hinaus (die meisten gesunden Dinge dieser Erde haben was mit Schmerz zu tun, seltsam). Die erotische Massage zielt auf die Druckpunkte ab, aber sie ist genauso ein Mittel, den Körper des Partners kennenzulernen, ihn zu erfühlen, Nähe aufzubauen. Und ist es nicht herrlich egoistisch, sich genüßlich eine Stunde lang massieren zu lassen, um dann zu sagen: »Danke, Schatz, das war wunderbar. Gute Nacht.« Kuß, Licht aus.

Andererseits ist eine Massage ein gutes Warm-Up. Schließlich wurden Männer in jahrzehntedauerndem Training zu einem gescheiten Vorspiel erzogen, dann dürfen sie ruhig bei dieser Tradition bleiben.

Wie massiert man und wo?

Nicht nur der Rücken und der Nacken sollten bedacht werden, sondern auch die Beine, der Bauch, die Arme, Hände und Füße. Ich persönlich schlafe zwar bei einer Fußmassage ein, aber es gibt kaum etwas Erregenderes, als in den Zwischenräumen der Zehen massiert zu werden.

Missionarsstellung

Seltsamerweise auch als »amerikanisch« bezeichnet. Daß die Amerikaner prüde sind, ist schon sprichwörtlich – trotz Madonna, Nancy Friday und Shere Hite. Er oben, sie unten, wie das Gesetz es befiehlt. Im Zuge der sexuellen Revolution (die eigentlich keine war, sondern ein einziger Krampf) wurde sie heftig verpönt. Die Emanzen gingen davon aus, daß diese Position die dominante Stellung des Mannes in der Gesellschaft und im Weltall widerspiegelt; und das wollte frau sich nicht gefallen lassen! Dazu kam auch noch die Erkenntnis, daß in dieser Stellung die Klitoris, Mutter der meisten Orgasmen, nicht primär gereizt und stimuliert wird – was ja schon eine Ungerechtigkeit an sich ist, sitzt die Klit anatomisch nun mal weit oberhalb des Scheideneinganges. Auf jeden Fall war es eine Zeitlang so, daß jeder als langweilig und spießig und prüde und sowieso angesehen wurde, der

am liebsten in der Missionarsstellung Liebe machte. Schade eigentlich, denn diese Startposition ist günstig für die ersten Bewegungen und bietet zahlreiche Variationen des Genusses. Man kann sich anschauen, küssen und nah beieinander sein.
Er kann ihre Beine auf seine Schultern legen, um besonders tief einzudringen. Sie kann ihre Beine um seinen Körper schlingen und ihn fest in sich ziehen. Sie kann ihre Knie an die Brust nehmen und er sich auf denselbigen abstützen. Man kann die Beine weit spreizen und neben einem delikaten Anblick ihn auch noch tief aufnehmen.
Wenn sie die Beine spreizt, kann er sich an ihren Innenschenkeln aufstützen, die Hüter des Schatzes noch weiter auseinanderdrücken und es ihr geben, wie nur ein Mann eine Frau lieben kann. Dabei kann sie sich mit angefeuchteten, heißen Fingern selbst berühren. Oder man kann ein Kissen unter die Hüften schieben und damit den Eintrittswinkel verbessern. Es gibt unglaublich viele Varianten, die Missionarsstellung gar nicht missionarisch zu gestalten.

Musik
Achtung! Todsünde! Im Rhythmus der Musik zustoßen. Das macht man zwo-drei-vier beim Walzer, okay, oder beim Lambada, aber um Himmels willen nicht auf dem Liebesparkett. Es mag ja eine berauschende Vorstellung sein, im hämmernden 120-Beat-per-Minute-Techno-Takt durchgeschüttelt zu werden; Herzrhythmusstörungen inbegriffen. Am schwersten ist es auch noch zu Reggae, also lassen wir den Beat mal in der Box.
Und die viel zitierte Schmusemusik hat auch so was Bedeutungsschwangeres. Kerzen, schummriges Licht, leise Musik – so beginnt fast jede Schnulze als Einleitung zum guten Rein-Raus-Spielchen. Bei Neil Diamond verführte er mich; er nahm mich, während Billy Idol von der Hitze der Stadt röhrte. Quark. Liegt man erst mal gescheit im Clinch, dann hört man eh nichts mehr. Es gibt natürlich phantastische Fick-, Entschuldigung: Schmuse-

musik. Dazu gehören Barry White, Marvin Gaye, George Benson und alles, was mit Soul zu tun hat. Ohne hohes Gekreische. Michael Jackson sollte wirklich aus allen Schlafzimmern fernbleiben, Roland Kaiser leider auch. Man könnte sich während des Liebesspiels vor lauter Lachen verschlucken.
Gewisse Leute schwören ja auch auf Klassik. Vielzitiert: Rachmaninow, Berlioz und Tschaikowsky. Ist schon nicht schlecht. Nach Möglichkeit vermeiden sollte man beim ersten Rendezvous den Bolero von Ravel – da könnte man ja gleich sagen: Wollen wir erst eine Kleinigkeit essen oder sofort ins Bett? Auf einer Skala von eins bis zehn bekommt er nicht die volle Punktzahl, da hilft auch Bo Derek nicht mehr weiter.
Und außerdem hat die längste Version (New Yorker Philharmoniker unter Leonard Bernstein) auch nur 14.19 Minuten. Man bedenke, 14.19 bis zum Höhepunkt, finalistisch, gewaltig, ekstatisch und überhaupt. Stichwort Fell und Kamin. Aber man muß alles mal gemacht haben. Übrigens: Der Durchschnittssex dauert empirischen Erhebungen zufolge eh nur 12 Minuten. Man könnte es schaffen, es länger hinauszuzögern. Wie, noch länger?!

Nachts
Sind alle Katzen grau und Muschis feucht. Soso, und das glaubt man noch, ja? Jeder hat genug über Biorhythmus und Tag- und Nachtmenschen gelesen. Aber es ist wie gehabt. Tagesschau, Lottozahlen, Licht aus, ausziehen, zack, rauf auf die Mutter. Und sich dann wundern, warum sie keine Lust hat. Aber morgens jammern, wenn sie mit einem Seufzen nach seinem morgendlichen Salut greift.
Dabei ist ein Nachmittagsschäferstündchen statt des Nachmittagsnickerchens mindestens genauso erholsam. Abends gegen sieben ist die Hormonsausschüttung der Frau wesentlich höher; dagegen passiert nachts um vier beim Mann das wenigste. Pikant sind auch die Mittagspausen – statt lila oder mach mal Pause heißt es liegende oder mach's mir in der Pause.

Sie arbeiten weit voneinander entfernt? Kein Problem, wir wissen alle, daß es schnell gehen muß. Zwanzig Minuten hin, die berühmten zwölf Minuten Sex (Marathon?!), zwei Minuten ausruhen, eine Zigarette oder einen Kaffee für drei Minuten, auf dem Rückweg einen dreiminütigen Umweg über Burger King machen, während der 20minütigen Fahrt Fast Food hinunterschlingen (man braucht danach dringend ein paar Kalorien), und mit leuchtenden Augen nach einer Stunde Mittagspause wieder an den Arbeitsplatz gehen.

Notfall
Im Fall eines Krampfes, der weder die Waden- (seine, stehend) noch die Nacken- (ihre, blasend), sondern die Scheidenmuskulatur (klar, ihre) befällt und hauptsächlich in Schrecksekunden zuschnappt, ist es weise vorausschauend, eine Stecknadel dabei zu haben. Männer, die mit plötzlich auftretenden Pflaumenfallen so ihre Erfahrungen haben (vögelnderweise im Fahrstuhl entdeckt werden oder abruptes Nachgeben des Bettes – alles Schreckmomente), erkennt jeder an der Stecknadel im Revers ihres Sakkos; meist in der Einbuchtung zwischen Knopfleiste und Kragen. Denn, o Wunder: Die schreckhafte Verkrampfung der Scheide läßt sich – so sagen die Träger einer solchen Nadel – nämlich mit einem weiteren Schreck wieder lösen. Was kaltes Wasser, Entspannungsübungen oder der Arzt nicht schaffen, soll also ein Pieks in den Allerwertesten der Liebsten schaffen. Soso. Meines Erachtens kann es aber auch sein, daß benannte Herren nur vergessen haben, die Kleidungsnadeln aus ihrem Jackett von der Stange zu entfernen. Aber wer weiß?

OPH
Tja, jetzt schauen Sie aber. Was ist das schon wieder? Jetzt wissen wir, was algerisch bedeutet und was ein klitoraler Orgasmus ist. Und hier schon wieder ein neuer Ausdruck im Liebeslexikon. Nun, OPH bedeutet Optimale Penetrations-Höhe.

Das Kürzel OP wollte ich aus verständlichen Gründen vermeiden, also einigen wir uns auf diese Bezeichnung. Eine OPH läßt sich am besten an folgenden Gegenständen erklären:
Eine OPH besitzen:
Barhocker, Waschmaschinen, Trockenschleuder, der Herd (kalt!), die Fensterbank, der Küchentisch, die Sofa-Rückenlehne, die Tastatur eines Flügels, ein Überseekoffer usw. Stehend, versteht sich.
Keine OPH besitzen:
Das Sofa, die Mikrowelle, die Motorhaube eines Lamborginis (armer Lotto-Lothar), die HiFi-Anlage, der Badewannenrand, ein Schuhkarton, ein Golfbag, der Couchtisch, Toilettendeckel usw. Sitzend, versteht sich. Kniend ist wieder eine andere Sache.
Bei der OPH geht es primär darum, daß der Mann bequem stehen kann, ohne groß in die Knie zu gehen, und seine Partnerin entweder mit dem Gesicht zu ihm sitzend oder mit dem Po zu ihm über das OPH-geprüfte und für gut befundene Objekt lehnt. Dadurch wird eine verhältnismäßig geringe Muskelanforderung gewährleistet, aber um so mehr Spaß.

Pawlow-Effekt
Man kennt die Geschichte von den sabbernden Hunden, die dachten, es gäbe Fressi, sobald die Glocke erklang; der raffinierte Pawlow hatte es ihnen beigebracht, indem er eine gewisse Zeit lang immer auf die Klingel drückte, wenn die Breckis gar waren. Umgemünzt auf die menschliche Sexualität wird dieser Sabber-Effekt auch höflich Schlüsselreiz genannt. Und, was bringt uns zum Sabbern? Feucht werden, erigieren, geil werden, Lust, Begierde, haben wollen, wann läuft uns das Wasser im Munde zusammen?
Bei dem einen ist es ein ganz bestimmtes Codewort, das ein Ziehen im Unterleib nach sich zieht und das senkrechte Lächeln erstrahlen läßt.
Es kann was Banales sein wie »Rote Couch«.

Oder ein bestimmtes Geräusch, das Klicken einer Gürtelschnalle, das Geräusch des Reißverschlusses eines Blaumannes, das Schnappen von Aktenkofferverschlüssen, das Rasseln einer Handschelle. Oder es ist ein Duft, eine Stimme, eine Geste, die typisch ist für den Partner, oder etwas, was einen einfach anmacht. Schwupps, so einfach. Freuds Erklärungen würden ein ganzes Buch füllen, aber hier ist nur der Rat angebracht: Achten Sie darauf, ob und wie Ihr Partner auf eines dieser Zeichen reagiert. Und läuten Sie mal öfter an dieser Glocke.

Petting
Oh, du süße Jugendzeit, als man noch die erhitzten Körper aneinander rieb und alles tat, außer dem Einen. Und irgendwie bekam man den Eindruck, wenn das letzte auch so erregend wäre, dann könnte Sex doch gar keine so unangenehme Angelegenheit sein. Und dann die Ernüchterung. Man könnte fast meinen, das Liebesleben der 90er leidet unter einem permanenten Zielgerichtet-Sein. Das heißt, man verfällt nur in Zärtlichkeiten, um genau das eine zu erreichen. Bei aller Liebe zum Vorspiel: Wir wissen, was hinterher kommt. Und darauf wird hingearbeitet. Dabei ist doch der Weg das Ziel. Und der Weg könnte Petting heißen. Petting ist nicht nur post- und präpubertierenden Teenagern vorbehalten, sondern auch den ach so erfahrenen Adoleszenten. Tun Sie alles, nur das eine nicht. Mal sehen, wie lange Sie das aushalten. O köstliche, süße Qual. Und Sex wird zur Versuchung. Und was ist das Schönste an der Versuchung? Ihr zu erliegen.

Präservativ
Auch Kondom, Überzieher, Verhüterli, Rubber, Frenchi, Lümmeltüte und so weiter genannt. In der Condom-Story sind abenteuerliche Sachen über dieses Stück geschrieben worden – mal auch als Schafsdarm oder im schlimmsten Fall Jute statt Plastik (Latex). Elektronisch geprüft, scheußlich im Geschmack (bis auf

die wenigen Ausnahmen mit Erdbeer-, Bananen- oder Pfefferminzgeschmack), selten gleitmitteltauglich, mit Spermizid beschichtet, EG-genormt und vom Papst verteufelt. Dieser kleine Gummischwinger ist des öfteren Anstoß für unschöne Szenen in den vier Wänden. Er will ohne, sie mit oder anders herum. Er hat keines, sie hat keines, der Apotheker mit dem dümmlich-wissenden Grinsen hat's nur in der 20er Packung, die Kneipe führt vorwiegend diese lustig-bunten Erlebniskondome mit Noppen und null Sicherheitsgarantie. Also ohne. Oder?
Grund dagegen: Aids. Argument dafür: das Gefühl. Die jüngste Geißel der Menschheit (der erste bekannte HIV-Fall war in den 60ern) hat uns da, wo uns die Kirche in zwanzig Jahrhunderten nicht hinbekam: beim Verzicht. Wer will schon an Immunschwäche sterben und dafür vielleicht noch nicht mal in der besagten Nacht einen Orgasmus bekommen haben. Das ist hart.
Also, Schutz ist wichtig. Aber vor allen Dingen war das Kondom eine Idee zur Verhängnis- (sorry, schon wieder dieser freudsche Verschreiber), Empfängnisverhütung gedacht. Aber das wissen wir alle. Die große Frage lautet also: Wie habe ich trotz Kondom Spaß bei der Sache? Denn es ist so: Ein Kondom mindert auf die eine oder andere Weise das Vergnügen. Ob nun durch das lästig knisternde Auspacken und mühevolle, im Halbdunkeln vollzogene Entrollen des Dödelsöckchens; oder durch die Endgültigkeit, die mit einem übergestreiften Kondom eintritt: Das Eindringen müßte in den nächsten fünf Minuten erfolgen, sonst stände Mann irgendwie blöd da, so mit Schleifchen. Und erst das Gefühl für die Frau: Da könnte man seinen Dildo ja in eine Aldi-Tüte packen, das wäre ähnlich. Und dann noch die Koordinationsprobleme beim Rausziehen – oje, das Reservoir nicht richtig zugehalten? Ist die Bombe geplatzt? Ist er zu eng, zu weit? Ach ja, der leidige Anpaß-Konflikt. Soll ich ihr sagen, daß die Tüte zu weit ist? Das würden die Schweizer übrigens nie tun. Nachdem sich die arroganten Briten, die fröhlichen Schweden und die erzkonser-

vativen Deutschen der EG-Norm gebeugt und sich alle statistisch auf den Schwanz haben treten lassen, lassen sich nur die Schweizer nicht in das Euro-Kondom eintüten. Die haben wieder extra groß (Marke: ceylor large).
By the way, wie heißt dieser rassistische Witz? Groß, medium und für Weiße.
Sehen wir uns mal die Vorteile der Kondome an. Rein gefühlsmäßig. Ich kenne Männer, die es gern mit Präser tun – der Penis bleibt einfach länger erigiert. Das ist eine taktvollere Erklärung dafür, daß die Reizung durch den Latex vermindert ist und sie länger brauchen, um auf Touren zu kommen.
Das lustvolle Aufrollen auf den steifen Schaft kann auch durch einen geübten Mund erfolgen – um mal von der schamhaft weggedrehten Form des Verkleidens abzukommen. Dafür sind die geschmacklich aufgepeppten Gummis sicher eine hervorragende Erfindung.
Tja, und sonst? Augen zu und durch.

Quickie
Schneller Sex. Rasch, den Rock hoch, Hose runter, Socken anbehalten – o Graus – und nach drei Minuten ist der Käs' gegessen. Erregendes Zwischenspiel, von dem nicht nur der männliche Part etwas hat. Sexy sein, attraktiv sein, ihn alle Hemmungen verlieren lassen – DAS sollte man als Frau beim gewollten, bewußten Quickie denken. Ja, Sie machen ihn wild, er will Sie haben, er braucht es jetzt mit Ihnen, von Ihnen, will es NUR Ihnen jetzt in diesem Moment und sofort geben. Meine Damen und Herren Emanzen, sehen wir den Quickie mal als Spaß haben an. Tatsächlich, eine neue Idee. Und wer sagt, die Frau müsse erst die Plateauphase erreichen, um zum Höhepunkt zu kommen, was mindestens soundsoviel Minuten braucht. Gähn. Frauen können, wenn sie wollen, und Mann muß sie halt wollend machen. Stichwort Erregung-Befriedigung. C'est ça.

Rasieren

Wir kennen das alle: Männer rasieren sich jeden Morgen, wir Frauen unsere Beine, Achseln (in old America ist es eine Todsünde, als Frau nicht unter den Achselhöhlen rasiert zu sein; deswegen kam Nena drüben auch nicht an) und die sogenannte Bikinizone.

So weit, so gut.

Also, frage ich mich und alle hier Anwesenden, warum ist es in der allgemeinen Anschauung verwerflich, sich auch die Pussy zu rasieren?

Ich rede jetzt nicht von der Vollrasur, die den gesamten Busch entfernt. Das juckt höllisch, wenn es wieder nachwächst.

Nein, es ist eine Teilrasur, die sich nur auf den Bereich um den Scheideneingang, also die äußeren Labien, beschränkt. Vorteile: Der Partner bekommt beim Lecken kein Härchen in den Mund, und beim Geschlechtsverkehr ist ein intensiveres Gefühl da, es fühlt sich alles weicher an, besonders, wenn man die Scham nach der Rasur mit Öl pflegt. Und, um auch das nicht außer acht zu lassen, es sieht gut aus.

An dieser Stelle muß ich einfügen, daß viele Frauen befürchten, ihr Geschlecht könnte häßlich sein. Warum – aus den verschiedensten Gründen. Erziehung, Umwelt, das ganze Trara, das alle Mädchen gleich erfahren, wenn sie heranwachsen.

Doch eins ist Tatsache: Es gibt kaum etwas Ästhetischeres und Appetitlicheres als eine weibliche Vagina. Sprechen Sie dieses unmögliche Wort aus, wie weich es ist Und genauso ist wahrscheinlich Ihr persönliches Verhältnis zu Ihrer kleinen Wunde in der Körpermitte. Irgendwie unmöglich, aber weich, anziehend und abstoßend zugleich. Haben Sie sich Ihr senkrechtes Lächeln eigentlich schon mal genau angeschaut? Sie besitzen bestimmt einen Kosmetikspiegel mit Vergrößerung. Also, schauen Sie sich Ihre Venus an: aufwendig konstruiert, liebevoll gestaltet, sensitiv, lustspendend, duftend, samtig, absolut weiblich, einladend, anziehend, warm und köstlich. Tja, und diese Natur-Sensation gehört Ihnen. Und damit können Sie anstellen, was Sie wollen. Auch die Härchen trimmen, damit dieses Kunstwerk noch besser zu bewundern ist!

Reiterstellung
Rein anatomisch hat es die Frau nicht leicht: Die Klitoris, zum Teil Dreh- und Angelpunkt zum glücklich erreichten »petite mort«, ist zu weit vom Scheideneingang entfernt, als daß durch bloße Penetration, meinetwegen bei der Missionarsstellung, viel passieren würde. Doch sitzt die Frau obenauf, so kann sie ihren Kitzler an die Bauchdecke des Partners drücken, reiben, rubbeln, pressen, von dem Mann an den Hüften gepackt und energisch festgehalten werden und den eigenen Lust-Rhythmus bestimmen. Apropos: Manchmal gibt es nichts Anstrengenderes als einen Mann, der wild rumbockt und es nicht ertragen kann, mal nicht obenauf zu liegen. Schlimmstenfalls sackt der Bubi proportional zum Selbstwertgefühl des Unterliegenden ab – wie schade. Einer Frau ins Gesicht zu schauen, wenn sie kommt – grandios. Und das können Sie dann am besten beobachten, wenn die Geliebte auf Ihrem Schaft tanzt.
Als Frau kann man sich, wie er es immer tut, aufstützen oder zurücklehnen, nur die Eichel hineinlassen, auf und ab rutschen, aufreizend langsam, oder vor- und zurückschaukeln; das ist ziemlich geil.
Und das alles funktioniert nicht nur, wenn er liegenderweise sie machen läßt, sondern auch im Sitzen. Mit ein bißchen Geschick kann er seine Knie nach außen drücken und so ihre Oberschenkel noch ein wenig spreizen und damit tiefer eindringen; aber der Hit ist wirklich dieser Kunstgriff: Man greift ihr an die Hüften, preßt sie mit ihrem offenen Schoß an die hoffentlich gut ausgebildeten Bauchmuskeln. Und was passiert? Ich bitte um Rapport!
Angeblich ist diese Position aus dem Bauchtanz des Orients entstanden. Die Tänzerinnen und meist auch Lustsklavinnen hatten

die Aufgabe, den meist schlaffen Prinzen des erlauchten und dickleibigen Sultans nur mit Hilfe ihrer Beckenbewegungen zu stimulieren; sie mußten den Penis in unerigiertem Zustand in ihre Grotte lotsen, indem sie sich breitbeinig auf den daliegenden Herrscher niederließen; alsdann, in Ermangelung jeglicher Bewegungslust seinerseits, brachten sie ihn mit kreisenden Bewegungen, ähnlich dem Bauchtanz, zum Orgasmus.

Für Fortgeschrittene kann die Reiterstellung auch abgewandelt werden, indem sie sich mit dem Rücken zu seinem Gesicht auf ihm niederläßt und sich eventuell auf seinen Fußknöcheln abstützt. Pikantes Risiko: Es entfleucht durchaus einmal ein Pups, so. Noch eine andere Möglichkeit: Sie hockt mit dem Rücken zu ihm und gleitet auf und ab, er stützt sie mit den Händen an ihren Pobacken und ist Voyeur, wie sein Schaft verschwindet, auftaucht, verschwindet.

Sandwich
Soso, denken Sie eigentlich immer nur ans Essen? Thunfischsandwich, Käse-Schinken, mit Gewürzgurke und Ei, oder Erdnußbutter, hmm. Allerdings nennt man diese Gaumengenüsse auch Kniften. Hier ist es was anderes, aber folgen Sie mir doch mal in die Küche. Man nehme: Ein Baguettebrötchen, schneide es in zwei längliche Hälften, klappe es auf und lege auf die eine Hälfte ein Wiener Würstchen, tue etwas Senf dazu und klappe dieses Gebilde wieder zu. Was haben wir jetzt? Richtig, einen Hot dog oder auch ein Sandwich. Gut, gehen Sie zurück ins Schlafzimmer, nehmen Sie zwei Männer, klappen Sie sie auseinander, und legen Sie sich dazwischen. Der eine darf in Ihre Rose, der andere in Ihre Rosette. Da hat man zwar einiges wegzustecken, aber es ist ein unglaubliches gutes Gefühl, überall völlig ausgefüllt zu sein.

Stichwort Männerstammtisch Oberhausen: Zwei Männer, die das mit einer Frau tun, besiegeln damit ihre Blutsbrüderschaft. Nix mehr mit Karl-May-Dramatik. Übrigens, dieser Vorgang ist

nicht gleichzusetzen mit dem Ausdruck »Lochbruderschaft«, denn dann waren die Herren im gleichen Loch – hintereinander, nicht zugleich. Obwohl auch das geht. Wenn's sein muß.
Noch ein Wort zum Analverkehr: Nach ärztlicher Aussage ist der Darm am saubersten etwa eine Stunde nach dem Stuhlgang, also keine Sorge.

Stop-and-Go
Stockender Verkehr im wahrsten Sinne des Wortes. Nicht nur morgens um acht oder nachmittags zwischen vier und fünf anzutreffen, sondern zu jeder Zeit und überall. Eine Art Verhütungstechnik, welche aus den Zwängen und Unzulänglichkeiten des Spaniens im 16. Jahrhundert entstand. Wenn der Mann seinen nahenden Orgasmus spürt, drückt er selbst oder sein jeweiliger Sexualpartner seine Hoden. Und zwar dort, wo der Juwelenschrein in den Damm übergeht und die Schwanzwurzel mit seinem Körper verschmilzt. Das beruhigt. In diversen Filmchen à la Teresa O. nennen es die Vorturnerinnen auch »Eier-Kontroll-Griff« (EKG). Richtig zugepackt, kann es sehr lustvoll sein. Es muß der richtige Moment abgepaßt werden: Sind die eingelagerten Ostergrüße angeschwollen, fest und gespannt, dann kann man sie auch fest umschließen und leicht massieren, ohne daß es unangenehm wird. Etwa vergleichbar mit der Kombination aus Gänsehaut auf dem Oberkörper und anschließendem, erlösendem Massieren der Brüste. Ja, etwa so.

Striptease
to strip – sich entkleiden, to tease – necken, Striptease – Entkleidungsnecknummer. Man zieht sich aus, und zwar auf eine neckische Art und Weise. Bei dieser Form der aktiven Verführung sollte man folgende Kleidungsstücke lieber für andere Situationen aufbewahren: Strumpfhosen, »Bauch-weg«-Unterwäsche, Blusen mit 57 Knöpfen auf dem Rücken, Kleider mit defektem Zipper, Turnschuhe, enge Röhrenjeans etc.

Ergo sollte man, bevor man strippt, schon anziehend aussehen. Hohe Schuhe, halterlose Strümpfe, Dessous, Kleid mit tief angesetztem Reißverschluß hinten (damit man auch gut rankommt und nicht plötzlich sagt: »Liebling, hilfst du mir mal eben?«).
Man kann zu Musik strippen oder ohne – sonst muß man auch noch tanzen, und dazu gehört eine gewisse Geschicklichkeit.
Und Übung. Wie wäre es mal mit einem verregneten Sonntagnachmittag allein zu Haus? Musik auflegen, bewegen, ausziehen, provozieren. Das eigene Spiegelbild. Wahnsinn, wie Sie aussehen, wenn Sie allein sind!
Drehen Sie die »Kiss«-Version (eigentlich von Prince) von Tom Jones auf (dem Tiger), und probieren Sie, sich erst aufreizend zu bewegen, nicht zu schnell. Dann zum imaginären Publikum umdrehen, sich mit den Händen berühren, die Körperkonturen nachfahren. Vielleicht über dem Kleid einen Mantel tragen oder einen Hut, den Sie als erstes lässig in die Ecke werfen. Dann mit dem Rücken zum Publikum langsam, die Hüften leise wiegend, den Mantel von Ihren Schultern gleiten lassen. An der Taille festhalten, herumwirbeln, einen feurigen Blick in den Spiegel werfen, schmeichelnd, aber auch kühl, genau wissend, wie weit Sie gehen werden.
Spielen Sie mit dem Mantel, drehen Sie sich, versuchen Sie, in der Musik Höhepunkte zu finden, die als akustischer Effekt zu Ihrer Handlung läuft. Setzen Sie Highlights, tun Sie nichts zu schnell, aber trotzdem bestimmt. Dann kommt das Kleid – oder wie wäre es mit ein paar langen, schwarzen Handschuhen, die Sie ausziehen? Oder lieber anbehalten, bis das Kleid gefallen ist? Schmeißen Sie sich in Pose, voguen Sie! Überziehen Sie jede Handlung, haben Sie Spaß an dieser Solo-Vorstellung, die Sie sich und Ihrem Spiegelbild gönnen! Öffnen Sie das am Rücken geschlossene Kleid – raffiniert langsam, aber stetig. Lassen Sie es zu Boden gleiten, steigen Sie ohne Hast heraus, lassen Sie es liegen, tanzen Sie mit dem Rücken zum Publikum. Setzen Sie Arme und Hände ein, wenn Sie etwas verdecken wollen. Und

nun stehen Sie da, in sexy Unterwäsche. Die heißeste Nummer, die Ihr Partner sich nur denken kann.
Problem dabei? Sie wollen kein Lustobjekt sein, befürchten, daß Sex nie mehr ohne diesen besonderen Kick funktioniert? Was wollen Sie denn – attraktiv sein, neben den seelischen und menschlichen Qualitäten, oder? Natürlich will man nicht nur wegen des Aussehens geliebt werden, sondern mehr wegen der zwischenmenschlichen Fähigkeiten. Und, was ist ein Strip schon? Ein neckisches Ablegen der Klamotten. Und morgen reden Sie wieder über andere Dinge, aber er wird Sie bisweilen anders anschauen.

Tantra
Auch Agama (Überlieferung), Sanhita (Sammlung) genannt, Bezeichnung für die Heiligenbücher des Buddhismus und Hinduismus, aufgetaucht ca. 500 nach Christi. Tantrismus: im sechsten Jahrhundert eine Richtung innerhalb der o. a. Religionen, in der Ritual, Magie und Mystik mit dem Tantra als Grundlage im Vordergrund stehen.
20. Jahrhundert: Tantra, eine Form der Liebestechnik, von der jeder redet, aber höchstens ein Drittel der praktizierenden Tantristen weiß überhaupt, was er da tut.
Vergleichbar mit dem Kamasutra ist auch der Tantra-Sex eine Lehre von der Liebe. Tantra arbeitet viel mit Atemtechnik, mit langsamen, bewußten Bewegungen und der »Berührung der Seelen«. Vielerorts werden Schnellkurse feilgeboten, wo man also an einem Wochenende begreifen soll («bringen Sie gemütliche Kleidung und eine Decke mit, danach geht's in die Pizzeria«), wie man per Tantra den Partner zu einem höheren Glück verhilft. Mein Tip: Wenn Sex auf der geistigen Ebene ausgeführt werden soll, um damit erfüllter zu fühlen, dann kann man sich ein dickes Buch mit vielen Anleitungen und Übungen kaufen. Oder es sein lassen und sich auf sich selbst verlassen.

Toys

Es gibt einen Spielzeugsupermarkt, der nennt sich »Toys ›R‹ Us«. Wir sind Spielzeuge. Toys oder auch Hilfsmittel genannt, da fällt uns natürlich als erstes der Vibrator oder Dildo ein. Vibratoren sind dem männlichen Glied nachempfunden und entsprechend mit diversen Feinheiten ausgestattet. Wer noch nie in einem Sex-Shop war, der lasse sich sagen, daß es in der Tat erstaunlich ist, was da alles an Vibratoren und Dildos angeboten wird. Vibratoren werden übrigens mit Batterien betrieben oder ans Netz angeschlossen, Dildos muß frau selbst bewegen. Männer witzeln gern über die überdimensionalen Ausmaße dieser privaten Spielzeuge. Es gibt sie in allen Größen, Längen, Formen, Farben und Ausführungen. Viele Vibis haben noch einen Klitorisreizer integriert, zum Beispiel sogenannte Madonnen. Die sind entsprechend teuer, so um die 195 Mark. Dann gibt es schon wieder welche für die Handtasche ohne viel Schnickschnack um 20 Mark in rosa, schwarz, grün, neon etc. Unter diesem Spielzeug sollte sich jeder etwas vorstellen können – und jede Frau sollte mindestens einen oder zwei besitzen. In Amerika kann man sich die wildesten Sachen ins Haus bestellen, per Katalog. Da gibt es noch die, welche rhythmisch warmes Wasser pumpen, zeitgleich mit dem weiblichen Orgasmus und per Druckknopf ejakulieren, oder welche mit Schwingkopf, die den Muttermund stimulieren etc. Beratung und Verkauf für die Frau finden sich am besten in München, in Deutschlands erstem Sex-Shop nur für Frauen *(Ladies First)*.

Aber was bietet der freie Markt nicht an Spielzeugen an – für die einen beim gemeinsamen Liebesspiel verpönt, von den anderen ab und an mit Lust und Hingabe eingesetzt – zum Beispiel

- *Godmichés*. Diese Penis-Imitate kann man sich als Frau umschnallen und je nach Gelegenheit eine andere Frau damit beglücken – oder einen Mann. Weiterhin gibt es Doppeldildos, die zwei Enden besitzen. Ganz zu schweigen von den Universal-Dildos, die noch eine Analstimulierung anbieten.

- Schmetterlinge, die keinen Honig schlürfen, sind die ebenfalls umschnallbaren *Butterflys*. Diese batterie- oder netzbetriebenen Gebilde werden auf die Vulva geschnallt und die Bänder an Oberschenkel und Hüften befestigt. Per Intervallschaltung wird die Klitoris durch Vibrationen gereizt.
- Eine interessante Variante bieten auch die *Liebeskugeln*. Entweder so groß wie Murmeln oder fast wie Golfbälle, werden sie in die Scheide eingeführt und können tatsächlich beim normalen Arbeitsalltag getragen werden. Gewünschter Effekt: Reizung, Stimulierung auf subtile Art und Weise.
- Bisher sind das alles Toys zur Freude der Frau. Daneben existieren auch sogenannte *Penisringe* (auch Cockring), die bis zum Ansatz des Schaftes übergezogen werden und je nachdem mit einem Reizring ausgestattet sind, der entweder mit Noppen, Büscheln oder ähnlichem versehen ist. Damit die Klit auch was davon hat. Zudem soll der Penisring die Erektion halten – obwohl die wahre Erektion nicht zwischen den Beinen stattfindet, sondern zwischen den Ohren. Aber dazu an anderer Stelle.
- Zum Rumkugeln sind diese Kugeln bestimmt nicht: Die *Afterkugeln*. Nach After-Eight nun dieses: Klitzekleine Kügelchen sind auf einer Schnur aufgezogen und werden eine nach der anderen in die Rosette eingeführt. Man kann sie auch untertags tragen, aber der Sinn der Sache ist das entweder ruckartige oder genüßliche Herausziehen. Sie werden auf jeden Fall in die »Analen« eingehen.
- Noch mal zurück zu den *Dildos*: Ganz findige Leute haben Dildos mit Saugnapf konstruiert. Nach Befeuchtung desselben kann man den Lustspender nach Belieben gegen die Wand, auf den Badewannenrand oder sonstwohin packen und sich damit ausgiebig verlustieren.
- Aus der Familie der Kondome sind die *Gummiüberzieher*, die nicht über die Erektion, sondern über die Finger gestülpt werden. Sie sind mit Noppen, Stacheln oder anderen Reibung

erzeugenden Stimuli bestückt und dienen der Klitoris-, Vagina- oder Aftererregung.
- Für den Herrn im mittleren Lebensalter lassen sich die *Seemannsbräute* gern hernehmen. Diese Pussy-Imitate sind sogar noch schlechter als ihr Ruf. Es geht hierbei also nichts über die real existierende Muschi einer Frau.
- Eine Abart der Toys sind Spielzeuge wie *Handschellen*, *Lederfesseln*, *Peitschen*, *Öle* oder *Gele*. Doch auch mit ihnen kann man spielen.

U-Punkt
Messeneuheit: der Punkt am Uterus. Sagenumwoben und hoch gelobt. Seien wir mal ganz ehrlich, so von Frau zu Frau: Kennen Sie das Gefühl der Gebärmutterstauchung, wenn Sie eine halbe Nacht mit einem äußerst gut bestückten männlichen Wesen gevögelt haben, sein langer, langer Schwanz immer wieder gegen den Uterus prallt und Sie am nächsten Tag zwar nicht unbedingt über Bauchweh, aber so was Ähnliches klagen?! Der U-Punkt. Angenehmer Nebeneffekt: Man fühlt sich ausgefüllt, spürt bis in die Tiefe alles, ist dem Partner unglaublich nah. Aber einen Orgasmus im Sprinklerrhythmus wird der U-Punkt eher nicht bescheren.

Videos
Frauen mögen keine Pornos. Allgemein bekannt. Dabei ist es doch so: Manche Frauen mögen keine Pornos, und manche Pornos gefallen Frauen nicht. Und: Wer noch nie einen gesehen hat, der sollte sich nicht anmaßen, Pornos an sich schlecht oder gut zu finden. Ob nun Erotikstreifen oder Hardcore, es ist schwierig, einen »guten« zu finden. Wer geht schon in die Videothek und quatscht die Aushilfe an: »Welcher von denen ist denn gut?« – da schämen wir uns alle wohl etwas. Handlung sollte er haben, anregend sollte er sein, und schöne Menschen sollten aufregende Dinge miteinander tun. Die man nachmachen kann, am besten

zeitgleich. Man kann eine richtige Videosession einlegen, während man sich zu zweit auf die Couch lümmelt, leicht bekleidet und jederzeit bereit, aktiv in das Geschehen einzugreifen.
Andere Variante: Ein Home-Video. Nicht unbedingt für den Dia-Abend im Freundeskreis gedacht, sondern als private Erinnerung. Man nehme dazu einen Camcorder, ein Stativ (exklusive Ausführung mit Bewegungsfolger) und gute Beleuchtung.
Dem Drehbuch muß man nicht folgen, und Schnittechnik und Klanguntermalung sind per Nachbearbeitung möglich. Wenn Sie nicht während der Nachbearbeitung schon wieder Lust auf ein neues Casting haben.

Vor
- anderen Leuten. Üblich in Swinger-Kreisen, und dort auch unvermeidbar, es nicht im Kreis von sich tummelnden Leibern zu tun.
- dem Essen. Besser als hinterher, denn durch Nahrungszufuhr wird man träge.
- dem Frühstück. Der Tag kann nicht besser beginnen, als im Halbschlaf auf der Seite gedreht ein bißchen morgendlichen Frühsport zu betreiben. Statt Joggen. Statt Grauen am Morgen.
- dem Spiegel. Beobachten Sie sich selbst beim Liebesspiel – der Spiegel über dem Bett muß es nicht gleich sein, im Flur funktioniert es auch.

Vorspiel
Auch Warming-Up genannt, im Profilager auch als Qualifikationsspiel für die Oberliga bzw. für das Endspiel gedacht. Wenn Ihnen dann noch jemand kommt mit »Das wird ein Nachspiel haben«, können Sie nur noch müde lächeln; denn wer es durch die Vorrunde nicht schafft, dem nutzt das Nachspiel auch nicht mehr.
Das Vorspiel setzt ein mit der beschriebenen Erregung-Befriedigung-Spirale. Das Vorspiel – ob nun auf verbaler oder phy-

sischer Basis – dient der Vorbereitung auf den eigentlichen Geschlechtsverkehr. Die Lubrikation der Labien (Klartext: Sie wird feucht) sowie die Erektion der Schwellkörper (er kriegt einen Ständer) sind das Endziel des Vorspiels. Aber wie fast alles in diesem Kapitel, ist auch jetzt das Motto: Der Weg ist das Ziel. Es nützt wenig, in die Hände zu spucken und loszulegen. Ein Vorspiel kann sich auf Stunden, Tage, Wochen ausdehnen, vor allem, wenn es das erste Mal mit einem anderen Menschen ist. Da wird gestreichelt, geleckt, geküßt, gesprochen, gelacht, fast wie Petting oder alles, was bisher von A bis Z erwähnt wurde.

Traum vieler Männer: sie so wild zu machen, daß sie fast drum bettelt, endlich genommen zu werden. Abgesehen davon, daß das nur in arg schlechten Filmen immer so ist, kann man als Mann trotzdem versuchen, die Frau oder den Partner tatsächlich so weit zu bringen. Ach ja, meine Damen, dito!

Eine Entwicklung sollte man an dieser Stelle jedoch nicht unerwähnt lassen: Das unterlassene Vorspiel. Jahrelang wurde Männern anerzogen, erst mal eine halbe Stunde zu fummeln, bevor es zur Sache geht; Frauen möchten aber auch manchmal zu gern darauf verzichten und nicht womöglich noch mit stundenlangen Zärtlichkeiten gelangweilt werden; das heißt nicht, daß sie sich nur mit zehn Minuten Koitus zufriedengeben – es dürfte nur etwas mehr vom Hauptgang sein als von der Vorspeise. Und was den Nachtisch angeht: Nicht alle Frauen möchten immer danach noch die halbe Nacht im Arm gehalten werden; nein, sie drehen sich rotzfrech um und schlafen ein.

Wenn man so intim war, wie es der Geschlechtsverkehr nun mal ist, dann könnte man sich gegenseitig auch so viel intime Freiheit gewähren, nach dem Akt eine gemütliche Stellung zum Einschlafen zu finden – schließlich ist man nach einem Orgasmus so entspannt, wie man es nicht in acht Wochen Urlaub auf einer Insel ist, und kann prima ins Land der Träume segeln.

Wasserbett
Sturm im Wasserglas. Ein Wasserbett ist so ziemlich das Ungeeignetste, wenn es um die Ausübung von wirklich gutem Sex geht. Vergessen wir es. Eine Welle nach der anderen droht uns über Bord zu spülen, ganz zu schweigen von der Ertrinkungsgefahr, wenn das Ding mal platzt, und außerdem hat man ständig das Gefühl, auf einer verdammt durchgelegenen Matratze zu ruhen; schlafen kann man auch nicht zu zweit drin, denn kaum dreht sich der eine um, kommt die Flutwelle und schwemmt einen weg. Also sollte man die Hände von diesem Toten Meer lassen. Kaufen Sie sich statt dessen lieber einen Whirlpool oder einen vernünftigen Futon, der nicht so aufdringlich schwappt, wenn es heiß hergeht.

Wiener Auster
Selbst in Wien sind diese schmackhaften, glitschigen Meerestierchen bekannt und beliebt. Die Wiener Austern haben allerdings nichts mit der Wiener Oper oder Wiener Würstchen zu tun, sondern sind eine rein strategische Angelegenheit. Wie bei einer wirklichen Auster die Perle erst zum Vorschein kommt, wenn man den harten Panzer öffnet, so funktioniert auch die Wiener Auster: Die Frau liegt auf dem Rücken, hat die Beine gespreizt und angewinkelt, ihre Knie liegen neben ihren Ohren, die Knöchel sind verschränkt. Auf dieses symbolische Kreuz legt sich der Mann in üblicher Missionarsstellung. Und genießt die Perle, die glitzernd in der dunklen Feuchtigkeit schimmert, mit seinem findigen Priap.
Es wird dazu keine Zitrone gereicht.

Winkel
Nach wissenschaftlichen Berechnungen ist der 42-Grad-Winkel der beste, um einzudringen. Wo und mit was ist wohl klar. Aber statt Geodreieck und Wasserwaage empfiehlt sich comme ça va die Intuition. Traurige Nachricht: Die Missionarsstellung ist ziemlich perfekt dafür. Frohe Nachricht: a Tergo auch.

Wunschzettel
Sie können Ihrem Partner nicht sagen, was Sie sich wünschen? Ihre Stimme versagt, alle Wörter ergeben keinen Sinn, Sie laufen rot an, es ist wie beim Vorstellungsgespräch, wie damals, als der zukünftige Boß nach den Gehaltsvorstellungen fragte?
Wie wäre es mit Schreiben? Diskrete Briefchen, die man ihm oder ihr im Vorbeigehen zusteckt? Wie bitte, selbst davor haben Sie Angst? Daß Ihr Partner Sie für blöde hält? Oder nicht drüber reden mag? Irgendwas stimmt da nicht, Sie sollten sich einen anderen suchen. Denn jeder und jede will schließlich ein guter Liebhaber sein, wissen, wie man den anderen zur Raserei bringen kann. Aber da das nachweislich kein Schulfach ist, kann man einfach nicht alles wissen, vor allem nicht die ganz persönlichen Vorlieben des jeweiligen Partners. Und wenn man nie gelernt hat, irgendwie offen darüber zu reden, kann man es ja erst mal mit Schreiben versuchen.
Ich wünsche mir zu Weihnachten ... Nein, nicht so.
Aber vielleicht wäre das eine geeignete Form:
»Hast du dir schon mal vorgestellt, wie es wäre, wenn du in meine Pussy beißen würdest, als wäre es eine reife Frucht ... und dabei meine Brustwarzen ganz fein zu zwirbeln, als wären sie ein Brotkrumen, den du langsam zerbröseln würdest?«
»Meine anbetungsvolle Schöne, ich mußte heute den ganzen Tag an deinen Mund denken, der so warm und wissend ist. Wenn er doch nur einmal den Weg zu meinen Juwelen fände und deine flinke Zunge über meine empfindsame Haut zucken würde. Mein Schatz, es wäre mehr als wundervoll.«
Schätzen Sie Ihren Partner ein, auf welche Metaphern er oder sie steht oder ob ein Wunschzettel eher als Geschichte ankommen würde oder als detaillierter Schlachtplan.

Zehen
Ich weiß nicht, warum die meisten anfangen, dumm rumzukichern, wenn es um das Lutschen der Zehen geht. Ist es unter-

würfig? Nein, es ist raffiniert. Ein Mann, der den Zehen einer Frau auf diese Art huldigt, weiß, wie gut es ihr tut, wie erregend es ist. Und sie genau so. Nun gut, Hygiene und Geruch müssen stimmen. Aber sonst lassen sich keine vernünftigen Einwände gegen die mündliche Liebkosung der Zehen erheben. Oder?

Der Penisneid auf den Punkt gebracht oder vielmehr auf den Zeh: Jedes kleine Glied ist so empfindlich wie das eigentliche Genital des Mannes, und genauso sollte es auch behandelt werden. Nur Glück für die Männer, daß Zehen nicht die reale Größe eines Penis besitzen, denn diese könnten sie kaum mit ihren untrainierten Mundhöhlen bewältigen.

8. Kapitel

Sadomasochismus / Bondage & Discipline

Sadismus, von Marquis Donatien Alphonse François de Sade abgeleitet; der französische Schriftsteller hat in den letzten Jahren des 17. Jahrhunderts, also in der Zeit der Aufklärung, in Romanen und Erzählungen (»Justine« und ähnliche) – vornehmlich präzise Darstellungen von Gewaltphantasien und brutalen, demütigenden Sexualpraktiken – den Begriff »Sadismus« geprägt.

Den allgemeinen Anschauungen zufolge ist ein Sadist jemand, der den Wunsch in sich verspürt, andere Menschen zu quälen und zu demütigen, sowohl auf physischer wie auf psychischer Ebene. Dieser Wunsch geht einher mit sexueller Erregung, die daraus gezogen wird.

Sadistinnen können als Domina betitelt werden, Sadisten als Herr oder Meister.

Ein Sadist findet nach den Lehrmeinungen sein ideales Gegenüber im Masochisten.

Masochismus, benannt nach Ritter Leopold von Sacher-Masoch, der im ausgehenden 18. Jahrhundert nicht nur das Leben der polnischen Kleinbauern in seinen Romanen verarbeitet hat; der österreichische Schriftsteller hat mit seiner »Venus im Pelz« ausführlich folgende Sexualpraktik beschrieben: den Wunsch nach Erniedrigung und Unterwerfung, also von herab-

lassender Behandlung bis hin zu Fesseln, Peitschen, Foltern oder Beschimpfung. Masochisten nennt man allgemein Sklave, Diener oder auch Zofe.
Die frühen Sexualforscher Richard Krafft-Ebing oder auch unser lieber Siggi Freud hielten den Masochismus für eine typisch weibliche Eigenschaft; sie glaubten allen Ernstes, daß Frauen von der Natur her bestimmt wären, zu leiden. In Sacher-Masochs Werken spielen Frauen jedoch stets die energisch-grausame Rolle, Männer die Schwächlinge. Inzwischen ist auch dem letzten Sexualwissenschaftler klargeworden, daß Sadismus weder ein männliches noch Masochismus ein weibliches Merkmal ist.

Eng mit dem Sadomasochismus hängt der *Fetischismus* zusammen.
In der üblichen Konstellation trägt eine Domina beispielsweise High Heels, Leder oder Lack, oft Masken und benutzt Werkzeuge wie Peitschen, Handschellen, Brustwarzenklammern, Penisnadeln, Ketten, Bänder. Doch eine Herrin hat nie Sex mit dem Sklaven, sie erfüllt ihm nur seine Erniedrigungswünsche.
Anders sieht es bei ausgebildeten Herren aus; sie »trösten« manchmal ihre Zofe, wenn sie sie verprügelt haben; das hat einen behütenden Effekt, auf dessen Notwendigkeit ich später zu sprechen komme.
Doch auch ein Diener oder eine Zofe tragen bestimmte Materialien, die ausdrücklich auf seinen oder ihren »Besitzer« hinweisen: Halsbänder, Armreifen oder ungewöhnliche hohe Schuhe, in denen man sich kaum vorwärtsbewegen kann.
Die sogenannten Sklaven- oder Herrenbriefe sind auch ein unabdingbares Accessoire bei regelmäßig praktizierenden Sadomasochisten. Man setzt eine Vereinbarung auf, in der die absolute Unterwerfung des Sklaven und Hörigkeit gefordert werden; dieses Gelöbnis wird ständig erneuert. Der Tenor jeweiliger Briefe ist nach der Neigung des Adressanten ausgerichtet. Der Feti-

schismus reicht auch in die Wünsche der Masochisten hinein. Nicht selten haben diese den Wunsch, die Schuhe ihrer Herrin zu lecken, zu küssen oder getreten zu werden.

Dabei muß man anmerken, daß Fetischismus nicht gleich Sadomaso ist. Es gibt die seltsamsten Fetische; angefangen vom dem Bild des Idols, das man immer bei sich trägt, bis hin zur Vergötterung der Unterwäsche, Strumpfhosen oder Schuhe.

Alles kann Fetisch werden. Der eine ist auf der Suche nach Frauenslips, drei Tage getragen, der andere schwört auf rote Pumps; der nächste geht so richtig hoch bei hautfarbenen Strumpfhosen. Lektüre zum Thema Masochismus ist auch »Die Geschichte der O.«, ein Roman von Pauline Réage alias Anne Declos, in dem eine Frau durch seelische und körperliche Folter zum willenlosen Objekt abgerichtet oder »erzogen« wird. Eine Variante zum Thema bietet auch die Erzählung »Ich peitsche dich, ich küsse dich« von Jacqueline, einer Masochistin, die heute in Los Angeles als Domina arbeitet.

Die drei großen L's haben in den 90er Jahren ebenso ihren Platz gefunden wie seinerzeit das Tabu der freien Liebe: Lack, Leder, Latex. Ein Fetisch der besonderen Art, der allgemein immer mit SM in Verbindung gebracht wird – aber nicht jeder, der in der LLL-Szene ist oder sich auch nur dafür interessiert, ist SM-Praktiker. Selbst die großen Modezaren, die sich zwar jede Saison auf etwas anderes stürzen, haben LLL praktisch schon salonfähig gemacht. Viele tragen es nur, um im Trend zu sein, der Modeströmung zu genügen – da wird es für die echten Fetischisten, die noch dazu SMler sind, natürlich extrem schwierig, in der Masse der LLL-Trendträger ein Pendant für ihre sexuellen Obsessionen zu finden. Dazu sollte man bemerken, daß nur schwarzes und rotes Leder als Fetischkleidung bei den SMlern erlaubt sind. Wenigstens ein Hinweis.

Eine sanftere Form des Sadomasochismus ist die Spielpraktik *Bondage and Discipline*. Bondage (am.) kommt von to bond, exakt übersetzt: »unter Verschluß legen«; bondage bedeutet Leibeigenschaft, Hörigkeit; bond(s)women/men sind Leibeigene, Hörige. Discipline heißt Züchtigung, Erziehung, Schulung oder auch Strafung.

Wer eine strenge »Englische Erziehung« genossen hat, der kann beileibe nicht perfekt Oxfordenglisch sprechen; vielmehr wurde der- oder diejenige zum perfekten Sklaven ausgebildet. Und wenn in Kontaktanzeigen steht, man suche eine »devote« Person, dann hängt dieser Hinweis oft mit den Partnerwünschen nach Liebe in Fesseln und roten Striemen zusammen.

Bondage: Fesseln mit Tüchern, Stricken, Strümpfen, Paketklebebändern, Riemen oder Schnüren, dazu werden meist noch die Augen verbunden; der Körper bleibt in ein und derselben Position. Der psychologische Effekt: Man trägt keine Verantwortung für das, was kommen mag; man gibt sich hin, ohne etwas zurückgeben zu müssen; es drückt ein Gefühl der Zugehörigkeit aus, einer zarten Leibeigenschaft, ein tatsächliches Aneinanderbinden.

Eine Spielart des Bondage ist das Japan-Bondage in höchst strengen, artistischen Positionen, in der ein Körper schon fast zur erotischen Skulptur umgeformt wird.

Der Nachteil von Fesselspielen ist, daß man nach einiger Zeit mit Muskelschmerzen, Taubheit und Gelenkstarre zu kämpfen hat. Deswegen sollte man sich weder von einem Fremden noch von einem Anfänger ganz und gar fesseln lassen, sondern es mit dem Partner ausprobieren und verfeinern.

Fesseln, ob nun Handgelenke, Beine oder der ganze Körper an einen Marterpfahl gebunden werden, geht nicht nur mit wohligem Ausliefern einher. Bei leichten Fesseln kommen Hiebe und rote Striemen ins Spiel.

Magnus Hirschfeld, deutscher Sexualwissenschaftler (1868–1935), sah abstrafende Kindheitserlebnisse eng im Zusammenhang mit der sexuellen Erregung, die aus Hieben aller Art gezogen wird. Es ist eine Art unwillkürliche Erregung: besonders

Schläge auf den Po, eine bei Kindern primär erogene Zone, wirken auf die Wirbelsäule und die Blutzirkulation, so daß der Schmerz von einer Erregung in den Geschlechtszentren verdrängt wird. Als Kind erfuhr man nach der Prügel den Gute-Nacht-Kuß, als Erwachsener die zärtliche Umarmung. Auch diese widersprüchliche Kombination aus Strafe für Ungehorsam und dann Zärtlichkeit gehört zu dem dramatisch-aufregenden Akt des Strafens, des Disziplinierens, der Züchtigung. Erst der Schock, dann die Tröstung. Ein Schema, das sich in der Kindheit einbrennt und Jahrzehnte danach noch abrufbar ist und seinen schmerz- und lustvollen Charakter nicht verliert.

Ein Schwenk zur »Englischen Erziehung«: In der Viktorianischen Zeit war die Prügelstrafe oder Flagellation der absolute Saisonrenner. Der Name kommt von den an englischen Schulen und Internaten, bisweilen noch an Universitäten praktizierten Prügelstrafen. Sie war einfach üblich, und wer diese Eigenart vermißte, der ließ sich in spezialisierten Bordells in London die Rute, Gerte, Peitsche oder den Rohrstock geben. Doch auch die erfundenen Flagellationsmaschinen oder das Berkley-Pferd konnten nicht den wohlgeführten Gertenstreich einer wissenden Hand ersetzen.

Und die Flag-Fans unserer Tage sollten sich nicht schämen, auch wenn Scham in sämtlichen B/D- oder S/M-Spielen eine, wenn nicht die tragende Rolle spielt. Sich im Streit zu schlagen ist, gelinde gesagt, idiotisch. Beim Liebesspiel die Gerte anzusetzen entbehrt jedoch nicht einer gewissen Faszination des Verbotenen.

Was aus dem gleichen Genre kommt, aber kaum als Abartigkeit oder ähnlich verunglimpfend bezeichnet wird, ist Spanking, das Schlagen mit der Hand. Es ist jedem unter Umständen schon mal untergekommen, daß er oder sie die Hände in wollüstiger Verzweiflung auf die Kehrseite des Partners hat niedersausen lassen und daß dieses keineswegs unangenehm war. Die Klatschgeräusche wirken so pur, ungekünstelt – aber niemals brutal. Spanking ist die bewußte Erweiterung mit der Intention der leichten Bestrafung. Bestrafung für was? Daß man so etwas »Unanständiges« wie Sex tut? O yes, let's misbehave!

Das animalische Wesen Mensch, hier auch der werte Leser, fragt sich nun, was das ganze Getue soll, mit der Streckbank, den Spreizrohren, den Lederhalsbändern, Peitschen, Ketten, Schlagböcken und so weiter.
Nun, auch gut durchorganisierte Dominastudios oder der Vorgang einer Sklavenerziehung zeugen von einer gewissen warmen, vertrauten und geborgenen Atmosphäre. So sehr das auch eventuell den Vorstellungen widerspricht, die man unwillkürlich aufkommen läßt und bei S/M mit Brutalität und Kälte in Zusammenhang bringt.
Der Masochist will so behandelt werden, um sich frei zu fühlen, frei in seiner Sexualität. Der Sadist tut genau das, was der Masochist will, und geht die Fürsorge über das zu ertragende und erregende Maß hinaus, gibt es vorher vereinbarte Zeichen, die dem sofort ein Ende bereiten. Ob das Wort Gnade, ob eine Geste mit der Hand oder auch ein Stirnrunzeln; allein diese Beschränkung zu einer absoluten und bedingungslosen Auslieferung zeigt, daß bei S/M oder B/D eben nicht alles willkürlich und nur zur Befriedigung des Sadisten geschieht.
Und was das Schöne an dem Ganzen ist: Man muß gar kein S/Mler sein, um sich in diesen Gefilden der Lust wohl zu fühlen. Doch auch hier ist eines wieder mal Grundvoraussetzung: Vertrauen.
Besonders, wenn man der empfangene Teil ist, sich fesseln oder leicht verdreschen läßt. Es ist nicht nur eine Frage der Neugier oder der unbekannten Lust, die einem den Griff zum schwarzen Seidentuch erleichtert, sondern die Intention muß zum großen Teil Vertrauen sein. Wenn man sich fallenlassen kann, alle Verantwortung für sein Tun abwirft, genießerisch die Verwöhnungen hinnimmt, die neue Erfahrung der Gefühle wohlig aufnimmt; eine neue Welt von Schmerz-Lust, ein Land, das geprägt

ist von Strafung und Tröstung; so harmlos wie ein Spiel, so aufregend wie der erste Flug – man weiß nicht, was passiert, aber ohne ein Fünkchen Vertrauen hätte man sich nie in diesen Stahlvogel gesetzt, um 25 000 Fuß über dem Erdboden seinen Tomatensaft zu süffeln und dabei über Ikarus nachzudenken.

Der ausführende Part muß sich ebenfalls über seine Verantwortung klarsein. Die aktive Rolle zu spielen bedarf einer gewissen Erfahrung, sowohl auf technischer als auch zwischenmenschlicher Basis. Ebenso sind Selbstkontrolle und höchste Konzentration unabdingbar. Die Lust wird hier auf einer anderen Ebene ausgelebt. Manchmal ist es nicht nur die Lust, die aus der Tat entspringt, sondern aus der Befriedigung, seinem Partner Wünsche zu erfüllen, seiner Sexualität zu genügen, ihn glücklich zu machen, ganz banal gesagt.

Die Gefahr steckt bei der Ausübung dieser prickelnden Praktiken im Klischee: Wenn eine Frau nein sagt, dann meint sie ja und will halt dazu gezwungen werden; der Widerspenstigen Zähmung. Das Element des Zwingens ist hier scharf zu differenzieren; meine Freundinnen und ich sagen dazu: Ein bißchen sträuben darf man sich doch wohl. Am liebsten sträubt man sich davor, was man ersehnt, dann ist die Erlösung um so intensiver. Da taucht natürlich die Frage auf, wie der Partner dies erahnen soll, was nein ist und was eigentlich ja. Wenigstens da sind sich übliche und S/M-Sexualität ähnlich: Es hilft, es vorher abzuklären. Ob man darüber redet oder sich Zettel schreibt oder ob man die Tücken des Objektes in der Situation klärt – so kann man Unsicherheit beseitigen, was denn nun »das Richtige für den anderen ist«.

Romantische Seelen – die wir eigentlich alle irgendwie sind – monieren, daß es aber wunderschön sei, wenn der Partner all das tut, ohne zu fragen, es einfach weiß, ohne es ihm zu sagen. Daß man sich ohne Worte versteht, sich instinktiv erspürt. Sicher, das kann passieren, ohne Zweifel.

Aber betrachten wir es mal so: Wenn Sie erwarten, daß Ihr Part-

ner Sie erspürt, dann stellen Sie sich mal vor, daß er es auch von Ihnen erwartet. Und, wie einfach ist das?
Eh man nun in Verzweiflung, Leistungsdruck und ähnliche Ängste ausbricht, hier eine kleine Liebesweisheit: Man kann nichts falsch oder richtig machen. Es gibt kein Recht oder Unrecht, Schuld oder Nichtschuld. Niemand hat sich hingestellt und gesagt: So Leute, wenn ihr das so macht, stimmt es, und so, das ist nicht richtig. Man steht auch nicht vor einem Publikum, das am Ende der Vorführung die Bewertungsschilder hochhält oder mit Pfiffen oder Applaus kommt. Sicher, das weiß man doch – sagen Sie. Und dann ist der Moment da, wo man sich fragt: Gefällt es ihm? Mag sie das?
Hier tritt die Konzentration auf: Besonders im S/M-Bereich ist es wichtig zu beobachten, keine falschen Schlüsse zu ziehen, auch sich selbst genau zu beobachten. Konzentration ist kein Lustkiller, denn diese Konzentration hat nichts mit linearen Abmessungen von Reaktionen zu tun, die man rational einordnen kann; jeder muß sich auf sein Gefühl, seine Intuition, seine Einschätzung verlassen. Und auf wen kann man sich am besten verlassen – auf sich selbst. Menschen, die sich ihrer Libido bewußt sind, sie als starke Kraft akzeptieren, die manchmal ihre eigenen Wege geht, können sich und ihren Partner beobachten und alles ohne Angst, etwas »falsch« zu machen, tun.

Was hindert uns eigentlich daran, uns fesseln zu lassen oder den anderen zu schlagen? Es gibt verschiedene persönliche Gründe – eine unschöne Kindheit, eine Vergewaltigung, überzeugter Pazifismus, aber das Hauptargument dürfte wohl die Aussage sein: Das ist ja pervers. Doch was ruft pervertierte Eindrücke hervor? Es ist das Gefühl des Ekels. Gut, wenn man sich ekelt, richtig ehrliche und tiefe Abscheu empfindet, dann sollte man es lassen. Das kommt auf jeden einzelnen an. Ekel ist individuell, aber kein gesellschaftlich verankertes Gefühl, vor was man sich gefälligst zu ekeln hat und vor was nicht.

Der zweite Einwand neben dem »perversen« Beigeschmack ist die Befürchtung, daß die S/M- oder B/D-Vorliebe den Partner als solchen ersetzt; daß jemand keinen Wert mehr auf genau diesen Menschen legt, sondern hauptsächlich auf die Praktiken und die damit verbundenen Accessoires; daß er oder sie einfach schon bei der Berührung mit Leder, Handschellen oder Gerte die Fassung verliert, der Mensch dahinter aber zum unwichtigen Zubehör degradiert wird.

In einer Partnerschaft sollte man sehen, wo man bleibt.

Es hat keinen Wert, wenn sich die Prioritäten verschieben.

Einige schlaue Bücher haben behauptet, S/M sei »sowieso unvereinbar mit einer liebevollen, stabilen Partnerschaft«. Nun, das stimmt so nicht. Bondage oder S/M lassen sich durchaus in eine stabile, liebevolle Partnerschaft integrieren. Man sollte es als Spiel ansehen, in dem die Spielregeln immer für einen da sind, nie gegen sich selbst. Ein Spiel, indem es keine Verlierer gibt. Eine intime Sache zwischen zwei Menschen, die sich genügen wollen und deswegen gegen ein bißchen Selbsterfahrung nichts einzuwenden haben.

Kommen Sie, wir gehen ein bißchen imaginieren.

»Die Nachtluft strich über meinen Nacken. Die Stadt hinter mir hatte ihre Aktivität noch lange nicht eingestellt, und in den umliegenden Häusern schien hier und da noch Licht zu sein. Ich atmete tief ein und schloß die Balkontür hinter mir. Zog die Jalousien etwas hinunter. Während sie leise rasselnd auf dem Fenstersims aufschlugen, stahl sich eine Hand unter meinem Arm hindurch, Lippen streiften meinen Hals, eine Person drängte sich an mich. Ich hörte leichtes Seufzen. Schloß die Augen und lehnte mich zurück. Ein weiches, warmes, duftendes Tuch legte sich über meine Augen. Ich war überrascht. Dunkelheit umfing mich. Ich stand ganz still, und kühle Lippen strichen über meinen Nacken. Das Tuch wurde verknotet. Einmal. Zweimal. Schweigen. Ich war versucht, mir das Tuch abzunehmen, doch zwei Hände hinderten mich daran. Drehten mich herum. Knöpften mein

Hemd auf. Der Stoff glitt über meine Schultern, meine Arme, meinen Rücken, fiel raschelnd zu Boden. Nackte Haut. Ich wollte mich bedecken, nach der Person greifen, doch sie war fort. Vorsichtig drehte ich mich um mich selbst, bis ich wieder von den Händen gestoppt wurde, die sich bestimmt auf meine Schultern legten, mich in die Knie zwangen. Ich wollte protestieren, da preßten sich heiße Lippen auf meine, verschlossen mir jede weitere Anmerkung. Ich wurde geküßt, meine Hände wurden hinter meinem Rücken festgehalten, doch ich vermißte die vertraute Berührung eines anderen Körpers. Nur Lippen und Hände und Zunge und leiser Atem. Etwas Ledriges schlang sich um meine Handgelenke. Ich kniete dort noch immer, im Dunkeln, die Hände hinter dem Rücken, jetzt fest verbunden. »Komm«, sagte die Stimme und zog mich auf die Füße. Führte mich durch die Finsternis. Meine vertraute Umgebung wurde zum unbekannten Planeten, ich mußte der Führung vertrauen. Plötzlich wurde ich leicht gestoßen, fiel auf etwas Weiches, versuchte, mich auf den Rücken zu drehen, doch ich wurde festgehalten, die Beine gespreizt, die Augen verbunden, die Hände unbeweglich. Ich war in der Gewalt dieser Person. Sie konnte tun und lassen, was sie wollte. Oder was ich wollte.«

Was will die andere Person? Was wollen Sie?
Überlegen Sie, spielen Sie mit den Möglichkeiten. Vergessen Sie logische Schlußfolgerungen oder Unmöglichkeiten, wenden und drehen Sie sich in allen Positionen, lassen Sie alles geschehen, tun Sie es. Was würde Sie jetzt erregen? Zärtliches Streicheln, wissendes Kneten, Massieren oder mehr? Was soll es sein? Sie sind jetzt allein mit sich; und niemand ahnt, an was Sie jetzt denken, was Sie in Gedanken durchspielen, wer Sie sind, ob die aktive Person oder die gefesselte. Niemand weiß, wen Sie in diesem Gedankenspiel als Partner auserkoren haben.

Und nun beantworten Sie mir und Ihnen selbst eine Frage: Ist das so schlimm? Ist das eklig, an was Sie gedacht haben? Oder ist es interessant, vielleicht sogar erregend?

Wenn es erregend ist, dann ist es nicht pervers, dann ist es nicht »falsch« oder »schlecht«.
Oder können Sie gar nichts damit anfangen? Dann lassen Sie es. Denn jedem, jedem steht es frei, etwas zu wollen, sich vorzustellen. Nichts davon ist abartig. Sie müssen sich selbst und Ihren Bedürfnissen treu bleiben, Sie müssen sich selbst zulassen. Wenn Sie Angst haben, dann ist das okay. Doch was überwiegt? Das Bedauern, etwas nicht ausprobiert zu haben, oder die Angst vor sich selbst, vor den eigenen Untiefen? Befürchten Sie, ein Ungeheuer zu entdecken? Würden Sie die Selbstachtung verlieren?
Dazu eins: Selbstachtung kann man nicht dadurch verlieren, daß man seinen Trieb kennt und auslebt. Im Gegenteil, das Wissen um Ihre Bedürfnisse und Ihre Grenzen macht Sie zu einem freien Menschen, der sich voller Einklang mit sich selbst in der Welt bewegt und dem niemand etwas eintrichtern kann. Zu wissen, was man will und was man nicht will, das eröffnet einem die Vielfalt der menschlichen Sexualität. Niemand soll sich deswegen hassen, nur weil er es genießt, geschlagen zu werden; niemand soll sich verachten, weil er gern Handschellen anlegt. Warum auch? Es steckt in uns drin, und eine Unterdrückung dieser Veranlagung kann traurig sein. Denn man besitzt eine Sehnsucht, ein Gefühl, ein Wollen, man begehrt. Begierde.
Erfüllte Begierde ist ein Faktor zur Zufriedenheit, zum Selbstbewußtsein.
Doch bei aller Toleranz und Akzeptanz muß ich Sie warnen: Nicht jeder ist so mutig wie Sie. Wenn Sie Ihre Neigungen akzeptieren, heißt das nicht, daß Ihre tägliche Umwelt Sie nun begeistert beglückwünschen wird. Es ist Ihr ganz persönlicher Meilenstein, den Sie nur mit den Partnern teilen können, die sich selbst so erkannt haben. Andere würden es nicht verstehen – aus einem einfachen Grund: Wie ich schon sagte, ist Ekel oder Abscheu eine persönliche Sache. Jeder muß selbst dahinterkommen, was für ihn gut und »richtig« ist.

Und jeder ist gefangen in dem Netz von gesellschaftlichen Werten und Normen, persönlichen oder abgeguckten Prinzipien, jahrelangen Gewohnheiten oder partnerschaftlichen Zwängen. Lassen Sie sich und anderen Zeit, sich selbst, Sex, Liebe und Begierde wenigstens annähernd zu begreifen. Einfach ist es nicht, aber alles ist erlaubt, wenn man sich selbst treu bleibt.
Haben Sie einen Vertrauten, mit dem Sie das alles mal durchsprechen können? Interessehalber, was er oder sie darüber denkt? Wenn nicht – ich bin auch noch da. Und vergessen Sie nicht: Alles ist erlaubt zu sagen oder zu tun oder zu fühlen!

9. Kapitel

Die Sexwende der 90er

Manchmal wendet sich alles zum Guten, will man meinen, aber die medienmäßig hochgepushte und vielzitierte Sexwende der 90er – die übrigens ganze Bücher füllt – hat eher etwas Erschreckendes nach sich gezogen. Statistische Erhebungen wollen herausgefunden haben, daß die Menschheit im allgemeinen keine Lust mehr hat. Wie bitte?
Dieser Wahnwitz kam natürlich aus den USA, dem weisen Land, das uns vom Krieg befreite und die Nylonstrumpfhose, Lucky Strikes und Jim Beam in das gebeutelte Deutschland brachte. Aus einem Land, das regiert wird von einer prüden Hillary mit zusammengekniffenen Pobacken und einem Typ namens Bill, der zwar mal Hasch geraucht hat, ihn aber nicht inhalierte. Ihm würde man auch glauben, wenn er sagen würde, er hätte ihn zwar reingesteckt, aber nicht abgespritzt. Dank sei Chelsea, er muß es wohl doch getan haben.
Was geht da vor in diesem Land, wo Aufklärung gen null tendiert, wo Sex gleich schwanger gleich Aids gleich tot bedeutet, wo es Abtreibungskliniken gibt, deren Patientinnen im Durchschnitt 16 Jahre alt sind, wo aber auch Abtreibungsgegner Ärzte abknallen?
Das ist keine Kritik am großen Bruder Amerika, es ist der Versuch, die Anfänge der Sexwende zu sehen.
Da rotten sich Mädchen und Jungs zusammen, gerade in dem richtigen Alter, zu ihrer Sexualität ein vernünftiges Verhältnis zu

finden, und malen auf kleine Karteikärtchen, das sie bis zu ihrer Ehe keusch bleiben werden. Dann tun sie diese Auffassung in einer feierlichen Zeremonie kund, wo sich ihre Großmütter verstohlen eine Träne aus dem Augenwinkel wischen.
Nein, nicht aus Rührung. Aus Traurigkeit.
Vielleicht haben die Omis auch Angst gehabt, daß sich ihre Enkelinnen mit einem bösen Buben zusammentun und dieser langhaarige Bombenleger sie mit einem Bastard sitzenläßt, an dem die Omis in Wahrheit ihre helle Freude hätten. Manchmal zumindest. Ach ja, die Väter weinen auch ein bißchen. Was ist aus ihren Jungs geworden. Sexlose Klemmis, bei denen man aufpassen muß, wenn man was über Frauen sagt. Sie könnten ja glatt weghören,
Also, die Jugend und solche, die eh nicht ran durften, haben also beschlossen, daß Sex, Lust, Erotik keine Rolle mehr spielen. Eifrig beklatscht von Hillary: »Tut es nicht, bis ihr 21 seid. Und wenn, will ich davon nichts wissen.« Igittigitt, iih, bäh, iih, weg damit. Naß und feucht, Körperflüssigkeiten, Genitalien, Schweiß oder noch Schlimmeres.
Nun ja, und ehe wir's uns versahen, gab es auch hier die eifrigen Verfechter des »No-Sex«. Man tut es einfach nicht mehr. Gründe? Keine Zeit, keine Lust. Prompt tauchten Statistiken auf, die das Leben des modernen Singles als so eintönig beschrieben, daß einem schlecht wird.
Auf zu neuen Ufern, wir huldigen der Intellektualität und versuchen, die Erbsünde wiedergutzumachen.
Und, ach ja, wir sind ja alle sooo übersättigt von dem, was man tagtäglich durch die Medien beim Abendessen serviert bekommt: SM, Latex, Leder, nackte Brüste, FKK, Tutti Frutti, Grüße aus der Lederhose, BD, C&A, MAD, FBI und KaDeWe.
Ach ja.
Nur seltsam, daß gleichzeitig auf fast allen Sendern weiterhin Softpornos laufen, die Videotheken wie immer hohe Umsätze

einfahren und Autoren wie Anka Radakovich verschlungen werden.

Doch nach außen zeigt sich der Konsument natürlich zurückhaltend. Die Leute haben kein Problem, sich einen Mord im Kino anzuschauen, aber wenn sich zwei Menschen lieben oder gar zwei Männer sich küssen, sagen sie hinterher, daß sie sich das nicht unbedingt anschauen wollen. Daß sie es nicht brauchen.

Vor lauter Angst, was da im Unterleib alles vor sich geht, hat die zivile Gesellschaft sich noch etwas besonderes ausgedacht: das Phänomen der politischen Korrektheit, auch PC genannt, von dem amerikanischen Ausdruck »political correctness«.

Politisch korrekt ist jemand, der nicht mehr das Wort »Farbiger« für »Neger« verwendet, sondern »Schwarzer« oder in Amerika »Afroamerikaner«, der Behinderte nun »körperlich Benachteiligte« nennt und der »Schlitzaugen« als »Mitglieder des asiatischen Kulturraumes« bezeichnet. Und natürlich ist es einer, der sich Frauen gegenüber einfach grandios benimmt. Er macht ihr möglichst keine Komplimente – das würde als Annäherungsversuch ausgelegt werden, lächelt sie nicht mehr an – das käme einer angedeuteten Vergewaltigung gleich, er überläßt der Dame im Restaurant mindestens die Hälfte der Rechnung, damit sie sich nicht als käufliches Objekt fühlen muß, und er fragt natürlich vor jedem Lendenstoß, ob er noch mal zustubsen darf.

Nun ja, das letzte ist vielleicht etwas übertrieben, aber die Regelmacher zum Thema PC wünschen es sich am liebsten so: Der Herr hat die Dame zu fragen (natürlich auch umgekehrt, meine Damen), ob er sie ansprechen darf. Bevor sie ihm nicht das definitive Ja gegeben hat, dürfte er eigentlich nicht den Mund aufsperren. Schade, daß sich keiner überlegt hat, wie er dann die Frage überhaupt formulieren soll, wenn er die Redeerlaubnis noch gar nicht bekommen hat. Vielleicht mit Morsezeichen? Oder sollte man für solche Gelegenheiten immer ein Kärtchen dabei haben, auf dem steht: Ich würde Sie gern ansprechen? Hat man diese Hürde erst mal überwunden, so drohen gleich die nächsten. Es gilt bei jeder Berührung, immer wieder aufs neue die Erlaubnis einzuholen, ein definitives Einverständnis des anderen. Das könnte sich dann so anhören: Darf ich deine Hand halten? Darf ich deinen Arm streicheln? Darf ich meine rechte Hand auf deine linke Brust legen? Darf ich meine Zunge in deinen Hals stecken? Und so weiter bis zum Darf ich noch mal zustoßen? Auf Dauer tötet diese Du-Darfst-Diät noch den letzten Nerv.

Sinn dieser Aktion: Schutz der Frauen vor sexueller Belästigung. Denn bei Mißachtung dieser Regeln oder Übergehung von Fragen drohen Strafen, daß es einem das Fell von der Vorhaut zieht: im Betrieb Kündigung, Disziplinarmaßnahmen, auf Unis Exmatrikulation und sonst natürlich Exkommunizierung und Fegefeuer.

Die vermeintliche Angst der Frauen vor Belästigung, Herabwürdigung, Benachteiligung und möglicher Vergewaltigung hat die Aufstellung dieser Regeln zumindest in den USA nach sich gezogen. Sinn der Sache: Schutz der möglichen Opfer vor Vergewaltigung.

Nun, ernsthaft, meine Damen: Fühlen Sie sich sicher, einen Typen, der sich gerade mit seinem 130 Kilo Lebendgewicht auf Sie wirft, mit diesen Sätzen wie: »Du hast nicht gefragt, du böser Junge!« oder »Sollte ich die Frage, ob du überhaupt mit mir reden darfst, etwa überhört haben?« von einer Vergewaltigung ihres Körpers und der Verletzung ihrer Seele abzuhalten? Und wird so ein Typ, der Ihnen gerade das Höschen zerfetzt, etwa danach *fragen,* ob er das tun darf?

Richtig, es nützt den potentiellen Opfern gar nichts, auf irgendwelche Höflichkeits- und PC-Regeln zu vertrauen, denn wenn einer will, dann will er, und dann tut er es. Im »besten« Fall bringt er Sie um. Und dann steht auf Ihrem Grabstein: Er durfte das nicht.

Auf der anderen Seite muß man auch die Dinge von der menschlichen und logischen Seite betrachten: PC wurde offen-

bar auch für den sexuellen Bereich eingeführt, weil man meint, alle Männer seien potentielle Vergewaltiger und alle Frauen seien zu blöd, um Dinge abzulehnen, die sie nicht wollen.
Ganz klar. Männer sind Schweine, Frauen sind Doofchen.
Aber das wußten wir doch schon immer und haben in den letzten 2000 Jahren gelernt, damit umzugehen.
Mal ernsthaft.
Politische Korrektheit in diesem Sinne nutzt eigentlich nur dazu, jemanden unheimlich auszubooten. Stellen Sie sich vor, Sie sagen Ihrer Kollegin, daß die grüne Bluse toll zu ihren Augen paßt. Wenn die Kollegin Sie gerade auf dem Kieker hat, kann sie zum Chef rennen und sagen, daß Sie sie sexuell belästigen und zum Objekt Ihrer Lust degradieren. Und wenn der Chef auch grad nicht auf Sie kann, sind Sie raus aus dem Geschäft.
Oder stellen Sie sich als Frau vor, der schnuckelige Handwerker hat so einen knackigen Arsch in seinem Blaumann, und Sie lassen irgendwie so einen Spruch fallen wie »Sie würde ich auch nicht von der Bettkante stoßen«. Sie Sexbestie! Der arme Mann wird in psychiatrische Behandlung gehen müssen, und Sie werden dafür bezahlen. Sie haben seine Urängste heraufbeschworen, seine Versagensphobien und wer weiß, vielleicht haben Sie sogar ein Kindheitstrauma in ihm ausgegraben – das ist ja jetzt modern, sämtliche Einschlafstörungen und ähnliches auf die Kindheit zu schieben.
Insgesamt gesehen könnte man jetzt die Vermutung anstellen, daß Lustlosigkeit, Verlust der Erotik und PC unmittelbar miteinander zu tun haben.
Aber davon will niemand was hören. Es heißt dann: »Jeder denkt, er hätte als einziger banalen Sex und alle anderen phänomenalen.« Ach ja? Haben Sie das schon jemals gedacht, daß Sie der große Loser sind, der nichts auf die Reihe bringt, aber alle anderen sind so toll?
Zugegeben, nicht jeder Akt ist ein Ereignis. Na und? Deswegen hört man doch nicht damit auf und gibt Anlaß zu Statistiken, die

den besorgniserregenden Verfall von horizontalen Vergnügen belegen:
Jeder vierte ab etwa 45 hatte in den letzten 12 Monaten keinen Sex mehr, Protestanten neigen eher nicht zum Oralverkehr, die meisten Befragten hatten wenn eh nur ein bis zweimal im Monat Sex, und wenn dann, nur eh knapp 12 Minuten in Missionarsstellung, wobei der weibliche Part eh nur auf jedes dritte Mal Sex kommt – durchschnittlich. Also etwa alle drei Monate, viermal im Jahr. Na Spitze. Zumindest soll es bei knapp 68 Prozent der 30 000 Befragten so sein, die einen langjährigen Partner haben. Und was tun die Frischverliebten? Gar nichts. Zumindest fast nichts. Da dauert es meist drei bis sechs Monate, bis sich was regt, oder bis zur Hochzeit.
Meine Oma hat mal gesagt, wenn sich die Säfte stauen, wird man kirre. Ich glaube, sie hatte gar nicht so unrecht.
Warum sollten sich unsere lieben Nachbarn schräg gegenüber, mal eben über dem Teich, solche Sachen wie Political Correctness sonst ausdenken? Nicht nur, daß es wenigstens nicht in der Politik beheimatet bleibt, dieses Biest PC, sondern es verbreitet sich auch auf die Fragen zur Kleidung, Sprache, Haarschnitt, Zahnstellung und jetzt, o Graus, ist es mitten unter uns und wütet im Bundestag und allen anderen Schlafzimmern.
Sexuelle Belästigung ist *die* Mode der 90er. Damit stellt sich eigentlich die gesamte Zivilisation selbst in Frage.
Es ist schon arm, daß sich Amerikaner und zunehmend auch Europäer einen Knigge zulegen, der darauf aufgebaut ist, daß Frauen und Männer nicht mehr zivilisiert miteinander umgehen können und deshalb konstruierter Reglements bedürfen.
Klare Sache von Samenstau, würde ich sagen. Oder das erste Anzeichen von Gesellschaftszerfall?!
Und außerdem, wie fühlt man sich denn da, wenn man dauernd zu fragen hat?! Männer werden wieder zu Mamas Söhnchen, Frauen zu Papas kleinem Liebling. Du mußt erst »bitte, bitte« sagen!

Und wie fühlt frau sich, wenn sie auf einen verschärften Typen abfährt und er dann damit anfängt, dauernd zu fragen, bevor er irgendwas tut – dann ist der Ofen aus.

Die Erotik und das Flirten, zwei Dinge, die den Alltag prickeln lassen, werden durch diesen PC-Krampf empfindlich untergraben. Da ist es kein Wunder, daß man es einfach nicht mehr tut, trotz Angebot (12 Millionen Singles in Deutschland) und Nachfrage (Kontaktanzeigen – wo man schreibt und liest). Aber wer weiß, das flotte Girl da drüben ist vielleicht eine Feministin, die einen beim geringsten Lächeln in der Luft zerreißt, oder der da drüben einer vom Sittendezernat, der den Abstand von Rocksaum und Knie mit dem Millimeterband mißt und sich bei Gelegenheit mit der Beinansicht sexuell belästigt fühlt, weil er sich so was anschauen muß.

Übrigens: Seit etwa Anfang des Jahres 1994 der PC-Knigge eingeführt wurde, haben sich Vergewaltigungen nicht vermindert. Dafür aber Fälle mit gesundem, befriedigendem Sexualleben.

10. Kapitel

❧

Was Frauen reden, wenn sie untereinander reden, und warum sie nicht reden können, wenn Männer reden – und umgekehrt

Wir befinden uns hier in der Damentoilette einer Disco. Es ist Freitagabend, oder genauer: Freitagnacht, etwa 24 Uhr. Die Disco kann auf dem Land sein, in einer Kleinstadt oder einer Metropole.
Es liegt Haarsprayduft in der Luft, das leise Rascheln ausgepackter Binden und o.b.s., das Schnalzen zugeklappter Make-up- und Puderdöschen. Die hellgelben Fliesen hallen wider von Stöckelschuhgeklapper, die Spiegel über den weißen Waschbecken sehen in geschminkte Gesichter, die beigefarbenen Klobrillen sind warm von den sich schnell abwechselnden weiblichen Hinterteilen.
Während sich die Blondine in dem weißen Schlauchkleid von Quelle mit einem lila Kamm den Pony noch mal toupiert, redet sie laut mit ihrer Begleiterin, einer Kurzhaarigen mit Körbchengröße 80B, die gerade ihren Wonderbra zurechtrückt.
»Hast du gesehen, wie Sabine heute wieder rumlief? Voll ätzend, die denkt auch, sie sei die Schönste. Man sollte ihr mal sagen, daß sie penetranten Mundgeruch hat.«
»Stimmt. Und außerdem hat die voll fette Oberschenkel, da sollte sie nicht so ein unmögliches Kleid tragen. Hast du gesehen, wie sie sich an den Typen an der Bar ranschmeißt?«
»Klar, die würde es doch mit jedem für einen Schluck Cola tun. Bleibt

ihr auch nichts anderes übrig. Eigentlich müßte sie dafür bezahlen, daß mal einer über sie rübersteigt.«
Die Blondine ist fertig mit ihrer Operation und pult sich ein Stück Zitrone aus der Schneidezahnlücke. Das Wonderbra-Mädel hat ihre Tüten auch endlich untergebracht und zieht sich den Lidstrich nach.
»Ich hoffe, der Blödmann von eben steht nicht immer noch vorm Klo und wartet auf mich. Denkt, nur weil er mit 'nem BMW-Schlüssel rumklimpert, daß ich auf ihn abfahre.«
»Na und? Vielleicht hat er ja einen großen.«
»Das wäre auch das einzig Sympathische an ihm.«
Als die beiden gerade rausgehen wollen, kommt ein anderes Mädchen rein.
»Hallo, Sabine. Wo hast du nur das tolle Kleid her?«
»Hi, Liz, hi, Ella. Draußen läuft grad Prince. Das Kleid? Och, von Versace.«
Als die beiden vor der Tür stehen, sagt die Blonde zu der anderen: »Versace, klar. Alles zusammengevögelt.«
Sabine zieht auf der Toilette ihre Strumpfnaht gerade. Ein Rotschopf kommt rein. Knallenge Jeans. Die beiden mustern sich. Der Rotschopf: »Du könntest einen Strich mit dem schwarzen Augenbrauenstift an deinen Waden bis oben lang ziehen und dann eine Strumpfhose drüber. Sieht kein Mensch, und du hast deine Ruhe.«
»Hmhm.« Sabine reißt sich gerade mit ihren lackierten Fingernägeln in der oberen Hälfte eine Laufmasche.
»Mist. Hast du mal eben farblosen Nagellack oder Kleber?«
Der Rotschopf kramt in seiner Gürteltasche rum. »Hier.«
Sabine bewahrte ihre Ergee-Strumpfhose vor dem Ende.
»Kommst du öfter hierher?«
»Jeden Freitag. Hier laufen lauter heiratswillige Yuppies rum, die genug von den Girlies haben und sich jetzt als Statussymbol eine richtige Frau anschaffen wollen.«
»Und darauf fährst du ab?«
»Geht nicht anders. Ich bin noch Bulgarin und brauche die deutsche Staatsbürgerschaft, wenn ich hierbleiben will. Dann zocke ich halt so

einen Typen ab, mache auf Schmuseweibchen, und nach vier Jahren sieht er mich nicht wieder. Bis dahin kann ich studieren und mich abseilen.«
»Cool.« Sabine zieht die Konturen mit dem Lippenstift nach.
»Bis dann.«
Der Rotschopf geht, und ein Schwarm Teenies, naja, sagen wir zwischen 18 und 20, stürmt die Toilette.

Normalerweise bestimmt die Pärchengruppierung das Bild, und wahre Freundschaften bilden sich genau dort, in der Toilette, wo jedes Mädchen ab sieben todernste und superwichtige Sachen mit der Freundin auszutauschen hat. Deswegen geht man halt immer zu zweit aufs Klo. Zumindest unter Frauen, während Männer ja angeblich nur neidisch auf den Schniedel des Nebenpissers starren und an Wasserfälle denken müssen, damit es endlich kommt.
Teenies, wie gesagt. Da ist es eigentlich nur ein einziges Durcheinander an Themen. Back Street Boys, Beverly Hills 90210, die blöde Schwester, der dumme Lehrer, die Führerscheinprüfung, welche Pille eine reine Haut macht, was der Typ da drüben für einen Arsch hat und ob er wohl einen Piercingring durch die Eichel trägt.

»Ey, ich kann den Marcel echt nicht ab. Der ist so blöd, daß ihn die Schweine beißen. Sag mal, hast du noch ein paar von den Kondomen mit Erdbeergeschmack? Mein Hund liebt die Dinger.«
»Ach, Männer sind sowieso blöd. Ich meine, ich habe kein Problem mit Männern, nur mit Reißverschlüssen. Die denken, wenn ihnen was steht, müssen sie ran, sonst werden sie krank oder so.«
»Ach je, der Manuel hatte einen ganz krummen Dödel vorne, und er wollte auch nicht küssen, ganz komisch. Und gegrinst hat der immer so, also, es war total blöd mit ihm, echt. Das Jubiläum mit meinem dritten Mann hätte ich mir anders vorgestellt.«
»Iih, ich habe meine Tage! Hat eine 'nen Stöpsel?«

»Ich bin da immer total geil, wenn ich meine Tage habe.«
»Hmm, und die Jungs sind auch geil drauf, wie schnüffelnde Hunde.«
»Seid ihr pervers.«
»Heul doch.«
»Friederike ist immer noch Jungfrau. Kein Wunder bei der Unterwäsche. Die trägt ganz eklige Sachen.«
»Der arme Ehemann, den sie mal hat.«
»Wenn sie überhaupt einen kriegt.«
»Der besteigt sie nur von hinten, mit 'nem Sack über den Kopf.«
»Der Daniel ist auch so'n Kind. Voll albern und alles.«
»Ja, aber er zieht sich gut an. Hat er wahrscheinlich von seinem Vater.«
Und schwupps, stürmen sie wieder ins Nachtleben, die grausamen Teenies.

Haben Sie, werte anwesende Gentlemen, jetzt eine Vorstellung davon, was Frauen so bereden, wenn sie zu zweit auf die Toilette verschwinden, und Sie, werte Gentlemen, ihnen auf den Arsch schauen?
Sie reden über genau Sie! Wenn Sie interessant genug sind. Aber es ist garantiert nicht so wie in der Werbung für eine gewisse Damenbinde, wo sich Frauen ohne viel Worte verstehen. Frauen reden über nahezu alles auf der Toilette. Frauen ziehen sich auf Toiletten um. Und wissen Sie, meine Herren, warum sich Frauen über alles auf der Toilette unterhalten können? Weil kein Mann je dazwischenplatzen wird. Und wenn, dann kein wirklicher, sondern so einer, von dem man sich zur Not mal das Haarspray ausleihen kann.
Auf Toiletten dieser Welt werden Komplotte von Frauen geschmiedet, Freundschaften gefestigt, klärende Gespräche mit der Schwester geführt, Tränen getrocknet, das Bild des Ex-Liebsten die Schüssel runtergespült, Flirtstrategien besprochen und Abservierungsmaßnahmen ausgetauscht. Frauen sind ehrlich, wenn sie im Spiegel mit einer anderen Frau reden. Sie lästern

hemmungslos und sind dabei um einiges ätzender als der schlimmste Stammtisch. Ihnen fällt es nicht schwer, Intimes zu berichten, und wenn auch nicht in eleganter Wortwahl, so fließen die Meinungen doch erheblich leichter über die Lippen als bei einem Shrink. Was sagt uns das? Psychologen sollten in öffentlichen Toiletten praktizieren und ihre Patientinnen empfangen? Oder einen Duftstein neben die Couch legen?
Es wäre zumindest eine gute Idee, im Praxisklo zu plauschen. Schön warm ist es, und auf Damentoiletten riecht es meist angenehm, es ist sauber, wie damals, zu Hause.

In unserer Disco läuft jetzt Heavy Metal, und da die Ladies nicht so auf die lederbehosten Kerle stehen, die enthusiastisch auf ihrer Luftgitarre rödeln, stürmen sie alle in die ruhige Ecke Damenklo. Eine Schlange bildet sich vor den Türen – vier links, vier rechts, eins fallenlassen – und wer sich nicht kennt, beäugt sich ein bißchen von oben herab. Dort ein Lächeln, hier ein netter Blick, und plötzlich macht es nichts mehr, daß frau ihren PC-Muskel ziemlich überanstrengen muß.
Ein Mädel stürmt rein. »Lisa!«. Lisa steckt einen Fuß unter der Tür durch. Das andere Mädchen lehnt sich an die Tür. »Du glaubst nicht, wer gerade an mir vorbeigegangen ist.«
»Weiß nich. Tom Hanks?«
»Ehh, bist du doof. Nee, der mit den Giddelfingern, wie heißt der noch, weißt du, der in der Fahrschule immer hinter uns saß und immer die Beine so übereinander schlug, daß man seine weißen Beine sehen konnte.«
»Ach den. Na und? Hat er dich angegrabbelt?«
»Nee, wollt mir aber ein Gespräch aufzwingen, über den Prüfer und so. Da meinte ich, daß ich jetzt kotzen gehen müßte.«
»Ih, bist du fies. Ich wette, er hat's nicht verstanden.«
Lisas Freundin kommt aus der Kabine. Als sie sich die Hände waschen, meint sie: »Übrigens, Lilis Freund ist nicht so gut, wie sie behauptet.«

»Hast du?«
»Hm.«
»Und? Mokkalöffel oder Vorleger?«
»Zahnstocher.«
»Ach je.«

Auch andere Gesprächsfetzen dringen an das Ohr des errötenden Lauschers, zumindest würde er erröten, wenn ein Er überhaupt hier zugelassen wäre.

»O Gott, wie ich wieder aussehe.«
»Seit wann benutzt du deinen Vibrator zum Lockenwickeln?«
»Sehr witzig. Seit mein Freund ihn in meinem Nachttisch gefunden hat.«
»Ach, und jetzt denkt er, er würde dir nicht mehr genügen?«
»So ähnlich. Dabei macht er es sich selber auch oft genug.«
»Guckt er sich dabei irgendwas an?«
»Weiß nicht. Ich schätze nicht, denn er hat Schiß, daß ich ihm eine Szene machen würde.«

»Wow, hatte ich gestern eine tolle Nacht.«
»Erzähl mir nichts. Michael geht mir seit einiger Zeit voll auf die Nerven. Dauernd steht er im Bad und patscht sich die Haare mit fünf Kilo Haarfestiger und Spray zu. Und überhaupt – immer im Bett, wenn er seine Beine zwischen mich schiebt, ritzt er mir mit seinen Fußnägeln die Haut auf. Wenn ich dann mal was sage, reißt er sie ab, statt sie zu schneiden. Und wie er sich in letzter Zeit gehenläßt – er ißt keine Vitamine mehr, bewegt sich nicht. Sein Bauch ist so richtig schwabbelig geworden. Und er ist so weiß.«
»Vielleicht hättet ihr nicht zusammenziehen sollen.«
»Ist ja auch egal. Ich laß mich jedenfalls jetzt von Andi verwöhnen. Der streichelt mich stundenlang und hat einen tollen Körper. Er weiß zwar nicht, daß ich einen Freund habe, aber das geht ihn auch nichts an.«

Sie werden jetzt sagen, daß Frauen nie so ordinär reden würden. Ach nein? Sie werden sich fragen, warum Frauen nicht so mit ihren Männern reden können. Und Sie werden sich wundern, bis zu welchem Alter wohl Frauen auf der Toilette ihre Meinungen austauschen?
Bis ins hohe Alter.

Wir befinden uns nun auf einer Toilette eines Theaters. Sagen wir, es läuft gerade eine Premiere, Presse und Promis sind gut vertreten. In der Pause, wenn die Göttergatten, Hausfreunde und ständigen Begleiter der Damen ihren Diven ein Gläschen Schampus besorgen, ziehen die Ladies ihre Lippen nach, kontrollieren ihr Rouge und den Sitz ihres Minislips, ziehen den Bauch vor dem Spiegel ein und die Strumpfhosen mit spitzen Fingern zurecht, wenn sie sich auf der Schüssel niederlassen.
Und dann reden sie. Bedauerlicherweise auch mit sich selbst. Bedauerlicherweise über Sie, meine Herren.
»Gott, dieser Stümper. Der merkt nicht mal, daß er eine Frau an seiner Seite hat. Das nächste Mal gehe ich allein. Dann könnte ich wenigstens flirten, ohne daß mir sein nichtssagendes Gelaber den letzten Ohrnerv zerstört. Aber gut, durchatmen, nur noch eine Stunde, und dann nehme ich mir ein Taxi.«

Natürlich reden sie auch mit ihren Genossinnen. »Ach, hallo, schön, Sie zu sehen. Haben Sie diese Inszenierung nicht auch in Wien gesehen?«

Verzeihung, aber so reden Frauen nicht auf der Toilette, das machen sie nur in der illustren Öffentlichkeit.
Es geht dann eher so ab:

»Sie sehen toll aus in dem Kleid. Wo haben Sie das her?«
Na los, sagen Sie es ihr.
»Ach, das wäre für mich viel zu durchsichtig. Aber das trägt man heute so, ja?«

»Allerdings, man will doch seinen Mann verrückt machen.«
»Nicht nur seinen, Schätzchen.«
Eine Blondine in einem Hosenanzug tuscht sich die Wimpern nach.
»Wie ich diese Premieren hasse.«
»Machst du Witze? Es ist ja nahezu die einzige Möglichkeit, mal rauszukommen.«
»Meine lieben Mädels, kann es denn angehen, daß wir nur noch von Premieren leben?«
»Nein, von Luft, Liebe und den lieben kleinen, wundervollen Kindern.«
»Hallo Susanne, na, wen hast du denn da heute bei dir?«
»Ach, einen Jubiläumsmann. Ich habe ihm ja vor Jahren versprochen, wenn bei mir die Nummer 29 abgesagt ist, daß er die 30 sein darf. Und jetzt ist es wohl soweit.«
Geluschel im Hintergrund: »Die muß wohl bei jeder Premiere ihren Zwischenstand bekanntgeben.«
»Aber sie sieht toll aus.«
»Wie bitte? Bei den Krähenfüßen?«

So oder so, interessant ist es auch auf Firmentoiletten großer Betriebe. Ob in der Mittagspause,

»Heute nachmittag bei der Konferenz brat ich dem Koriath eins über.«
»Hattest du eine Audienz beim Chef? Dein Lidstrich ist verrutscht.«
»Ja, er geilt sich daran auf, wenn Frauen weinen.«

beim Kriegsrat,

»Wir dürfen nicht zulassen, daß der Abteilungsleiter eine Marktexpansion aufgrund seiner eigenen Versagensängste ablehnt. Man sollte ihn mit fraulichen Mitteln wieder hochkriegen.«
»Darum soll sich seine Frau kümmern.«
»Nichts da, wir gehen jetzt da raus und kümmern uns um ihn. Über kurz oder lang wird er eh nicht mehr ohne uns auskommen, dann können wir ihn immer noch fertigmachen.«

oder während der Fusions-Konferenz, zwischen zwei Sekretärinnen:

»Ich denke, daß wir gute Lieferbedingungen haben. Da solltet Ihr nicht weiter feilschen, da steht er gar nicht drauf.«
»Aber ohne Rücklageversicherung können wir nicht arbeiten. Darüber schweigt er sich bisher aus.«
»Er wartet nur auf eine Forderung. Da ist er ganz offen.«
»Wenn, dann müssen wir den Mindestbetrag um 10 Prozent erhöhen.«
»Ich meine, das geht klar.«

Also, meine Herren, was meinen Sie, wer die Fusion wohl unter sich ausgemacht hat? Aber lassen Sie Ihre Sekretärinnen ruhig auch weiterhin aufs Klo gehen, sonst werden Sie wegen Nötigung verklagt – und wer macht dann die großen Geschäfte?

Wie man sieht, reden Frauen untereinander und in der wohligen Atmosphäre eines Klos sehr offen miteinander, ohne das übliche Schnickschnackgetue. Auf den Toiletten unserer Häuser, Wohnblöcke und Villen wurden schon zahlreiche Mädchen aufgeklärt, haben sich Schwangere übergeben, Frauen die tränennassen Augen gerieben und mit ihrer Freundin Freud und Leid geteilt und Freud und Schwarzer diskutiert. Männer, die deswegen an Badezimmertüren lauschen, gehören erschossen.
Doch wenn sich Frauen offenbar alles von der Seele reden, sobald sie einen Spülkasten sehen, warum nehmen Männer, die meinen, sie müßten von ihrer Frau noch mehr verstehen, sie nicht einfach bei der Hand und gehen mit ihr aufs Klo?
Ganz einfach. Weil Frauen und Männer in einer jeweils anderen Welt leben und nie das gleiche meinen, wenn sie gleiche Begriffe verwenden. Wenn für eine Frau ein Typ ein Schlappschwanz ist, dann ist er ein Schlappschwanz im wahrsten Sinne der Erfinderin. Meint ein Typ, daß ein anderer ein Schlappschwanz ist,

dann meint er das gesamtheitlich, auf die Lebenssituation des Armen bezogen. Aber das ist nur ein Beispiel.
Die weiteren Probleme der Kommunikation zwischen Männlein und Weiblein liegen daran, daß Männer sich manchmal doof stellen. Bei Problemerörterungen wie »Du pauschalisierst« brauchen sie ein Beispiel, was sie wann wie gesagt haben. Dann ziehen sie sich immer an dem einen Beispiel hoch und stellen es in Frage: »So habe ich das aber nicht gesagt.«
Wenn das letzte Problem bei Erörterungen, die die Sexualität betreffen, aussteht, wird jeder der Teilnehmer stumm.
Ja, selbst ich, die ich hier so freimütig über alles Horizontale daherschreibe, werde stumm, wenn es um mich geht. Ich verliere die Kraft des Formulierens, meine Debattierkunst und überhaupt, starre auf mein Dekolleté und rauche zuviel. Seltsamerweise passiert mir das nur bei meinem Partner, bei Fremden kann ich sogar über die Farbe meines morgendlichen Stuhls schwärmen.
Nun ja, könnte ich zumindest.
Doch woran liegt es, daß Frauen sich unweigerlich verstellen, wenn sie in Gegenwart von Männern reden? Könnten Sie sich vorstellen, einen wie die oben genannten Dialoge auf einer Geburtstagsstehparty zu führen oder mit anzuhören? Ach nein, und wieso nicht? Weil solche Dialoge nur auf Toiletten geführt werden. Wenn Sie mal was wirklich Interessantes hören wollen, dann deponieren Sie vor der Party ein Diktiergerät hinter dem Badezimmerspiegel. Sie werden sich wundern.

Es gibt bestimmt ungefähr 70463 Gründe, warum sich Frauen verstellen und zurückhalten, ein paar davon heißen Angst, Schüchternheit, Arroganz, Überheblichkeit, Klugheit und Desinteresse sowie – es tut mir wirklich nicht leid, das zu sagen – Emanzipation und Feminismus. Aber darauf werden wir viel später kommen, was diese beiden Aspekte der weiblichen Hälfte der Menschheit angetan haben.

Wissen Sie, werte Gentlemen, wenn Sie sich jetzt Sorgen machen über das, was Frauen über Sie auf der Toilette sagen, dann seien Sie gewiß: Sie meinen es für den Moment todernst und müssen gewisse Dinge einfach rauslassen, und zwar in einer Umgebung, wo keiner über das urteilt, wie sie es sagen, was sie sagen oder warum sie es sagen.
Frauen haben übrigens auch keine Lust, dem Typen ins Gesicht zu sagen, was sie von ihm halten. Weil Frauen bis zu einem wohltemperierten Grad wissen, was Taktgefühl und Respekt bedeuten. Vor allen Dingen ihren Vorgesetzten gegenüber. Aber wie gesagt, nur bis zu einem gewissen Grad. Ich kenne Mädchen, die irgendwelchen Idioten vor die Füße gekotzt haben, anstatt sich vornehm umzudrehen.
Aber ich denke, wir müssen jetzt einfach damit leben, daß es in Frauen einen Trieb gibt, der sie aufs Klo treibt und dann ihre intimsten Dinge direkt aus ihnen heraustreibt. Treibt, was sonst.

Aber die Herren der Schöpfung sind auch nicht ohne. Ich habe mich bisher achtmal in Männertoiletten in eine Kabine eingeschlossen (oft die einzige, was entsprechende Buh-Töne verursachte), und mir mal angetan, was Männer so reden.
Natürlich, über Frauen. (»Wow, sie hat aber auch einen kurzen Rock an. Ich frage mich, was sie verkaufen will, wenn sie so dafür wirbt.«). Und über Männer. (»Der Armleuchter hat verkauft, ohne es den Gesellschaftern zu sagen.«). Und, o Graus, über das Wetter. (»Ganz schön kalt heute, nicht?« – Ich habe es zwar nicht gesehen, aber es hörte sich wie eine Entschuldigung für die zusammengeschrumpelte Herrlichkeit an.) Sonst reden sie auch über das Geschäft, aber in derart nichtssagender Weise, daß nie eine Fusion zustande kommen würde. Männer sind ziemlich langweilig auf der Toilette. Sie lästern nicht, sie offenbaren keine Geheimnisse, außer: »Ich trinke«, »ich bin schwul«, »meine Frau betrügt mich« oder im Zweifelsfall »ich betrüge meine Geliebte«. Aber sonst nichts Gehässiges, für das man sie für interessant

halten könnte. Tut mir leid, Männer, aber offenbar habt ihr eben nicht den Trieb, der alles aus euch heraustreibt, außer den, euer Bier in die Ecke zu stellen.
(Jetzt wäre die Frage an meinen Agenten angebracht, ob das zu respektlos ist.)
Also müßte man daraus schließen, daß Männer nicht auf die Toilette gehen müssen (na, wird's schon unappetitlich?), um Intimes loszuwerden, was sie bewegt. Offenbar müßten sie sich ja leichter tun, mit der Wahrheit rauszurücken. Aber sie können es nicht, sie bleiben genauso stumm. Und noch stummer, wenn eine Frau in der Nähe ist. Oder superstumm, wenn es ihre eigene ist.

Und schlußendlich, hochoffiziell und an dieser Stelle, kommen wir nun zum Wesentlichen: Warum Männer und Frauen nicht so über Sex, Erotik und so weiter reden können wie Frauen mit Frauen oder Männern mit Männern. (Mütter und Töchter, Väter und Söhne.)
Eben aus diesem Grund: Weil Frauen Frauen sind und Männer Männer. Na toll, werden Sie jetzt sagen, ist ja was ganz Neues. Aber Frauen fühlen eher wie Frauen und Männer wie eben diese.

Haben Sie sich nicht auch schon manchmal gefragt, warum Sie nicht mit einer Sache rausrücken können, obwohl Ihr Gegenüber doch der Mensch ist, mit dem Sie schlafen?!
Nun gut, aber zu Ihrer Erleichterung ist anzufügen: Sie müssen es auch nicht können. Aber wenn Sie etwas wollen oder nicht wollen, dann können Sie es zeigen. Man muß nicht sofort über alles reden. Dieser sozialpädagogische Quatsch (Verzeihung an alle Studierten – haben Sie nicht auch dieses »stumme« Problem?) von wegen »da sollten wir mal jetzt ganz intensiv drüber reden« ist in meinen Augen bei horizontalen Aspekten zwischen Partnern absolut überflüssig, wenn nicht sogar gefährlich. Man

zerredet es, läßt noch mehr Mißverständnisse aufkommen und kann zum Schluß überhaupt nicht mehr. Da sollte man zur Körpersprache greifen.

Männer und Frauen können also nicht hemmungslos miteinander reden. Bei etwa 90 Prozent der Paare ist das der Fall, die anderen 10 Prozent lügen sich zur Hälfte in die Tasche, bei den restlichen 5 klappt es irgendwie doch.
Wie?
Mit viel Humor, Nachsicht. Und meistens nicht im Bett. Und mit Offenheit, Ehrlichkeit und ein bißchen Selbstironie. Und Selbstvertrauen. Denn wer möchte sich schon beim Partner etwas wünschen, was dieser anders oder besser machen könnte, wenn man den Partner hinterher wieder mental aufrichten muß, weil dieser sich als Versager vorkommt? Selbstvertrauen gehört dazu. Zwischen zwei Menschen, die sich lieben oder so gut wie, herrscht außerdem eine gewisse Sprachlosigkeit, weil Aspekte dazukommen wie: Man will den anderen nicht verletzen oder beunruhigen, man schämt sich oder man fürchtet, der andere könnte es nicht verstehen oder nicht verkraften.

Anders ist es bei gemischten Gruppen, wo keine Liebesbeziehung herrscht. Meist hält man sich zurück mit wirklich ehrlichen, geharnischten Kommentaren, wie sie Frauen unter sich auf der Toilette oder beim berüchtigten Weiberabend loslassen.
Und natürlich würden Männer nicht in der Weise über anwesende Frauen oder überhaupt über Frauen reden, wie es sie zu zweit im Auto tun. Männer reden tatsächlich in Autos, wenn sie irgendwo unterwegs sind, ähnlich wie Frauen auf der Toilette. Die psychologischen Schlußfolgerungen überlasse ich hier aber lieber den Gebrauchtwagenverkäufern und anderen Experten.
Eigentlich müßten uns nun also Autos voller debattierender Männer begegnen und die Toiletten überquellen. Da das nicht so ist, könnten wir jetzt gesellschaftskritisch werden und behaup-

ten: Die Menschen reden nicht mehr miteinander, die Kommunikation beschränkt sich auf harmlose und emotionell ungefährliche Themen. Oder so.

Aber ist es nicht seltsam: Gerade über Sex zu reden ist wahnsinnig interessant. Natürlich mit der richtigen Person an der richtigen Stelle im richtigen Augenblick. Aber das ist interessant, mehr als andere Dinge, und dieses Verhalten bleibt nicht pubertär. Sex ist trotz aller zitierten »Übersättigung« ein verbotenes Ding, und wenn man darüber spricht, wimmelt es von Mißverständnissen, unausgesprochenen Tabus und dem Anklang von Perversität. Es machen – ja klar. Aber darüber reden? Puh! Obwohl es faszinierend ist, bleiben wir stumm, erst recht, wenn wir mit unserem Partner über Sex reden, Sex, der die eigene Person betrifft.

Wenn Sie mit Ihrem Partner darüber reden wollen, was Sie bedrückt, was Sie sich wünschen, was der Partner anders machen sollte, dann tun Sie es. Leichter gesagt als getan, ich weiß. Es muß ja nicht direkt nach dem Akt sein, wenn man anfängt, darüber zu reden, daß es Ihnen nicht gefallen hat. Danach sollte man garantiert nicht reden!

Warum? Weil es roh ist. Und wenn Sie jemanden erwischt haben, der stets danach fragt: »War es gut für dich?«, dann sagen Sie jetzt noch nichts. Grummeln Sie ins Kissen, verschließen Sie den neugierigen Mund mit einem Kuß, oder stellen Sie sich schlafend. Aber direkt danach – nein, bitte keine Leistungsbewertung, wenn es absolut daneben war und Sie die Person aber trotzdem lieben.

Diese Frage »War es gut?« ist mir bisher übrigens noch nicht untergekommen – ich hätte mir nämlich dann die Frage gestellt, ob er das nicht gemerkt hat und ob Männer beim Sex wirklich so mit sich beschäftigt sind, daß sie nicht merken, was unter ihnen passiert.

Manche legen ihrem Partner diskret ein Buch auf den Nachttisch, das sich mit Erotik, sexueller Stimulation oder sonstwas befaßt. Wie persönlich! Wenn Sie mit jemandem schlafen, dann können Sie auch mit diesem Jemand darüber reden. Sex zu haben ist mindestens genauso intim wie darüber reden. Also, warum nicht? Was kann schon passieren? Finden Sie die richtigen Worte, verbannen Sie Vorwurf und Entschuldigung aus Ihren Argumenten und Ihrer Stimme, und versuchen Sie, Feuer und Begeisterung hineinzulegen. Versuchen Sie Ihren Partner zu überzeugen, daß er nicht denken muß, daß er ein Versager ist. Sprechen Sie es gar nicht erst an, also bitte nicht so beginnen: »Denk bitte nicht, daß ich es nicht mag, wie du Sex machst, aber ...«

Das ist unklug. Wenn Sie jemandem sagen, »Denk nicht an einen rosa Elefanten«, was würde ihm wohl als erstes einfallen? Schmeicheln Sie Ihrem Partner, verzichten Sie aber auf Vergleiche mit Verflossenen, Filmstars oder Ihrer Schwester. Bringen Sie ihm Vertrauen entgegen, nach dem Motto: »Ich weiß, daß du es verstehst, und deswegen rede ich mit dir. Ich finde es toll, daß wir beide so offen zueinander sein können.«

Spielen Sie mit Worten, benützen Sie direkte Bezeichnungen, aber werden Sie nicht zu roh. Vermeiden Sie bei einem Gespräch derbe Fäkalausdrücke – das kann später kommen, wenn beide darauf stehen. Aber so manche Frau, die zwar Ihren Vorschlägen nicht abgeneigt ist, verschließt sich bei sprachlich obszönen Vorschlägen eher, als wenn man es »normal« vorbringt. Die Dinge zwar beim Namen nennt, aber auf brutale Ausdrücke verzichtet.

Und letztendlich muß man sich fragen, was man selbst tun kann, nicht nur der andere. Ich kenne viele Frauen, die nicht viel von ihren momentanen Liebhabern halten. Ich frage: Was tun Sie dafür? Sie wollen, daß er mehr als einmal kann. Und? Soll es von selbst passieren? Mit ein bißchen Nachhilfe und manueller Stimulation kann er. Warum sollte sich eine Frau zu schade sein? Hat sie Angst, ihn zu bedrängen und Leistung zu fordern? Meint

sie, er müßte sie von selbst erneut begehren? Kommt sie sich billig und nymphoman vor, wenn sie mehr von ihm fordert?
Meine Damen, vergessen Sie das. Geben Sie dem besten Stück einen Schubs, und kümmern Sie sich um ihn. Schließlich ist es Ihre Lust, und ihm wird es auch gefallen, wenn er merkt, daß Sie ihn begehren!
Okay, das ist das eine. Das andere ist: Die Frauen, die so unzufrieden sind, erzählen mir ganz genau, was sie sich wünschen. Weder einschüchternd noch böse noch sonstwie anstößig. Fein. Sagen Sie es genauso Ihrem Partner. Was, das können Sie nicht? Warum nicht?
Denken Sie über das Warum genau nach. Wenn Sie genug Gründe haben, wägen Sie diese ab, ob sie es wert sind, daß Sie selbst weiterhin ein unbefriedigendes Sexleben haben. Ich finde, dafür gibt es kein Argument. Ein Versuch ist es wert, Sie sind es sich selbst und Ihrem Partner und der ganzen Beziehung schuldig. Wem es noch nicht aufgefallen ist: Man kann nicht alles wissen. Man kann es auch nicht riechen oder jemandem ansehen.
Also: Gespräch vereinbaren. Oder Brieflein schreiben. Aber Sie müssen etwas tun. Sie können es.

Zum Abschluß begeben wir uns noch kurz auf einen Weiberabend.
Dieses Thema bierernst zu nehmen nimmt die Freude. Und wer mag schon Sex ohne Freude?
Wir Weiber sind nicht wie bei Anka Radakovich ein Haufen Künstlerinnen, Autorinnen, Malerinnen oder Börsenmaklerinnen. Wir haben auch nicht mit Stars wie Robert de Niro oder sonstwem geschlafen. Wir reden auch nicht über Nietzsche. Wir sind ganz normale Frauen. Solche, die Männer mögen und von Männern gemocht werden. Solche, wie es sie wirklich gibt. Da hätten wir: zwei Journalistinnen, eine Restaurantbesitzerin, eine Beamtin, eine Jura-Studentin, eine Sekretärin, eine Kos-

metikerin, eine Kellnerin, eine Opernschülerin und eine Pferdenärrin.
Wir trinken Kaffee, Whiskey, rauchen und legen die Füße auf den Tisch. Wir stecken in einer Beziehung, sind solo, glücklich oder unglücklich. Da wir schon gegessen haben, reden wir über das eine. Über Sex.

Nadja:	Mögt ihr Blasen? Oder ist es nur, um endlich Ruhe zu haben?
Kate:	Ich genieße es, ihm einen zu blasen.
Brigitta:	Allerdings. Nirgendwo sonst kann man seine Kaumuskeln so trainieren. Das ist gut gegen Doppelkinn und für die Durchblutung der Haut.
Leila:	Und man ist ziemlich nah mit den Zähnen dran – bei einer falschen Bewegung – und schnapp!
Maike:	Man kann seine Lust kontrollieren.
Tina:	Und ihn so richtig fertigmachen!
Xenia:	Aber schlucken tu ich es nicht!
Nadja:	Tut ihr es für zwei Minuten oder richtig bis zum Finale?
Christine:	Soll ich ersticken oder was? Was ich hasse, ist dieses »Hand-auf-meinen-Nacken-Rumgedrücke«. Da vergeht es mir bald.
Petra:	Stimmt. Und irgendwann tut dann alles weh. Der Nacken, der Rücken, die Augen tränen, die Nase läuft.
Vicki:	Hört sich ja prächtig an! Ich kann mir nicht vorstellen, daß das toll sein soll!
Nadja:	Hast du immer noch nicht?
Vicki:	Nee, ich hab's nicht so eilig. Weißt du doch. Das erste Mal, daß ich einen Zungenkuß bekommen habe, hat mir schon gereicht. So ein dickes Ding im Mund. Uff!
Brigitta:	Stimmt, manchmal weiß man mit einem Schwanz im

	Mund nicht so genau, was man mit ihm anfangen soll. Ich wüßte gern mehr, was ein Typ so mag. Gegen Instruktionen hätte ich echt nichts.
Maike:	Nett vorgetragen natürlich.
Tina:	Stellt euch vor, so direkt am 16. Geburtstag nimmt euch einer an die Seite und erklärt euch genau, wie die Sache läuft!
Leila:	Fände ich gut.
Nadja:	Ach, das lernt man mit der Zeit. Ich blase jetzt auch anders als vor zehn Jahren.
Kate:	Ich denke, Männer stehen besonders darauf, wenn es so aussieht, als ob man es gern macht.
Petra:	Ich habe mich immer gefragt, ob die Jungs mal überhaupt drüber nachdenken, was man schließlich mit dem Spermazeugs anfangen soll. Ich habe es ein paarmal aus dem Fenster gespuckt oder in ein Tuch.
Tina:	Ich lasse es manchmal in seinen Bauchnabel laufen.
Xenia:	Igitt, wenn ich mir vorstelle, wie die kleinen Spermien auf meiner Zunge rumwuseln.
Brigitta:	Ach was, da passiert gar nichts. Runter damit in die Magensäure.
Kate:	Und schon liegt dir seine Familie im Magen.
Vicki:	Wie schmeckt das überhaupt?
Durcheinander:	Fischig. Nach Brie. Nussig. Salzig, Weiß nicht. Lecker. Ziemlich stark. Manchmal so, manchmal so, je nachdem, was er gegessen hat. Eklig. Wie sein Stoffwechsel ist.
Vicki:	Ach so. Klar.
Tina:	Sperma light wäre eine gute Erfindung, so ohne Geschmack.
Kate:	Xenia, weißt du noch, wie dein erster Typ geschmeckt hat? Vielleicht schluckst du deshalb ungern!

Xenia:	Wie er geschmeckt hat? Ich weiß noch nicht mal, ob mir Sex mit ihm nun gefallen hat oder nicht.
Nadja:	Das kenne ich auch. Manchmal erinnert man sich zwar an Einzelheiten, aber ob der Sex insgesamt gut war, daran nicht.
Maike:	Man erinnert sich daran!
Leila:	Manchmal aber auch nicht. Man hat sich damals vielleicht gewünscht, es wäre gut gewesen, weil man nie darüber gesprochen hat.
Petra:	Was soll man mit einem One-Night-Stand auch groß reden. Er soll sich sein Kondom umschnallen, warten, bis ich fertig bin, und wieder abhauen.
Christine:	O Mann, das glaubst du doch nicht wirklich!
Leila:	Wieso nicht? Man ist mit einem halbwegs Fremden sowieso hemmungsloser, weil man sich nicht um seine Gefühle scheren muß.
Kate:	Und man verlangt wie selbstverständlich Sachen, wo man sich sonst eher die Zunge abbeißen würde, als sie zuzugeben.
Vicki:	Ich würde mich auch eher einem Fremden hingeben, das erste Mal.
Maike:	Wißt ihr, was ich echt hasse? Wenn ein Typ sagt: »Entschuldige, ich komme.« Er soll richtig ausrasten und meinetwegen sagen: »O Gott, ist das gut, ja, ich komme« oder auch »Verdammt, ich komme.« Aber dieses Tut-mir-leid-Getue ist blöde.
Nadja:	Ich kannte mal einen, der was so hypereinfühlsam, daß ich fast eingeschlafen wäre. Alles wirkte so sensibel, zärtlich, als ob er zu viele schlechte Frauenzeitschriften gelesen hätte. Dabei hätte ich mir gewünscht, er würde mich einfach aufs Bett werfen und mich nehmen, ohne sich oder mich groß auszuziehen.

Brigitta: Habt ihr nicht auch manchmal das Gefühl, einfach gefickt werden zu wollen?

Allgemeines Jaah!

Christine: Aber die Schwierigkeit ist doch die, daß dann alle wieder glauben, Frauen wollen vergewaltigt werden – was nicht stimmt.

Petra: Frauen wollen einen, der wild ist.

Vicki: Ich weiß nicht. Dauernd liest man in diesen Romanheftchen oder Teenager-Büchern, sogar in Jugendzeitschriften, über den zärtlichen, rücksichtsvollen, einfühlsamen Liebhaber. Wenn das von Frauen geschrieben worden ist, müßte es doch stimmen, daß Frauen so einen wollen?

Kate: Das ist der springende Punkt. Mädchen glauben das zum Teil tatsächlich, daß sie so einen wollen, weil es ihre Heldinnen in den Büchern und Heften auch so wollen. Dabei entwickeln sie kein Verhältnis zum hemmungslosen Sex.

Tina: Ich weiß ja nicht. Ich konnte mir unter den beschriebenen Typen nie richtig was vorstellen. Was bedeutet einfühlsam? Daß er bei jedem Stoß fragt, ob er mir auch nicht weh tut?

Xenia: Ein Mann soll wild und zart zugleich sein. Wie Zartbitterschokolade.

Kate: Er soll eben typisch männliche Attribute haben. Auch Konsequenz, eine gewisse Dominanz.

Leila: Magst du solche Machtspielchen?

Kate: Das sind keine Machtspielchen. Aber ein Mann soll sich auch im Bett wie ein richtiger Mann benehmen. Sonst könnte ich ja gleich mit einer Frau schlafen.

Nadja: Ich mag es, wenn er spannende Dinge mit mir macht. Mir die Augen verbindet oder so.

Christine: Ich mag es, wenn sie die Kontrolle verlieren. Mich absolut begehren und es jetzt brauchen,

	mit mir zu schlafen. Das macht mich unheimlich an.
Tina:	Ich mag es, wenn sie mich dazu bringen, die Kontrolle zu verlieren.
Vicki:	Das hört sich alles ziemlich brutal an.
Maike:	Nein, es ist Leidenschaft. Das Fallen aller Barrieren. Du lieferst dich aus und hast keine Verantwortung mehr für dein Tun.
Petra:	Wie in »Die Geschichte der O«.
Brigitta:	Das ging aber ziemlich weit.
Leila:	Aber es war befriedigend. Ich muß sagen, mich hat die Story scharf gemacht.
Xenia:	Und überhaupt: Männer sollten sich mal so richtig gehenlassen. Es ist wahnsinnig gut, wenn einer sich selbst richtig gehenläßt, stöhnt und unkontrolliert zuckt.
Kate:	Die meisten geben keinen Mucks von sich.
Tina:	Ich will wissen, wann er kommt!
Brigitta:	Die meisten sind tatsächlich zurückhaltend. Vielleicht schämen sie sich. Oder sind einfach verklemmt.
Nadja:	Manche sind viel verklemmter als Frauen. Vielleicht meinen sie auch, sie sind der Frau was schuldig, wenn sie kommen. Man sollte einfach weitermachen.
Christine:	Eben. Und wenn man nicht gekommen ist, gibt es auch noch andere Mittel.
Maike:	Denkst du an Hilfsmittel? Ich würde nie einen Vibrator mit einem Typen benutzen.
Petra:	Warum nicht? Er kann es dir dann so richtig besorgen.
Leila:	Ob mit einem Vibrator, unter der Dusche oder mit den Fingern – in knapp zwei Minuten bin ich soweit. Aber mit ihm dauert es Stunden!
Tina:	Es ist geil, wenn ein Typ es sich selbst macht, und man ist dabei. Er schaut dir in die Augen und macht es sich selbst!

Vicki:	Igittigitt. Aber immer noch besser, als wenn ich das machen müßte.
Nadja:	Ach Vic, das ist alles wirklich nicht so schlimm.
Vicki:	Kann ja sein, aber wie kann einem das nur gefallen?
Leila:	Meine Großmutter würde jetzt sagen: »Warte nur auf den richtigen Mann.« So geht das aber nicht. Man muß für sich selbst ein Gefühl entwickeln, was man will und was man mag.
Christine:	Manche Männer tun aber direkt so, als ob alles von ihnen kommen würde. Als ob man nur daliegt und glücklich auf den erleuchtenden Stoß wartet.
Petra:	Und wenn man den ersten Schritt macht und es ihnen mal so richtig besorgen will, dann kneifen sie den Schwanz ein. Fühlen sich überfordert oder irgendwas.
Xenia:	Wenn man aber längere Zeit mit ihnen zusammen ist, dann fahren sie auf diese Initiative ab.
Kate:	Und irgendwann gewöhnen sie sich daran und tun selbst nicht mehr den ersten Schritt.
Nadja:	Also wie sie es auch anstellen, es ist immer falsch?
Maike:	Ach was, man muß keinen Staatsakt daraus machen. Es einfach tun!
Nadja:	Steht ihr auf Pornos?
Leila:	Ein guter ist nie falsch.
Tina:	Währenddessen kann man es auch tun. Das ist geil, zwei rumvögeln zu sehen und es dann selbst zu machen.
Christine:	Ich weiß nicht, irgendwann kommt immer dasselbe. Von vorne, von hinten, sie lutscht ihn, und er kommt, ihr auf die Brüste.
Xenia:	Es gibt wenige gute, die Frauen anmachen. Die meisten sind blöd, einfach ohne Handlung, das Licht ist schlecht und die männlichen Darsteller einfach zum Kotzen.

Brigitta:	Ich habe mit meinem ersten Freund immer erotische Bücher gelesen. Dabei ist uns ziemlich viel passiert.
Vicki:	Ihr redet nur von Sex. Wollt ihr gar keine Familie?
Tina:	Ohne Sex keine Familie.
Leila:	Kinder? Ohne mich. Ein schreiendes, kotzendes, bepißtes, tapsiges Balg – das fehlt mir noch.
Petra:	Das Kind im Mann erspart der Frau die Schwangerschaft.
Christine:	Warum nicht? Ich fühle mich durchaus reif für so was.
Nadja:	Aber manchmal paßt der Typ einfach nicht. Von wem will man schon Kinder haben?
Xenia:	Zwei, drei Kinder – das ist doch das Schönste.
Kate:	Ich glaube, wir sollten das mit den Kindern sein lassen. Sonst kommt noch die blöde Emanzenfrage: Kinder oder Karriere!
Brigitta:	Ist doch klar: Erst Karriere, dann Kinder. Man muß es eben so schnell wie möglich nach oben schaffen, dann kann man beruhigt die Ente im Ofen garen.
Maike:	Man muß immer irgendwie die Möglichkeit haben, zu wählen.
Leila:	Manchmal reicht auch eine geheime Wahl. Wie bei einem Seitensprung.
Nadja:	Sagen oder nicht sagen, daß ist hier die Frage.
Petra:	Nicht sagen. Sonst macht man damit alles kaputt.
Maike:	Wenn man in den anderen nicht verliebt ist und es nur einmal passiert ist, dann sollte man es nicht sagen.
Tina:	Aber auch dafür sorgen, daß er es nie herausbekommt. Denn dann ist alles im Eimer. Besser, bei Risiken gleich rauszurücken.
Xenia:	Gar nicht erst tun – wie gefällt euch das?
Brigitta:	Denkst du etwa, man kann einem ein Leben lang treu bleiben?
Kate:	Wenn er gut ist schon.

Petra: Wer redet von einem ganzen Leben. Aber in den ersten vier bis fünf Jahren sollte man, wenn man meint, ihn zu lieben, schon treu sein.
Vicki: Wie, und danach ordentlich rummachen?
Petra: Nein, aber danach wäre es verständlicher.
Christine: Ein Seitensprung ist nie verständlich.
Nadja: Aber er passiert. Wie viele von euch haben schon mal?

Fünf Hände heben sich.

Tina: Immerhin die Hälfte, oder sogar mehr, wenn man Vicki nicht mitzählt.
Vicki: Nur weil ich Jungfrau bin.
Nadja: Und wie viele haben es erzählt?

Zwei Hände heben sich.

Christine: Als ich es ihm erzählte, war er geschockt – danach der netteste Mensch von der Welt. Er hat sich angestrengt wie noch nie. Leider war mir das dann auch zu blöd – er war so unterwürfig, wollte nichts falsch machen.
Kate: Meiner ist ziemlich schnell von dannen gezogen. Ich muß sagen, das war auch meine Absicht.
Nadja: Habt ihr schon mal einen Orgasmus vorgetäuscht?
Leila: Klar, wenn es einem einfach zu doof wird, dann zählt man von hundert rückwärts und fängt bei 37 an zu stöhnen.
Christine: Nein, warum sollte ich? Ich betrüge mich damit nur selbst.
Tina: Irgendwie tut man es ja nicht bewußt. Plötzlich fällt einem ein, daß man irgendwie nicht kommen kann. Es geht einfach nicht. Aber um ihn nicht zu enttäuschen, täuscht man ganz einfach.
Maike: Ich finde es genial, wenn Frauen bei der Trennung immer sagen: »Ich habe meinen Orgasmus immer

	nur vorgetäuscht.« Das geht dann so richtig in die Vollen.
Xenia:	Na, ich weiß nicht, ob er sich dann noch als Versager vorkommt, wenn sie sich eh im Streit trennen. Ob er ihr das glaubt?
Petra:	Es trifft ihn zumindest, und bei einer Trennung ist das erlaubt.
Kate:	Wenn es einfach zu lange dauert, bis er fertig wird, und ich noch meine Nägel lackieren möchte oder einfach, daß er endlich von mir runtergeht, dann stöhne ich halt ein bißchen lauter, zucke mit den Lenden und kralle mich in seinen Rücken. Das macht ihn so an, daß er kommt.
Nadja:	Da fällt mir ein blöder Witz ein. Wie viele Orgasmus-Arten gibt es, und wie findet ein Typ namens, sagen wir Peter, es heraus? – Drei. Einmal der fromme: »O Gott, ich komme«, dann der echte: »O ja, ich komme«, und der vorgetäuschte: »O Peter, ich komme.«
Brigitta:	Ich habe jahrelang einen Orgasmus vorgetäuscht und blieb meistens irgendwie unbefriedigt. Da mein Partner natürlich nicht wußte, daß ich vortäusche, konnte ich es ihm auch nicht sagen, was mir fehlt. So wurde ich immer unzufriedener und kam einfach nicht weiter.
Kate:	Klappt es denn jetzt?
Brigitta:	Wenn ich es mir selbst mache, eigentlich immer. Mit einem Typen habe ich da noch Anlaufschwierigkeiten.
Tina:	Ich finde, die Natur war ungerecht zu den Frauen. Die Klitoris liegt einfach zu weit entfernt von dem Scheideneingang, und wenn er auf einem draufliegt, wird sie total vernachlässigt.
Christine:	Dann kannst du doch deine Hand dahin tun.

Maike:	Oder die Oberschenkel anspannen und die Bauchmuskeln nach unten drücken. Oder einfach obenauf sitzen.
Leila:	Klitoral, vaginal – ist doch egal, wie man kommt. Hauptsache, es kommt.
Xenia:	Ich finde es nicht die Hauptsache. Ich bin auch ganz zufrieden, wenn es nicht immer klappt. Das kann ebenfalls sehr lustvoll sein.
Vicki:	Können Männer ohne Orgasmus befriedigt sein?
Petra:	Ich denke, sie neigen da eher als Frauen zu einem gewissen Frust. Warum, kann ich allerdings nicht nachvollziehen. Mir geht es auch ohne »Orgee« ganz gut.
Leila:	Zu allem Überfluß bedeutet Orgasmus nicht gleich Befriedigung. Es gab schon Situationen, wo ich gekommen bin und mich hinterher trotzdem leer und überhaupt nicht ekstatisch gefühlt habe.
Kate:	Das liegt an der Stimmung. Wenn man eigentlich keine Lust hat, sollte man es auch nicht tun.
Brigitta:	Ach ja? Und einfach nein sagen? Ein Mann akzeptiert das nur schwer.
Vicki:	Sagen Männer nie nein?
Xenia:	O, doch. Wenn er müde ist – okay. Wenn er Durchfall hat – okay. Aber irgendeine andere Ausrede ist schon blöd. Männer und keine Lust haben – wo gibt es denn so was!
Tina:	Ich hatte das auch mal. Mach mich zurecht, versuche ihn zu verführen, und er meint: »Nicht jetzt, Schatz.« Und dann schaut er die Sportschau.
Kate:	Zurückgewiesen zu werden ist hart. Man fühlt sich häßlich und nicht begehrenswert.
Petra:	Pah! Die mich nicht wollen, die bekommen mich auch nicht.
Nadja:	Man sieht also, das Leben ist nicht immer schwarzweiß. Man muß auch in den Grauzonen leben können.

11. Kapitel

Schlampen und Schlampen

Seit Einstein den Satz geprägt hat: »Alles ist relativ«, seitdem gibt es nun solche, solche und solche.
Heute reden wir von den Schlampen. Auch da gibt es solche und solche, nämlich solche, die wirkliche Schlampen sind, und solche, die einfach nur »Schlampen« sind.
Die wirklichen Schlampen sind Personen weiblichen Geschlechtes und mit allen negativen Charaktereigenschaften ausgestattet, die man als Schlampe halt so hat: Sie ist fies, böse, heuchlerisch, lügnerisch, eine Intrigantin, manchmal auch noch unglaublich blöde, aber bauernschlau, erpresserisch und dann auch noch manchmal unglaublich gutaussehend.
Wir kennen diese Schlampen, die anderen die Männer wegschnappen oder die eigene Frau beschwatzen, bis sie einen verläßt. Diese Ex-Schlampen, die heute noch um den Mann herumgeistern, ihn mitten in der Nacht anrufen, bloß um ihm zu sagen, daß er sie nie wieder anrufen soll, obwohl er schon seit acht Monaten ihre Telefonnummer verbrannt hat. Diese Schlampen, die immer zu laut lachen und sich lautstark unterhalten, während sie an ihrem Gesprächspartner vorbeischauen. Diese Schlampen, die einen an Frettchen erinnern, die kalte Augen haben und eine rasante Kurvenform. Einfach Schlampen, auf die man stundenlang einprügeln könnte.

Und die mögen wir nicht.

Aber wir mögen die andere Schlampe. Sie ist etwas schlampig, und das macht sie so anziehend. Ihr Lidstrich ist immer um einen Hauch verrutscht, bei ihr zu Hause sieht es aus wie in einer Theatergarderobe während der Generalprobe. Sie kommt zu Rendezvous immer zu spät, aber dann sieht sie so verdammt verrucht schlampig aus, daß sie die Versuchung in Person ist. Ihre Küsse schmecken meist nach Rotwein und Zigaretten, und sie selbst riechen nach Chanel No. 5 oder Duftseife mit einem Hauch Angstschweiß, der betörender ist als alle Chanel-Nummern zusammen. Die wenigsten ihrer halterlosen Strümpfe überleben mehr als drei Tage, denn mit ihren nachlässig lackierten Fingernägeln reißt sie sie manchmal auf. Doch irgendwie paßt das alles zu dieser Art Schlampe, sie sieht nie billig aus, sondern herrlich verrucht.

So eine Schlampe zu sein macht Spaß. Schlampen überdauern auch so seltsame Trends wie die der Girlies, Zicken oder Babes. Schlampen sind unwahrscheinlich weiblich, sie pfeifen auf Emanzipation und Feminismus, denn sie wissen genau, daß es wunderbar ist, eine Schlampe zu sein, die auch so wunderbar durchs Leben kommt, ohne wüste Parolen zu kreischen oder sich bei der Bundeswehr durch den Dreck zu wälzen.

Schlampen machen allerdings nicht für jeden die Beine breit, auch wenn Männer bei Schlampen das denken.

Schlampen, wie ich sie mag und wie ich gern eine bin, tragen rote und schwarze Unterwäsche, Strapse und schwarze Strümpfe, rauchen im Bett und lachen, wenn der kleine Mann mal rausrutscht. Eine Schlampe zu sein ist schön, denn Schlampen dieser Art sind gelassen, tolerant und begeisterungsfähig.

Schlampen sind edler als Girlies, liebenswerter als Zicken, aufregender als Diven, leckerer als Pizza und lebensfähiger als Emanzen.

Schlampen reden gern über Sex und haben kein Problem damit, das Wort Analverkehr in den Mund zu nehmen. Männer können in ihrer Gegenwart schmutzige Witze reißen, ohne zu befürchten, einen mitleidig-erbosten Blick zu ernten. Und deswegen lieben Männer Schlampen, weil sie bei ihnen keine Angst haben (müssen).

12. Kapitel

Der Seitensprung

Erst mal kommt jetzt natürlich der erhobene Zeigefinger: Wer fremdgeht, ist nicht fähig, eine Beziehung zu führen; wer fremdgeht, ist ein Egoist; wer fremdgeht, sollte sich schämen.
Gut, das hätten wir. Aber weil man manche Dinge nicht so ernst nehmen sollte, kann man auch dieses Thema mit der gebührenden Portion Humor angehen.
Hier nun die goldenen Regeln für den Seitensprung – ob man nun in einer Beziehung steckt, verheiratet ist, ob Mann oder Frau:

1. Nie im eigenen Bett.
2. Immer diskret. Also schweigen, schweigen, schweigen. Oder zur Beichte gehen.
3. Nie den eigenen Namen oder Nachnamen benutzen, wenn man sich im Hotel trifft oder im Büro des Seitensprungs verabredet.
4. Ehering abnehmen.
5. Kleiderbürste und starkes Deo zur Vermeidung von verdächtigen Haaren und fremden Düften mitnehmen – oder danach eine Stunde in die Kneipe setzen: Das übertüncht wirksam jeden Fremdgeruch durch Brathähnchen, Bier und Rauch.
6. Kondomentsorgung unauffällig vornehmen.

7. Visitenkarten mit dem Namen eines Freundes im Schnellautomaten für zwei Mark drucken lassen und bei Verdacht vorzeigen, Motto: Da war ich.
8. Nie mit Verwandten oder gemeinsamen Bekannten, dem Chef oder Arbeitskollegen, kurz gesagt: nicht auf der eigenen Kostenstelle ein Verhältnis anfangen. Und wenn, dann die restlichen Punkte peinlich genau beachten.
9. Nie Lokale oder Hotels besuchen, in denen man mit seinem Partner normalerweise verkehrt.
10. Bahnfahrkarten oder Taxiquittungen zum Rendesvous verschwinden lassen oder gleich dem Steuerberater zukommen lassen – ist natürlich übel, wenn Ihr Partner Ihre Steuer macht.
11. Wenn man ertappt wird: alles abstreiten.
12. Zur Vermeidung des Verdachtes den Partner mit Informationen füttern: »Ich war heute bei XXX, wir haben dies und das gemacht«, und zwar unaufgefordert – auch und besonders, wenn es die Wahrheit ist.
13. Die Wahrheit wird nicht geglaubt – also eher näher an der Wahrheit als an der Lüge leben und erzählen.
14. Danach eben nicht wegen einem schlechten Gewissen freundlich zum legalen Partner sein. Schon so mancher, der nach einem Fehltritt plötzlich zu Hause mit Blumen und Konzertkarten ankam, wurde eher verdächtigt, etwas angestellt zu haben, als die, die sich wie immer eklig benahmen.

14 Regeln sollten es sein, wenn es denn mal passieren sollte.

Der Seitensprung an sich ist eine Sache, von dem gewisse Frauenzeitschriften schreiben, er würde die Beziehung beleben. An sich ist er aber eine zeitaufwendige, stressige, und, nach einer gewissen Zeit, nervenaufreibende Angelegenheit, die einen ständig zum Lügen zwingt.

Es gibt verschiedene Seitensprünge aus den vielfältigsten Gründen, die natürlich auch immer eine spezielle Ausrede erfordern:

1. Der Gelegenheitssprung:
Wie der Name schon andeutet, passiert dieser Fehltritt aus einer möglichen Gelegenheit heraus. Gelegenheit macht Liebe: Der Partner ist grad in Urlaub, man selbst hat fünf Kilo abgenommen und ist von einem alten Freund auf eine Party eingeladen. Weil man nichts Besseres zu tun hat, geht man hin. Zufällig ist da noch jemand ohne Begleitung. Man läßt sich fallen, driftet ein wenig aus der Realität und »vergißt«, daß man eigentlich fest gebunden ist. Die passende Ausrede lautet: »Es ist einfach so passiert.«
Nun, dazu läßt sich gleich mal eins feststellen: Nichts passiert einfach so, und eine gewisse Grundbereitschaft muß von vornherein gegeben sein; wenn auch nicht bewußt, so zumindest in dem verflixten Unterbewußtsein, das ja bekanntlich schon viel früher Bescheid weiß, wenn etwas im argen liegt.
Und das irgendwann, wenn man es noch gar nicht so richtig mitbekommt, grünes Licht für alle Eventualitäten gegeben hat.
Überlegungen danach: Sagen oder nicht sagen? Kleiner Tip vom Küken: Erst mal überlegen, was mit der Beziehung los ist. Ist sie noch zu retten, dann sollte man tunlichst den Schnabel halten. Wenn nicht, bloß nicht als Trennungsgrund den nächtlichen Fehltritt mißbrauchen – ihn aber ruhig verschweigen, denn es ist offenbar eh alles zu spät.

2. Der geplante Aussetzer:
Zeichnet sich aus durch eine systematische Suche nach einer horizontalen Abwechslung. Jedes Wesen mit zwei Beinen, das bei »drei« noch nicht auf dem Baum ist, gehört dem Unbefriedigten. Beliebte Ausrede: »Ich muß zu mir selbst finden« oder »Du engst mich ein«, oder immer wieder gern: »Ich glaube, diese Beziehung gibt mit nichts mehr, was meinst du?«

Wer so lebt, der braucht keine Beziehung, sondern ein Abo von der städtischen Sauna. Oder weniger hart gesprochen: Wollen Sie wirklich rumvögeln und danach erwarten, ohne großen Aufhebens in die wohlige Wärme einer Zweierkiste zurückzuspringen, wo Sie statt Abenteuer Ruhe und Sicherheit erwarten, und bei Bedarf jederzeit ausbrechen zu können? Könnten Sie das dulden? (Jetzt mal unter uns, nicht nach dem Motto: »Wenn ich das mache, kann mein Partner das doch auch tun.«). Sehen Sie. Also trennen Sie sich lieber, anstatt da rumzudödeln und den Partner mehr zu verletzen, als er es eigentlich verdient hat.

3. Der genehmigte Fehltritt:
Im gegenseitigen Einverständnis nimmt sich jede der an einer Lebensgemeinschaft teilnehmenden Personen bisweilen oder kontinuierlich über längere Zeiträume hinweg wechselnde Sex-Partner; man weiß es, manchmal spricht man darüber, aber sich deswegen zu trennen – warum denn. Ist doch schön hier.
Vorteil: Keine Ausreden mehr. Nachteile: Wenn einer nicht mehr bei diesem Spiel mitmachen will und der andere keinen Gedanken daran verschwendet, sich von seinem liebgewonnenen Umtopfen zu verabschieden, leidet mindestens einer. Und ich meine jetzt nicht denjenigen, der noch weiter außer Haus ißt.

Sie werden, geneigter Leser und anmutige Leserin, sich jetzt wahrscheinlich denken: Und hier kommt er doch noch, der erhobene Zeigefinger, der vorwurfsvoll auf die Moral deutet.
Aber nein, ich mache noch einmal deutlich: Bis auf Punkt 2 und 3, wo Sie als Nutznießer meiner fein ziselierten, psychologischen Ergüsse in den zweifelsfreien Genuß kommen, angepöbelt zu werden, plädiere ich dafür, einen mehr oder weniger ungewollten Seitensprung nicht zu beichten. Beichten tut weh und ist bei der Fortführung einer Beziehung ein Klotz am Bein, den man bis auf ewig und drei Tage mit sich rumschleppt. Und für die ganz zart Besaiteten unter uns, die es nicht für sich behalten

können und sich standhaft weigern zu flunkern, hier noch ein kleiner Tip:
Dann lassen Sie das Fremdgehen doch!

Meine Mutter – im übrigen eine Meisterin der Verführung – sagte immer, daß man jederzeit schauen kann, ihn sich aber nicht gleich reinstecken muß. Wie recht sie hat! Passiert es doch zu häufig, daß man sich danach nicht mehr das geringste zu sagen hat.
Ich kenne einen Mann (bei dem einen blieb es nicht), der – nennen wir ihn mal Tom – ist verheiratet. Seine Frau – nennen wir sie mal Biggi – ist eine ganz wundervolle, verständnisvolle und auch sonst Vollfrau. Als er sich in sie verliebte – vor neun Jahren – war es so, als ob ein Schmetterling seine Brust streichelte. Sagte er. Tom hat ungefähr fünf bis siebenundzwanzig Geliebte, je nach Wochenform. Wenn ich für ihn Telefondienst gemacht habe, hatte ich mit diversen Theresas, Simones, Idas, Judiths und Lottis zu tun, die alle diesen gewissen sehnsuchtsvollen Ton in der mädchenhaften Stimme hatten. Meistens verliefen die Gespräche ungefähr so: »Apparat Benschel« – »Öh, hallo, ist Tom, ähm, Herr Benschel da?« – »Nein, der hat gerade einen Außentermin. Kann er Sie zurückrufen?« – »Ehm, nein, ja, ich weiß nicht.« – »Soll ich vielleicht etwas ausrichten?« – »Hm, ja, also Donnerstag, da habe ich keine Zeit.« – »Gut, und von wem darf ich das ausrichten?« – Stille. Dann: »Er weiß dann schon Bescheid.«
Natürlich wußte er nicht Bescheid. »Donnerstag? Diesen Donnerstag? War das Julia? Oder Merit? Hatte sie eine tiefe Stimme, oder hat sie genuschelt?«
Tom behandelte seine Geliebten vorzüglich. Er behandelte auch seine Frau vorzüglich. Nur er selbst blieb manchmal ziemlich auf der Strecke. Er ist der lebende Beweis dafür, wie man für das Vergnügen des Seitensprunges zuviel Zeit vergeudet, zuviel Geld ausgibt und von sich selbst zuviel hergibt.
Natürlich stellt sich die Frage – wenn ich schon seinen Telefon-

dienst machte und mehr von seinen horizontalen Aktivitäten wußte als seine grundgütigste Gattin – ob ich auch. Na ja, von seiner Autorin möchte man schon so einiges wissen. Aber: Nein.
Schade eigentlich. Hätte gern mal gewußt, warum die Damen immer so eine Sehnsucht nach ihm haben.

Aber es gibt ja noch die andere Seite des Seitensprungs: die der Geliebten oder des Liebhabers. Dreimal dürfen Sie raten, was auf mich zutraf.
Ich gestehe: Ja, ich war die Geliebte eines verheirateten Mannes. Ja, ich war auch mal der Gelegenheitssprung eines gebundenen Mannes.
Und ja, es hat mir Spaß gemacht.
Igittigittigitt.
Natürlich hatte ich meine Skrupel. Aber die sieht man im Bett ja nicht. Und als dann die Kiste kam mit: Ich will mit dir leben und so weiter, da vergaß ich, wie man Gewissensbisse schreibt. Er – nennen wir ihn mal Fjodor – beschrieb seine Frau als jemand, der nie Fragen stellte, weil sie wußte, sie würde keine Antworten bekommen. Sehr klug. Natürlich war es klar, daß er sie nie verlassen würde. Auch nicht, als er sagte: Wenn ich nicht schon verheiratet wäre, würde ich dich bitten, meine Frau zu werden. Also bitte, das kann ja jeder Verheiratete sagen!
Ich wachte wieder auf, als er mich genauso betrog wie seine Frau. Auch wenn er dabei die ganze Zeit an mich dachte. Mei, Kinder, isses nicht schön? An mich gedacht. Dabei. Während er sein Ding einem anderen Huhn unten reinschob und dabei gleich seine Frau, seine Geliebte und wer weiß noch wen betrog, dachte er wenigstens an mich. Na fein, dachte ich und schnappte mir seinen besten Freund. Wie im Kindergarten. Ich habe mich fast ein halbes Jahr aufgerieben und kam auf keinen Konsens. Bis ich alle Anwärter, Stammhasen und alte Verehrer auf einmal abschoß. Da hatte ich zwar niemanden mehr, wegen

dem es sich lohnte, die Haare zu kämmen, aber ich hatte meine Ruhe, und sie konnten wieder gegenseitig in ihrer Clique beiseitespringen.

Nun gut, was haben wir daraus gelernt?

1. Wenn Sie sich darauf einlassen, daß Sie jemand mit fester und sogar legalisierter Bindung aufs Laken zieht, dann denken Sie an die Statistik, wonach derjenige in 80 Prozent aller Fälle immer bei seinem Partner bleiben wird. Schon wegen der Kinder, der Erbschaft oder weil der Schwiegerpapa sein Boß ist.
2. Es wird immer geheimbleiben müssen. Ihre Freude können Sie niemandem mitteilen. Sie werden platzen!
3. Falls Sie selbst fest gebunden sind und praktisch ohne die Gefahren, die eine Verliebtheit mit sich bringt, Ihr Vergnügen haben wollen, dann ist ein anderer Verheirateter genau richtig. Beide gebunden, beide ohne Absicht, ihren Partner zu verlassen, und beide mit zuviel Zeit in der Mittagspause. Toll. Bleibt nur das Gewissen, das man verheimlichen muß. Ihre Sache.
4. Falls die Verbindung doch mit einem Happy-End für Sie beide klappt, gibt es zumindest einen, dem Sie das Glück gestohlen haben. Dem Ex-Partner. Der wird sich entweder fürchterlich rächen, oder die Natur wird wie immer in diesen Fällen für ausgleichende Gerechtigkeit sorgen: Ihr Ex-gebundener-jetzt-neu-verheirateter-wie-auch-immer wird in ein paar Jahren das gleiche Spiel noch einmal treiben. Und unter Umständen wird Ihnen das Glück gestohlen. Es gibt halt solche, die eine Beziehung erst dann so richtig genießen, wenn sie heimlich ist. Mein Tip: Lassen Sie den ihrer-meiner-unserer-keiner-Typ ins Hotel ziehen. Da kann er machen, was er will. Auch heimlich, obwohl ein gutes Hotel alles mitkriegt.
5. Es gibt ja solche und solche, die sich das Vergnügen eines außerehelichen Verhältnisses gönnen. Die popeligen, die einen vor dem Parkhaus abholen, in die Wohnung fahren (nicht

die eheliche), fummeln und einen dann schweigend wieder vor dem Parkhaus absetzen. Da muß man schon verliebt sein, um das mitzumachen. Und dann gibt es die Cheftypen, die, egal wo man ist, über einen herfallen, sich danach die Krawatte richten und sich zum Abschied umdrehen und zwinkern. Hier ist ein trockener Humor angebracht, um das zu ertragen. Die dritten sind die Janus-Menschen. Bei ihrem Partner sind sie zickig, geizig, nüchtern. Bei dir zuvorkommend, großzügig und romantisch. Sie zahlen das Essen, kaufen Klamotten, starten zärtliche Telefonanrufe. Nur schade, daß das halt eine Masche ist. Genießen und schweigen. Und dann gibt es die richtig knuddeligen, die eigentlich ein schlechtes Gewissen haben, aber es trotzdem immer wieder tun, die auch mal ein ganzes Wochenende von zu Hause wegbleiben, dann wieder für drei Monate mit sich selbst unzufrieden sind, um dann wieder die Hände nicht stillhalten zu können. Nachsicht haben und sich derweil um anderes und andere kümmern.

Wenn mein Agent mich fragt, ob ich das alles aus eigener Erfahrung weiß, muß ich wohl lügen. Ich werde statt dessen behaupten, daß viel Phantasie dabei wäre. Denn manchmal ist Phantasie viel gesünder als ein Seitensprung. In physischer und psychischer Hinsicht. Und das können Sie mir glauben.

13. Kapitel

ૐ

Medien, Klischees, Großmütter und Sex

Manchmal könnte ich sie alle schlagen. Jeden einzelnen von ihnen, der gequirlte Scheiße über alles verbreitet, was mit der horizontalen Rollerei zu tun hat, einschließlich der Zeit davor und danach. Man nehme doch einfach mal nur eine schlichte, überregionale Tageszeitung mit dem Namen *Blub*. *Blub* wendet sich also an die weiblichen Leser: »Männer & Sex. Nehmen Sie sich doch bitte mal zwei Minuten Zeit, meine Damen.«
Also, das erste ist offensichtlich – man wendet sich an alle, die als IQ ihren Brustumfang angeben, denn jeder andere ist in weniger als zwei Minuten mit diesem Fischeinwickelpapier namens *Blub* fertig.
Aber zurück zu der Erkenntnis von *Blub,* die jetzt der Hausfrau und sämtlichen anderen 5 999 999 täglichen Lesern nahegebracht wird: »Der Weg zum Herz eines Mannes führt nicht durch den Magen – lieber haben wir eine ausgeglichene Partnerin mit Spaß am Sex als eine gestreßte Meisterköchin.« Na, Mahlzeit. Das hört eine Frau, die jeden Abend um 18 Uhr von ihrem Männe mit den Worten begrüßt wird: »Was gibt es zu essen, Schatz?« natürlich gern. Nach den Worten von *Blub* sollte sie also sagen: »Ach, Liebling, was soll das Essen, nimm mich auf der Herdplatte.« Tolle Idee, nicht wahr? Nach kurzer Zeit wird Männe sich wünschen, einmal ein ganz normales Leberwurstbrot zu bekommen, statt sich durch die ganze Einbauküche bumsen zu müssen und danach mit Gyros vom Pakistani gegenüber abgespeist zu werden.

»Das Playmate des Monats ist keine Bedrohung – den Appetit holen wir uns gern mal woanders, aber am liebsten essen wir zu Hause.« Also doch zu Hause essen? Na klar – das Playmate ist natürlich keine Bedrohung. Aus dem einfachen Grund: Unsere liebenden Ehegatten würden das Spielteil des Monats auch gar nicht bekommen. Aber gleich der nächste Hammer: »Für uns sind Sex und Liebe nicht dasselbe. Wir wissen, ein Seitensprung ist nicht die feine Art« (ach, tatsächlich), »doch meistens ist es nur der Sex, kein Funke Liebe. Verzeiht uns!«
Wie bitte? Nur zu Hause essen, aber eigentlich auch nicht, und wenn der Appetit überhandgenommen hat, auch noch Beifall klatschen? Entweder wollte der Autor damit jemand ganz Besonderem (seiner Ehegattin?) etwas ganz Besonderes sagen (bitte laß mich nicht länger im Treppenhaus schlafen), oder diese Punkte, zu denen sich noch sechs mehr oder weniger dreiste hinzugesellen, sind ein gezielter Angriff zur Verwirklichung der Volksverdummung. Die restlichen drehen sich um Themen wie »Geht zärtlich mit unserem besten Stück um, seid offener für Experimente, wir mögen nicht nur immer Liebe im Dunkeln.« etc. Wenn diese neun Tips auch nur einem Paar in Zukunft berauschende Liebesnächte beschert haben, dann können Sie, werter Leser, sinnliche Leserin, jetzt, sofort und an dieser Stelle dieses Stück Fast-Literatur verbrennen oder als Untersatz für Ihren Wasserhocker benützen.
Aber, im Vertrauen, tun Sie's nicht.

Das war jetzt nur ein kinkerlitzchenkleines Beispielchen für die Macht der Medien über unsere Betten und was sich in ihnen abspielt. Denn nicht nur für Frauen öffnen sich Abgründe, auch Männern wird ganz übel, wenn sie mal eine Weile die aktuellen Tips und Ratschläge in den angesagten Frauenmagazinen verfolgen. Mindestens sechs Liebhaber braucht die Frau, steht da meinetwegen. Oder auch »die neue Treue«. Oder wie es mit jüngeren, älteren, reichen, armen, brutalen, sanften, großen, klei-

nen, dicken, schwulen, schwarzen oder grünen Männern ist und wie toll, wie empfehlenswert, wie aufregend.
Irgendein Magazin erhebt bestimmt die Hundestellung zum Favoriten des Jahres, im nächsten Monat wird die geruchslose Liebe proklamiert. Und dann kommen noch die guten Psychoonkel und Esoteriktanten, die uns erzählen wollen, wie wir eine Trennung verschmerzen, Rache nehmen, den Mann der besten Feindin ausspannen, den Bauch wegkriegen usw. Nichts gegen Psychonkel und Esoteriktanten; meist hat ein geschickter Redakteur die richtigen Fragen gestellt und die Antworten passend nach seinem Motto umgeschrieben. Es gibt schätzungsweise zwanzig Frauenmagazine am Markt und zwanzig andere Magazine, die sich ebenfalls dann und wann (also jedesmal, wenn es auch nur ein Achtzeiler ist) mit dem Thema Sex, Erotik oder Sinnlichkeit beschäftigen. Jeden Monat neue, andere Erkenntnisse, und das schon seit Jahrzehnten!
Aber eigentlich – das wissen Sie, das weiß ich, das wissen die bedauernswerten Verleger und Chefredakteure – ist es ein einziger Aufguß, eine Umformulierung längst bekannter Fehlinformationen und eine Zusammenwürfelung von den üblichen Begriffen, die auch ein Zufallsprogramm hätte erstellen können. Das kann sich eigentlich nur die *Bravo* erlauben, weil dort die unwissenden Generationen immer wieder nachwachsen.
Aber was erzähle ich Ihnen, Sie wissen es selbst am besten.

Eigentlich müßte es uns allen doch verdammt gutgehen, bei diesen zahllosen unfehlbaren Ratschlägen, die uns unter die Nase gehalten werden. Sogar die nächsten Anverwandten sparten in unserer Jugend nicht damit. Ich zitiere meine Großmama, wohlwissend, daß sie alles dementieren wird: »Wenn du was von einem Mann willst, dann halte ihn hin. Lasse ihn nicht merken, daß du an ihm interessiert bist. Entzieh dich, und geh auf keinen Fall in den ersten zwei Monaten bis zum Äußersten.« Und was hatte Opa dazu zu sagen? »Junge, wenn du dich ernsthaft für

eine Frau interessierst – und damit meine ich wirklich, nicht nur was für die Nacht – dann gehe langsam, aber stetig vor. Sei ihr Freund, mach dich unentbehrlich, bringe ihr kleine Aufmerksamkeiten mit. Und ganz beiläufig erzählst du ihr von anderen Frauen. Da wird sie schon merken, was sie an dir hat.«
Ach, Sie sagen, das waren IHRE Großeltern. Nee, kann nich' sein. Oder doch? »Schlafe nie mit einem Mann schon am ersten Abend. Halte dich zurück, wenn du merkst, daß du ihr gefällst. Sex ist nicht das Wichtigste. Wenn er eine andere hat, frage nie danach. Eine Frau stumpft ab, wenn sie viele Männer hat. Mach dir nichts draus, sie war eh nicht die richtige für dich. Seid immer ehrlich zueinander. Ein Ehepaar hat keine Geheimnisse voreinander.« Muß ich noch weiterreden?
Schade, daß sich solche Erziehungsmaßnahmen, Mediengequatsche und Selbstzweifel festsetzen wie eine Blutblase an der Ferse. Und wenn man sich den Schuh wieder anzieht, tut sie weh, und man fragt sich, ob man sich seine Schuhe (Erkenntnisse) nicht lieber doch selbst ausgesucht hätte. (Ich finde diesen Vergleich sehr gelungen.)
Dabei kommt es wirklich nur auf Ihre Empfindungen an, Ihre Instinkte, Ihren Glauben an sich selbst. Wenn Sie meinen, daß es sich richtig anfühlt, mit einem Mann gleich am ersten Abend zu schlafen, dann tun Sie es. Wenn Sie meinen, daß es besser wäre, Sperma nicht zu schlucken, dann lassen Sie es halt. Wenn Sie fühlen, daß es ganz in Ordnung ist, wenn man nur einmal kann, dann ist es okay. Sie sind ein Mensch, und Ihre Gefühle sind nun mal Ihre eigenen Gefühle. Niemand kann sich erheben zu sagen, diese Gefühle sind richtig, falsch, gut oder schlecht. Sie sind Ihr eigener Meßpegel. Für Ihre Gefühle können Sie niemanden verantwortlich machen, und niemand kann sie Ihnen wegnehmen oder lächerlich machen.
Moment mal! Und was ist mit den ganzen Egoisten, die genau aus diesem Grund über anderer Leute Gefühle hinwegtrampeln und ihre Gefühle nach vorne drängen und verteidigen? Die mit

einem anderen schlafen, weil sie es für richtig halten (für sich, versteht sich), und drei Tage später wieder mit jemand anderem, weil sie es für wichtig halten (für sich, versteht sich)?
Also Leute, das ist hier jetzt kein Aufruf zur hemmungslosen Selbstverwirklichung oder Rumbumserei. Es geht doch hier darum, eine Linie in die Klischees aus Funk, Fernsehen und Mamas Mund zu bekommen. Ist aber gut, daß wir mal darüber gesprochen haben.

14. Kapitel

ಎ

**30 Dinge, die Sie wissen sollten,
bevor Sie mit einem Mann
oder einer Frau ins Bett gehen –
und 20, die Sie überhaupt nichts angehen**

Ein Aufruf an die Damen:

Die Standards:
1. Ist er verheiratet? (Weil Sie sonst eines Tages der Ehefrau gegenüberstehen, die Sie wahlweise umbringt oder anfleht, ihren Mann in Ruhe zu lassen.)
2. Ist er schwul? (Dann können Sie sich die Mühe mit dem zweistündigen Aufbrezeln sparen.)
3. Für wie viele uneheliche Blagen zahlt er Alimente, und wenn nicht, warum nicht? (Werden Sie jemals ein Wochenende allein sein?)
4. Seinen Namen. (Damit Sie nicht aus Versehen beim Orgasmus Fred rufen, wenn er eigentlich Hans-Dieter heißt.)
5. Ob sein bester Freund besser aussieht. (Weil Sie sich sonst unweigerlich in ihn verlieben werden, wenn alles zu spät ist.)
6. Ist die Bräune in seinem Gesicht echt? (Oder hat er kein Geld für Urlaub?)
7. Hat er eine Freundin? (Die zufällig auch Ihre ist.)
8. Ist er nur auf die Grätsche aus? (Damit Sie sich das Frühstück sparen können.)

9. Möchten Sie gern mit ihm aufwachen? (Oder stört Sie sein Schnarchen?)
10. Würde er Ihnen sein Auto leihen? (Wohin zum Teufel wollen Sie damit?)

Die Zusätze:
11. Sagt er zu Punkt 10 ohne zu zögern ja, oder würde er fragen: Wofür denn zum Beispiel? (Dann traut er Ihnen nicht.)
12. Ist er Einzelkind, Nesthaken oder Erstgeborener? (Und Sie?)
13. Hält er den G-Punkt für ein Autozubehör? (Dann lutscht er auch nicht an Ihren Zehen.)
14. Wie ißt er eine Feige? (Genauso ungeschickt stellt er sich bei der Suche nach Ihrem Kitzler an.)
15. Kann er einen Van Gogh von einem Gauguin unterscheiden? (Dann schleppt er Sie womöglich noch in eine Ausstellung anstatt zu sich nach Hause.)
16. Wie hoch ist die Zahl ganz unten rechts auf seinem Kontoauszug? (Vielleicht pumpt er Sie bald an.)
17. Ist er in Sie verliebt? (Und wenn schon.)
18. Kann er verlieren? (Oder will er immer oben liegen?)
19. Hat er Schiß vor seinem Chef? (Dann sollten Sie den doch mal zu sich einladen.)
20. Was für ein Sternzeichen ist seine Mutter? (Oder war ihm sein eigener Geburtstag immer wichtiger?)

Die Extras:
21. Was macht er samstags gegen 18 Uhr? (Sportschau?)
22. Ist er eifersüchtig auf Ihre Vergangenheit? (Dann sollte er zusehen, daß er nicht bald dazugehört.)
23. Trägt er weiße Socken? (Wer weiße Socken trägt, ist impotent.)
24. Was macht er, wenn er nicht gerade Sie anbaggert? (Andere anbaggern.)

25. Weiß er, wie man Ihre Seidenunterwäsche wäscht? (Oder wäscht er immer noch mit achtunddreißig bei seiner Mutter.)
26. Wo ist er am Wochenende? (Wenn Sie das jetzt noch nicht wissen, bestimmt nicht bei Ihnen.)
27. Seine Telefonnummer. (Damit Sie ihm Pizzen schicken können, die er nicht bestellt hat.)
28. Seine drei Lieblingstiere. (Das erste bedeutet, wie er sich sieht, das zweite, wie ihn andere sehen; und das dritte, wie er wirklich ist.)
29. Sein Lieblingsbuch. (Oh, er kann lesen.)
30. Nimmt er Drogen? (Sollte wenigstens teilen.)

Und das geht Sie einen feuchten Kehricht an (und damit sollten Sie auch nicht Ihre Vorfreude verderben):

1. Wie lang sein Dingsbums ist. (Männer übertreiben immer.)
2. Ob er hinterher pieselt. (Das werden Sie noch merken.)
3. Ob er weiß, was seine Jugendliebe heute so macht. (Dann ruft er sie noch an.)
4. Ob er nach dem Essen den obersten Hosenknopf aufmacht. (Wenn Sie soweit sind, dann sind Sie schon mit ihm verheiratet.)
5. Ob er als Knabe Weitspritzen mit seinen Freunden betrieben hat. (Können Sie sich nicht über was anderes unterhalten?!)
6. Ob er auf blond steht, obwohl Sie brünett sind. (Dann würde er jetzt nicht mit Ihnen im Bett liegen.)
7. Ob er Sie heiraten würde. (Moment, ich dachte, wir wären uns darüber klar, daß Sie erst mal mit ihm ins Bett wollen?)
8. Wie es mit den anderen war. (Was wollen Sie jetzt hören – daß diese um Klassen besser aussahen und nicht so dumme Fragen gestellt haben?)
9. Wie er eigentlich ohne (mit) Bart aussieht. (Wieso?)
10. Warum gibt er nicht das Rauchen auf? (Frauen rauchen eh mehr.)
11. Ob er viele Frauen anmacht, und wenn, wo und wie. (Wenn

ja, dann hat er die genauso aufgerissen wie Sie, also was soll das?)
12. Wie viele Frauen er hatte. (Nie genug.)
13. An was seine letzte Beziehung gescheitert ist. (Er hat Sie kennengelernt.)
14. Ob er es an diesem Ort schon öfter mit Frauen getrieben hat. (Na und?)
15. Ob er Sie morgen anruft. (Sonst darf eine Frau einen Mann tatsächlich anrufen – aber nur einmal, dann ist er dran.)
16. Ob er gerade Durchfall hat. (Sie müssen seine Hausärztin sein.)
17. Ob er Schulden hat. (Wieso, wollen Sie sie bezahlen?)
18. Welche Schweinereien er in seiner ach so bewegten Vergangenheit getrieben hat. (Wollen Sie Komplexe bekommen, weil Sie nicht die europäische Version der chinesischen, fliegenden Wildgänse kennen?)
19. Warum er 53 Kondome in der Tasche hat. (Zum Aufpusten, um sie als Ballons an Kinder zu verschenken, wohl kaum.)
20. Warum er dieses Buch hier nicht gelesen hat. (Weil er dann genau wüßte, was er im Gegenzug SIE nicht fragen dürfte, wie?)

Und nun zu den Herren, die sich bemüßigt fühlen, ihre etwaigen Kenntnisse aus dem Bereich »In welches Fettnäpfchen trete ich heute?« zu vervollkommnen:

Die Standards:
1. Hat sie ihre Tage? (Ein guter Fischer segelt auch im roten Meer.)
2. Wartet ihr Ehemann darauf, daß sie nach Hause kommt, weil das Baby gewickelt werden muß? (Um so besser.)
3. Wie groß ist ihr Freund? (Womöglich größer als Sie.)
4. Wie ihre beste Freundin aussieht. (Weil die nämlich viel geiler ist.)

5. Ob sie sich stets unsterblich in ihre One-Night-Stands verknallt und drei Wochen mit glasigen Augen durch die Gegend rennt und *ihm* auflauert, wo immer er ist. (Und tschüss, es sei denn, Sie haben sich verknallt und laufen seit drei Wochen mit Stieraugen durch die Gegend.)
6. Ob sie viel telefoniert. (Dann mit Ihnen, oder um über Sie zu reden, und zum Schluß wegen Ihnen. Nämlich mit dem Killerkommando.)
7. Zu ihr oder zu Ihnen? (Wenn Ihre polnische Putzhilfe heute abgeschoben wurde, sollten Sie erwägen, lieber mit zu ihr zu gehen).
8. Was dieses entzückende Muttermal auf ihrer Backe zu bedeuten hat. (Vielleicht ist es ein Melanom. Nicht ansteckend.)
9. Ob sie vor sieben Uhr aufsteht. (Dann kann sie für Sie Kaffee kochen.)
10. Nimmt sie die Pille? (Oder hat sie eine Gummiallergie und müssen Sie sich dann mit Schaumzäpfchen rumschlagen, die Ihnen den Satin versauen?)

Die Zusätze:
11. Ob sie täglich mit ihrer Mutter telefoniert. (Was zum Teufel haben die Weiber schon wieder zu bequatschen?)
12. Ihren Namen. (Wirklich?)
13. Ob ihre Fingernägel echt sind. (Oder ob sie beim ersten wilden Ritt absplittern und Ihnen den Rücken aufreißen.)
14. Ob sie eine zweite Zahnbürste zu Hause hat. (Oder gehen Sie etwa mit ungeputzten Zähnen aus dem Haus, igitt.)
15. Ob sie mal eben das Taxi bezahlen könnte. (Denn Sie haben ja eh nur Großgeld, nicht?)
16. Ob sie meint, daß sie am nächsten Morgen Streß macht, weil sie das alles eigentlich gar nicht wollte. (Auch eine schriftliche Bestätigung, daß sie es gewollt hat, wird Sie nicht um die Alimente herumbringen.)

17. Ob sie Tantra für einen russischen Landstrich mit wenig Vegetation hält. (Dann hält sie SM für eine Parteiabkürzung – soziale Mütter.)
18. Ob sie es schluckt. (Man[n] kann es ihr ja auch ins Gesicht spritzen, jetzt seien Sie mal nicht so. Hauptsache, sie beißt ihn nicht ab.)
19. Was sie sich von diesem Abend erhofft. (Geld? Eine neue Trophäe? Etwa Liebe?)
20. Ob sie dabei das Licht ausmacht. (Besser für Ihren Bierbauch, was?)

Die Extras:
21. Was sie sonst so macht. (Schmutzige Bücher wie dieses hier lesen wäre toll – oder sogar schreiben?!)
22. Ob sie einen Wonderbra trägt oder diese Boronskis etwa echt sind. (Silikon ist erlaubt, Schulterpolster nicht, zumindest nicht im BH.)
23. Ob sie weiß, wer die EM 96 gewonnen hat. (Sie erwarten doch nicht ernsthaft eine Antwort, oder?)
24. Ob sie im Sommer grundsätzlich keinen Slip trägt oder ob sie das nur für Sie tut. (Egal, wieso das Luder keinen anhat, ab in die nächste Telefonzelle.)
25. Warum sie immer mit ihrer besten Freundin zusammen aufs Klo geht – läuft da etwa was? (Wollen Sie zuschauen?)
26. Muß sie heute abend die x-mal erwähnte Freundin noch nach Hause bringen, weil die sich nicht traut, im Dunkeln den Bus zu nehmen? (Gehen Sie nicht über Los, ziehen Sie diese Schnitte nicht ein, sondern begeben Sie sich direkt zum Nebentisch und beginnen bei Frage 1.)
27. Wie spät es ist. (Höchste Zeit.)
28. Was ihr eigentlich einfällt, sich immer mit der Zunge über die Lippen zu fahren. (Schenken Sie ihr einen Labello.)
29. Ob sie gerne reitet. (Leiten Sie jetzt geschickt auf den anderen Sport über, der nichts mit Ausmisten zu tun hat.)

30. Hat sie dieses Buch gelesen? (Dann lügt sie Sie nach Strich und Faden an.)

Und das verkneifen Sie sich mal. Aber darauf wären Sie wahrscheinlich eh nicht gekommen:

1. Warum sie keinen Analverkehr mag. (Gehen Sie davon aus, daß Ihr Schwanz zu groß ist.)
2. Warum sie Ihren Schwanz zu groß findet. (Hätten Sie wohl gern.)
3. Ob sie Ihnen einen Orgasmus vorspielen würde. (Wen schert's?)
4. Ob Ihrer der Größte ist. (Von was träumen Sie nachts?)
5. Von wem diese Flecken auf dem Laken da sind. (Tja.)
6. Ob sie nicht mal drei Kilo abnehmen könnte. (Entweder Sie riskieren Ihr Leben, oder Sie sagen nichts, machen das Licht aus, die Augen zu und denken an Pamela Anderson.)
7. Was sie in den Kaffee nimmt. (Kann sie sich selbst nehmen.)
8. Wie viele Männer sie hatte. (Scheuen Sie lieber den Vergleich, und versuchen Sie den Augenblick zu genießen, ohne an die Hundertschaften geiler Typen zu denken.)
9. Ob sie eigentlich auch findet, daß ihre Brüste zu klein sind. (Finden Sie eigentlich auch, daß Ihr Ding zu klein ist? Ja? Und was können Sie dafür?)
10. Ob sie schon mal furchtbar enttäuscht wurde. (Wollen Sie sich etwa die nächsten fünf Stunden als gigantisches Tempotuch betätigen?)
11. Ob sie Sie morgen anruft. (Tut sie eh.)
12. Ob sie genauso gut bläst wie ihre beste Freundin. (Das hätten Sie sich vorher überlegen sollen.)
13. Ob Sie die Rechnung übernehmen dürfen. (Ja, leider.)
14. Ob sie schon mal richtig geliebt hat. (Was wollen Sie eigentlich? Bumsen oder was?)
15. Ob sie gern im Garten Unkraut zupft. (Schnarch.)

16. Wieviel sie verdient. (Wollen Sie neidisch werden, oder zeigt sich hier eine soziale Ader in Ihnen?)
17. Ob sie nicht mal still sein könnte. (Stecken Sie Ihr Ding in sie rein, dann gibt sich das Gelabere.)
18. Ob sie geil auf Sie ist. (Wenn Sie das jetzt noch nicht wissen, sollten Sie weiter mit Lego spielen.)
19. Was für ein Verhältnis sie zu ihrem Dad hat. (Das können Sie in acht bis zehn Tagen fragen, dann kennen Sie ihn vielleicht schon, arrrggg.)
20. Warum sie sich ausgezogen hat. (Weil ihre Schuhe gedrückt haben und sie was ins Auge bekommen hat, warum wohl sonst.)

Ich würde sagen, meine sehr verehrten, liebreizenden Leserinnen und tapferen, gestandenen Leser, daß Sie sich mit diesem Paket an Fragen und Un-Fragen beruhigt in Ihr nächstes Abenteuer stürzen können, ohne hinterher sagen zu müssen: »Du warst mir immer fremd« oder »Du erzählst ja nie von dir« oder auch »Wenn ich das gewußt hätte« oder »Wie konntest du mich das nur fragen?« etc.
Zu Risiken und Nebenwirkungen fressen Sie diese Baggeranleitung oder erschlagen Sie den nächsten Buchhändler mit einem Schokopudding.

15. Kapitel

꙳

Über Machos, Trutschen, Egberts, Eisenten, Hörnchen, Bärchen, Pfeffersäcke, Dummbeutel, Stretchtussen oder Wie gewisse Bevölkerungsgruppen die anderen sehen. Und warum ein Yuppie nie etwas mit einem Müsliliesel am Hut haben könnte

Man kennt das: Gewisse Menschen haben etwas an sich, daß einen sofort dazu verleitet, ihnen einen bestimmten Namen zu verpassen. Wir kennen den Macho – dieser Held von Mann, der zwar für das Patriarchat ist, aber es noch nicht mal schreiben kann. Wir kennen die Yuppies, die schön, jung und fast erfolgreich sind und Arbeit, Statussymbole und Kinderlosigkeit als ihre drei Lebensinhalte ansehen.

Da wir als individualistisch angehauchtes Tier namens Mensch dazu neigen, uns trotz besseren Wissens anderen anzuschließen, gliedern wir uns bewußt oder unbewußt in bestimmte Gruppen ein. Natürlich verfolgt ein jeder sein kleines Ziel. Entweder um es leichter zu haben, oder um zu provozieren, oder sich einfach sicher zu fühlen. Kinder sind noch alle gleich, oder würden Sie den siebenjährigen Nachbarssohn einen Pfeffersack nennen? Irgendwann trägt unser Äußeres, unser Gehabe dazu bei, daß uns unsere Mitmenschen einordnen und wir sie.

Das kann insofern arg traurig sein, da Menschen, die füreinander bestimmt sind, niemals aufeinandertreffen, weil sie sich in je-

weils unterschiedliche Gruppen haben abdrängen lassen oder bewußt etwas völlig anderes darstellen als alle anderen.
Nun aber zu den Menschen auf der Straße, im Büro, in der Schüttelbude oder beim Bäcker.

Eisente: die; wahlweise **das**: blondes oder blondgetöntes Wesen mit Jeans inklusive Bügelfalte, halbhohen Pumps, einem ganz flotten Jackett und der obligatorischen Perlenkette, doppelt um den Kragen ihres Blüschens gezwängt. Dazu noch das in sich gefaltete und in das perlenumwogte Leibchen geschlungene Hermès-Tuch, fertig ist die Eisente. Statt des Pferdeschwänzchens (mit Samtschleife zum akkuraten Blankenese-Zopf gebändigtes Feinsplisshaar) wird die Nase in die Höh' gestreckt und auch sonst ein Gebaren an den Mann gelegt, daß es einen friert. Eisenten tun gern intelligenter, als sie sind, und »formulieren« gern mit Fremdwörtern. Sie befinden sich häufig in der Gegenwart von Egberts, weil die auch so schicke Tücher um den Hals tragen. Scheint ihnen aber meist die Luft für das Gehirn abzuquetschen. Geht man näher an diese falschen Gänse heran, bemerkt man den leichten Mundgeruch, der von ihrer Vorliebe für Chipsletten herrührt, und die krümelige Haut von dauerndem Make-up-Benützen. Da diese Sumpfdolden das Wasser mögen und auch schon mal rasch in die schicken Segelschuhe und Nizza-Höschen schlüpfen, findet man sie ebendort: an der Alster, an der Elbe, an der Nordsee oder auf Sylt. Will diese Gattung sich paaren, wird's ein Ententanz: Viel drumherum quaken, zappeln, meutern, picken – und dann schließlich doch den Kopp nach unten und den Arsch in die Höh'. So, wie's alle mögen. Besonders die Egberts, aber die würden's nie zugeben.

Egberts, die: Junge Bürschlein, meist mit Namen wie Egbert, Dobert oder Hasbert gestraft, die von Beruf Sohn sind, ihre adamsapfelarmen Hälse mit blaurotem Foulard lässig umschmiegen, Barbourjacken tragen und ihre Nacken ausrasieren lassen, gehören zu einem der Yuppieableger. Nur daß sie eine Spur arroganter und leicht einzuschüchtern sind. Ihnen ist schrecklich schnell etwas ungemein peinlich, und sei es nur eine Frau am Nebentisch, die aufstößt. Ihr Alibistudium heißt zumeist BWL, WWS, EDV oder Jura, ihr Beruf könnte Seniortexter sein, und ihr Lieblingssport ist Rudern. Egberts werden sich nie in der Nähe von Müslilieseln aufhalten können, weil deren Müslidosen einfach zu peinlich wären. In Egbert-Kreisen lacht man über intellektuelle Witze, auch wenn man sie nicht versteht, und berichtet gern von Leuten, denen was unglaublich Peinliches passiert ist. Egberts arbeiten früh daran, Pfeffersäcke zu werden.

Pfeffersäcke: Begriff aus der alten Hanse, weil zahlreiche Generationen durch Im- und Export von Pfeffer Säcke von Geld angesammelt haben. Gekleidet im edelsten Zwirn jeglicher Schattierung, Hauptsache blau. Die Kohle schwitzt aus allen Poren, da hilft es auch nicht, die Hände in Unschuld zu waschen. Pfeffersäcke jonglieren lieber mit Zahlen als mit ihren Eiern und werden deshalb nie und nimmer mit einer Schnitte zusammentreffen, die ihnen so richtig die Füße langmacht.

Schnitte, die: Frau ohne Emanzenanwandlungen oder femipseude Ansagen, eine, die vielleicht zwei Kilo zuviel drauf hat, nach der sich aber viele Männer sämtliche Finger abschlecken. Sie versucht immer wieder, eine Beziehung zu führen, reißt den momentanen Glückspilz in alle Höhen und Tiefen und verläßt ihn schließlich. Meist bleibt ein Mann – zwar geschlagen, aber bereit für alles, was danach kommt – erst mal auf der Strecke. Schnitten erkennt man an ihrem perfekten Dekolleté, an ihren wissenden Augen und an ihrem Auftreten, das besagt: Schön, daß ihr alle heute hier seid, um mich zu bewundern. Und keiner nimmt es ihr übel. Eine Schnitte ist bestimmt nicht die beste Freundin des Müsliliesels.

Müsliliesel, das: Anzutreffen in alternativen Selbsthilfe-Bars, in der Kinderkrippe alleinerziehender Mütter und beim Schwimmen um sechs Uhr morgens. Müsliliesel spricht undeutlich, weil es stets ein paar Körner vorverdauen muß, besitzt aber nicht selten die Knackigkeit eines frischen Knusperriegels. Hinschauen will hier gelernt sein, denn so manche Schönheit steckt hinter weiten Norweger-Pullovern, unmöglichen, braun-gelben Jeans und einem lila-getigerten Kassengestell. Schade, daß ihm Natur über alles geht und unrasierte Beine einfach scheußlich aussehen. Leider gerät ein gar nicht so unleckeres Müsliliesel an ein Hörnchen.

Hörnchen, das: männliches Geschöpf, zu erkennen an den Sport-Blousons in Mattrosa, spärlichem Dreitagebart, zu dem es zwei Wochen gebraucht hat, stetes Nicken in Anwesenheit von Peinliches berichtenden Egberts und einem schier unerschöpflichen Fundus an Zuhörbereitschaft. Einfacher Grund: Sie wissen nichts zu sagen. Hörnchen sind vergleichbar mit Weicheiern, nur halten sie sich vornehmlich an Egbert-Plätzen auf und werden immer wieder gern genommen – anstatt der Egberts, aber nur von Müsliliseln. Hörnchen haben keine Ahnung, wie sie beim Kacken stinken sollen, und meist ist an ihnen nichts interessant, außer vielleicht ihr bester Freund, meist ein Bärchen.

Bärchen, die: Liebenswerte, leicht dickliche Kumpels, die es nie schaffen werden, eine Frau ins Bett zu kriegen, weil sie zu liebenswert, zu dicklich und zu kumpelhaft sind. Sie spielen mit Hingabe großer Bruder und beschweren sich bei der kleinen Schwester, daß Frauen nur eins wollen, nur nicht von ihnen. Bärchen treten oft zusammen mit Hörnchen auf, weil sie in ihrer Gegenwart stets die bessere Damenwahl sind. Bärchen kann man heiraten und mit Machos betrügen. Sie werden es nie mitkriegen. Bärchen erkennt man an ihren grauen Wollpullis, an ihren Hüten und an den braunen Schuhen. Leider treffen sie meist auf Trutschen.

Trutschen, die: leicht konfuse, grob gestrickte weibliche Personen mit Hang zum Phlegma. Trutschen suchen das große Abenteuer und werden dann doch Beamte. Sie suchen den glutäugigen Lover und landen dann doch bei Egon, dem gutmütigem Kuschelbärchen. Eigentlich eine perfekte Ehe, aber Bärchen haben die Angewohnheit, auch noch intelligent zu sein, und die Langsamkeit der Trutschen wird ihnen irgendwann so auf den Senkel gehen, daß aus dem Teddy ein Fast-Held wird, der sich im Alter von Disco-Tussen übers Leder ziehen läßt.

Fast-Held, der: Ein Normalo, ein Bürger ersten Grades, der ein bißchen an der Steuer rummogelt, gern Duckstein trinkt und sich Schuhe allein kaufen kann. Fast-Helden tragen Stoffhosen, fahren Kombi und geben Kochen als ihr Hobby an. Fast-Helden waren zumindest einmal selbständig, wissen, wie man Pizza quattro stagioni ausspricht, und nehmen täglich eine Kalziumtablette. Wahre Traummänner. Ihnen kann man die Katze anvertrauen, die 15jährige Tochter allerdings nicht. Denn sie haben insgeheim ein Faible für George Hamilton und zarte Mädchenkörper. Diese glauben sie reinkarniert unter den Stoffleibchen der Stretchtussen wiederzufinden. Schade, eine Schnitte – die im übrigen Geborgenheit und Regelmäßigkeit sucht und in ihm finden würde – hätte besser gepaßt. Aber Fast-Helden durchschauen Schnitten nicht so schnell und wenden sich rasch leichteren Dingen zu.

Stretchtussen, die: Merkmale sind der neonfarbene Stretchmini oder die Tigerleggings, der Wickelbody von Quelle, gefärbte Haare vorne-kurz-hinten-lang im Waffeleisenlook und ggf. mit Partyzopf, pinkfarbener Lippenstift, Impulse-Parfüm und falsche Fingernägel. Anzutreffen donnerstags, freitags und samstags in der Landdisco, in der 80er-Disco und vor 22 Uhr in fast allen Bars. Stretchtussen scheinen nur über Sex, den Typ von Samstag abend und die Schnepfe im Klo zu reden, die wahrscheinlich eine Eisente war und sich als was Besseres vorkam. Stretchtussen leiden eigentlich nur an einer Modegeschmacksverirrung, aber leider ist ihr IQ auch meist nur so hoch wie der Preis ihres billigen Mascara. Über Stretchtussen wird gelästert, was das Zeug hält. Frauen wundern sich abends, warum Typen auf sie fliegen, und Männer wundern sich am nächsten Morgen. Und insgeheim wären wir auch mal gern so eine, nicht wahr? Die es sich leisten kann, wegen ihrer Top-Figur – die sie im übrigen mit 23 verliert – in ultraenge Klamotten zu schlüpfen, um für kurze Zeit Gesprächsthema zu sein. Das schaffen noch nicht mal die Superweiber, die eigentlich eine Erfindung sind.

Superweib, das: Buch einer Kollegin, Traumfrau aller 12jährigen und Alptraum aller 35jährigen. Männer, versteht sich. Superfrauen haben eine traumhaft weibliche Figur, sind nicht blöd, stehen auf eigenen Beinen und besitzen ein Paradies dazwischen. Wie durch ein Wunder mögen auch Frauen sie, von den Männern ganz zu schweigen. Sie kocht mal eben was Schickes, begrüßt den derzeitigen Lover (der Glückliche, er kann sein Glück kaum fassen) mit einem zärtlichen Lächeln, um sich dann wieder an ihren Bestseller zu begeben und ihm später eine hingebungsvolle Liebhaberin zu sein, Schwester und Mutter wiederum danach, seinen Kopf zu wiegen, ihm zu bestätigen, daß er toll sei. Und so weiter, und so weiter. Von ihrem Verständnis, ihrer Toleranz ganz zu schweigen. Schade, daß das nicht ewig so weitergeht. Denn irgendwann wird ihr alles zuviel. Nicht jeder Tag ist wie Zuckerpfannkuchen. Und plötzlich wird das Superweib launisch, und aus ist's mit Happiness. Dann kann das Superweib eigentlich nur noch von einem Helden gebändigt werden. Einer, der sie hält und rechtzeitig zur Räson bringt. Der auch mal was Schickes kocht und Verständnis aufbringt, aber stark genug ist. Nun, wo gibt es diese Helden?

Held, der: männlich, aber kein Macho. Kein Prinz, der auf einem weißen Roß herantrabt und sich dann gnädig herabläßt, die Schöne aus ihrem goldenen Käfig zu erlösen. Er ist ein König, der sich auch mal von seinem Thron stoßen läßt, ohne danach greinend zu Mami zu rennen. Helden ziehen ihr Ding durch, aber ohne andere durch den Kakao zu ziehen. Im besten Fall geben sie es zu, wenn sie es doch tun. Und da ich leider noch nicht allzu vielen Helden begegnet bin, weiß ich jetzt auch nicht mehr weiter. Aber eins kann ich mal behaupten: Die Kinder von einem Superweib und einem Helden werden die Welt retten.

Kinder, die: Nicht zu verwechseln mit der Bezeichnung für allerlei Nachwuchs, sondern Begriff, der gern von Frauen in den 20ern, 30ern und 40ern benutzt wird, wenn sie sich in ein Etablissement verirren, wo das Durchschnittsalter bei 19 liegt, die Erfahrungswerte etwa so hoch sind wie die Außentemperatur und der Geilheitsgrad (GG) auf einer Skala von eins bis zehn etwa bei 12 liegt. Auch die Bezeichnung »junge Spritzer« wird in einigen Gegenden gern genommen. Das Kind an sich ist also ein Greenhorn, ein Großmaul ohne nennenswerte Schicksalsschläge, die sein Süßwassermatrosengesicht gezeichnet hätten, ohne Bartschatten (für einen Drei-Tage-Bart brauchen Kinder zwei, ach wo, acht Wochen) und ohne Haare am Sack, die im Puff drängeln. Warum dort? Weil sie a) alle Bordellkaufmann werden wollen, b) endlich abspritzen wollen und c) sich aber nicht trauen, eine Frau anzusprechen. Noch sind sie weder Hörnchen noch Egberts oder gar Fast-Helden, aber sie sind meist auf dem besten Weg, Heinis oder Rollos zu werden. Kinder kommen erst zu Potte, wenn ihre Deutschlehrerin sie zu Männern gemacht hat. Und da das in den Gerichtsakten eher seltener der Fall ist, kann man warten, bis sie ihre Jungfräulichkeit auf dem Damenklo einer Pizzeria verlieren. Mit der Chefin, besser nicht mit dem Chef.

Heini, der: Schlaksiges Etwas mit Physikstudium oder ähnlichem, null Durchblick und bisweilen so auf der eigenen Leitung stehend, daß auch die Telekom nicht weiterhilft. Ihm kann man nicht ernsthaft böse sein, aber in einen Heini verliebt man sich eben nicht, man nimmt ihn der Vernunft wegen. Er ist zu treudoof, als daß er jemals fremdgehen würde, und würde sich liebend gern mit einer Trutsche zusammentun, schmachtet aber insgeheim die Eisente an, die genau so viel IQ hat wie eine Trutsche. Aber Eisenten, wie erwähnt, meinen eben, sie müßten unbedingt einen Egbert haben, die zu meinen persönlichen Ekel-Favoriten gehören. Heinis und Trutschen könnten wunderbar kleine Mini-Heinis und Mini-Trutschen zeugen, die sich, den Eisenten und den Egberts im Weg stehen und das Leben irgendwie interessanter machen.

Rollo, das: Schwarztragendes, sich für intellektuell haltendes, neutrales Wesen. Männer erkennt man am Zopf, Frauen an der Armee-Frisur. Man findet sie in Literaturcafés, bei der Schachübertragung und barfuß am Strand sitzend. Durch ihre Rollkragenpullis, schwarz und kratzend, sind sie nicht zu verfehlen. Hermann Hesse, kleine Nickelbrillen und ein blasser Teint gehören zu ihrer Standardausrüstung. Ich bin mir nicht sicher, ob Rollos auch ficken oder ob sie ganz wie Andy Warhol leben: Es ist geiler, es nicht zu tun. Bisher habe ich keinen Rollo rumgekriegt. Wahrscheinlich deshalb, weil kein Strand in der Nähe ist. Ich schätze, sie vermehren sich untereinander. In der Petrischale, wer weiß.

Des weiteren kann sicher jeder von Ihnen, liebliche Leserin und bester Leser, die Liste endlos erweitern. Hier gebe ich noch ein

paar Stichworte, und wer die passenden Gegenstücke sofort nennen kann, hat gewonnen:
Pisser, Schnepfe, Dumpfbacke, Fickfrosch, Hanuta, Else, Affe, Schnulli, Dummbeutel, BH-Neurotiker, autoritätsgläubige Null, Arschgesicht, Krampfsack, Loser, Ersatzdroge, Ultrababe, Schnuckel, Grätsche, Stecher, Dämchen, Jüngelchen, flotte Mutti, Maulhure, Netti, Killer, Casanova, Trantype, Schlabberbacke, Nervkuh, Hase, Knäckebrot, ichichich.
Schreiben Sie es auf, wir können dann ein Buch daraus machen.

So, und was hat das alles für einen Sinn, außer sich gut zu verkaufen? Ganz einfach. Jeder hat zwei Bilder von sich: so, wie man gern wäre, und so, wie man sich einschätzt. Und andere sehen auch zwei Bilder. Wenn sie genau hinschauen, sehen sie einen, wie man ist, wenn nicht, wie man scheint. Gefährlich, gefährlich. Ein Mensch ist also nicht nur latent schizophren, sondern auch noch hart quattrophren, falls es so was gibt. Und da kann es schon mal so kommen: Eine Frau, die sich wünscht, eine Schnitte zu sein, aber eigentlich eine Eisente ist, wird als Disco- und Stretchtusse angesehen, die sich einen Fast-Helden krallen will. Dann trifft sie auf ein Bärchen, das von sich wünscht, er wäre ein Held und auf sie wirkt wie ein Egbert, der wie ein Rollo aussieht. Und was passiert? Nichts. Denn die beiden sind viel zu sehr damit beschäftigt, wie sie wohl wirken, anstatt sich gegenseitig zu erkennen. Sie haben ihre Antennen gekappt, wie die meisten von uns. Die Liebe auf den ersten Blick passiert deshalb heutzutage selten und nur in Momenten, wenn beide das zeigen, was sie sind. Beim Zahnarzt zum Beispiel.
Denn eins stelle ich hier mal zur Diskussion: Ist es besser, für etwas geliebt zu werden, was man nicht ist, oder für etwas nicht geliebt zu werden, was man ist?
Jaha, das muß man sich in Ruhe auf der Zunge zergehen lassen, isses nich schön?

Also Leute, laßt es raus, was ihr seid. Ihr seid zwar nicht an jedem Tag das gleiche. Mal benehmt ihr euch wie eine supertaffe Trutsche, dann wieder wie eine Eisente und auch wie ein Superweib. Das ist menschlich, menschlich, menschlich. Verschwendet nicht so viel Zeit, aus eurem »Typ« etwas zu machen, der eh nur von einer Moderedakteurin oder einem Verlagsheini festgelegt wurde. Macht das Beste aus euch, klar? Aber nicht das, was andere meinen, was das Beste ist. Meßt euch nicht an anderen, meßt euch an euch selbst. Seid nicht zu fein, als Egbert an einem Müsliliesel vorbeizuschauen. Seid als Schnitte nicht zu abgehoben, an einem Hörnchen vorbeizulaufen. Blickt dahinten und beklagt euch nicht, daß ihr keinen passenden Partner findet. Ihr sucht nur in einer Ecke, wo ihr selbst gar nicht hin wollt.

16. Kapitel

Über was spricht man eigentlich beim Sex? Kleiner Exkurs durch Deutschlands Betten

Ja, bück dich, du geile Schlampe, ich reiß dir deine Fotze auf, bis du bettelst, daß ich dich immer weiter ficken soll. Ich spritz dir meinen Saft auf deine Fruchttitten, auf deinen scharfen Hurenarsch, in deinen Lustmund, in dein enges Arschloch, überall hin. Ja, reib deine heiße Möse an mir.«

Nun ja. Irgendwann geht einem der Sprachschatz aus, die Luft erst recht, und vielen Frauen wird nicht nur durch eine anfängliche Sprachflut der Atem genommen.
Überlegen Sie mal, wie geht das eigentlich bei Ihnen so ab? Still, lautlos, unterbrochen von zartem Seufzen und Anweisungen, die mehr durch Körpersprache funktionieren. Womöglich auch noch im Dunkeln? Machen Sie sich keine Sorgen, das ist doch okay. Und außerdem geht es Ihnen da wie den meisten anderen Pärchen auch. Gut, so ein Dirty Talk – für Non-Firmisten der Anglizismen auch Dreckige Sprüchemacherei – hat schon was für sich, denn viele Männer werden erst so richtig heiß, wenn man ihnen gewisse Worte, Redewendungen und Phrasen um den Schwanz haut – auch wenn Sprechen mit vollem Mund eigentlich nicht zu den besten Manieren gehört. Auch Frauen werden heiß, wenn man es versteht, ihre Phantasie über das Wort

zu stimulieren. Das Thema Verbalerotik haben wir ja schon entsprechend abgehakt, aber das ist nun mal das, was davor kommt. Und währenddessen?

Sie kennen das sicher: Es gibt Worte, die machen Sie an ohne Ende, und andere, da wird Ihnen schlagartig klar, daß diese ganze Turnerei lächerlich, das Vergnügen kurz ist, Sie wahrscheinlich fürchterlich aussehen und lieber jetzt ein Buch lesen wollen. Manche wiederum versinken vor Scham fast im Boden und wissen weder ein noch aus, ekeln sich vielleicht oder finden den anderen pervers. Soll es alles geben, sagt mein Lover. Empirisch gesehen. Und mein Nachbar meint, daß Sie bloß nicht anfangen sollen, wenn er erst gerade von der Arbeit gekommen ist (sie auf dem Sofa, er in der Garage, sie röhrend: O jaaa, du geile Sau!).
Die einen turnt es an, wenn man sagt »Fick mich«, die anderen sind genervt, irgendwie, urplötzlich. Die einen brauchen den Startschuß: Ja, komm! (Im wahrsten Sinne des Erfinders), den anderen vergeht es in diesem Moment. Die meisten Frauen stehen im übrigen auch nicht sonderlich darauf, wenn Männer typisch weibliche Kommentare machen wie »ja, besorg's mir, fick mich, stoß mich«, dagegen haben Männer nichts gegen typisch männliche Anmerkungen wie »ich mach dich fertig«.
Einige Frauen stehen auch darauf – ja verlangen es geradezu –, daß man ihnen genau sagt, was sie tun sollen.
Männer wünschen sich: daß Frauen ihren Orgasmus herausschreien, grunzen, wiehern, wie auch immer, Hauptsache laut – aber nicht zu laut, denn das könnte ja die Nachbarn verstören.
Es wäre auch nicht schlecht, wenn sie was sagen würde (bitte sexy, aber nicht obszön, nur ein bißchen oder so). Was nicht gut kommt, ist, beim ersten Mal gleich in heiße Liebesschwüre auszubrechen und bei jedem Stoß ein »ich liebe dich« herauszukeuchen. Es sei denn, Sie kennen sich schon fünf Jahre.
Geil würde es auch sein, wenn *sie* im Moment seines Orgasmus

beginnt, ihn cheerleader-mäßig anzufeuern (ohne Pompons): »Ja, gib's mir, o ja, spritz mich voll.«
Besonders fahren Männer auch darauf ab, wenn Frauen sich etwas nehmen, Männer und ihren Lustprügel benutzen, sich es praktisch mit ihm selber machen und er sich wunderbar hingeben kann, als Objekt ihrer Begierde. Und natürlich soll sie ein bißchen deutlicher sagen, was sie will. Und wenn sie es gerade nicht sagen kann, soll sie es gefälligst zeigen, wie auch immer. Am besten in dem Tempo, daß er es mitmeißeln kann.
Sogenannte animalische Geräusche wie Brüllen, Fauchen, auch Miauen werden gern wahrgenommen; Hauptsache, sie verwandelt sich danach in eine ofenfrische Pizza und ein gekühltes Sex-Pack.
Frauen dagegen erschrecken vor Männern, die sich verbal völlig verausgaben, ihnen die gesamte Palette der dichterischen Verführung zwischen die Labien schieben (Na, haben Sie Ihre Lektion gelernt? Wissen Sie noch, was wir durchgenommen haben?) und sie dermaßen vollschwallen, daß ihr noch am nächsten Tag mehr die Ohren statt der Mösenhaare sausen. Schade, dabei wäre es mit ein paar einfachen Sprüchlein getan. Natürlich kann ich jetzt nur von meiner bescheidenen Wenigkeit und meinen zahlreichen Freundinnen sprechen, hach!
Also zunächst einmal: Lobpreisen. Du riechst gut, du schmeckst gut, und bitte dazu zustimmendes Gemurmel wie mmmh, das tut so gut, dich zu spüren, ich liebe es (brauche es), in deine geile Möse zu stoßen. Höchst erregend sind auch (ja, Machos, aufgepaßt) Sprüche wie: »Ich weiß, daß du es brauchst, von mir gefickt zu werden, du schwanzgeile Hure.«
Aber, aber, wie immer, wenn es um Frauen geht, muß ich gleich auch noch mal anfügen, daß man sich mit solchen Sprüchen auch vertun kann. Manche Frauen macht es rasend, wenn man ihnen sagt, was gut für sie ist. Das wissen einige nämlich ganz gut und können darauf verzichten, es aufs Butterbrot geschmiert zu bekommen. Hier kann also nur eins helfen: Der Unterschied

zwischen Pessimisten und Optimisten. Der Pessimist meint, daß alle Frauen verdorben sind, der Optimist hofft es. Suchen Sie sich aus, zu welcher Sorte Sie eher gehören, und legen Sie los. Seien Sie einfallsreich, beschreiben Sie ihr, wie gut es Ihnen tut, sie zu berühren, in ihr zu sein, ihre kleine, enge Pussy zu spüren, wie sehr Sie sich danach gesehnt haben. Und wenn es dann richtig losgeht, dann schweigen Sie – abgesehen vom Stöhnen (kein Gieksen, kein Quieken, kein Wiehern oder Bellen bitte, bitte) und gelegentlichem Jaa! und Ooaaah, das ist so geil mit dir, du machst mich so scharf (Baby, Babe, du kleine Hexe). Vermeiden Sie nach Gelegenheit Kommentare wie »Tu ich dir weh?«, wenn sie plötzlich lauter stöhnt. Meine Damen, falls er Ihnen wirklich weh tut und Sie das nicht anmacht, dann sagen Sie es. Zum Beispiel: Oh, bitte, etwas langsamer. Oder: Laß mich nach oben. Oder auch, wenn man sich länger kennt: Du Tier, es zerreißt mich fast, sei etwas vorsichtiger, sonst muß ich eine Auszeit nehmen. Oder so.

Die Herren: Vermeiden Sie zu fragen: »Ist es so gut für dich? Wirklich?« Sie werden sich bestimmt fragen: Schön und gut, liebe Frau West, wenn Sie es zum Ausdruck bringen können, was Ihnen gefällt und was nicht, können Sie gut reden – aber was ist mit meiner Frau, bei der ich nie weiß, ob sie jetzt eigentlich lieber die Zimmerdecke streichen oder in den Arsch gevögelt werden möchte?

Reden Sie nicht währenddessen darüber, was ihr lieber ist. Fragen Sie sie auch nicht: »Was willst du?« Ich kann zwar einsehen, daß Männer verunsichert sind, was Frauen und ihre Vorlieben angeht. Frauen sind so dermaßen unterschiedlich, sogar von Tag zu Tag, und die meisten gehen sehr reduziert mit ihrer Geilheit um. Frauen befürchten oft, etwa falsch zu machen, oder, wenn sie ihre Bedürfnisse ausleben, den anderen zu verschrecken, abzustoßen. Deswegen haben Frauen es ab und an leichter, wenn sie sich bei einem Fremden gehenlassen, sich nehmen, was sie wollen, auch Dinge sagen, die sie nicht in den

Mund nehmen würden, wenn sie mit dem Mann im Bett sind, den sie lieben. Komisch, nicht wahr!? Aber zu einem vertrauten, sexuellen Verhältnis, in dem man sich alles gestehen kann, alles tun kann oder auch alles lassen kann, ohne befürchten zu müssen, daß der andere einen verachtet – nun, dazu gehört eben auch, daß Männer ihren Frauen das Gefühl geben, daß es sie eben nicht abstoßen würde, wenn ihre Frau mal was zu ihren Bedürfnissen sagt. Seien Sie als Mann nicht in Ihrer Ehre gekränkt, und halten Sie Ihre Frau nicht für pervers, wenn sie Wünsche, Vorlieben äußert, die bisher nicht in ihrem Repertoire waren. Beschweren Sie sich nicht, daß Frauen sich so bedeckt halten. Fragen Sie doch in einer günstigen Situation einfach. Und zwar mit solchen Fragen, auf die Ihre Frau mit nein oder ja antworten kann. So zum Beispiel: Kannst du dir vorstellen, daß es dir gefällt, wenn ich dir mal die Augen verbinde?

Wie auch immer, Frauen mögen es, wenn man ihnen mit Worten und vor allen Dingen mit Taten beweist, daß man sie begehrt. Falls eine der Damen andere Gefühle hat, möge sie mir schreiben, denn ich bin nicht allwissend. Aber ungefähr läßt sich behaupten, daß die meisten Frauen es nicht unbedingt schätzen, permanent im Bett als Schlampe, Sau oder Nutte tituliert zu werden, wogegen auch die ewig weiche Tour à la Pfirsichhaut und Popöchen und wie zart und wie ach und wie süß und wie niedlich auch nicht ankommt. Mal zart, mal hart. Zarter Anfang, hartes Mittel und geiles Ende: Das wär doch was.

Übrigens: Sachfremde Einwürfe wie »Spritz mich voll« oder »Sag mir was Schmutziges« muten Frauen bisweilen etwas seltsam an. Denn dann kommen sie sich zu männlich vor, und Frauen schlafen angeblich mit Männern, weil sie weiblich sind und als solches wahrgenommen werden möchten.

Grobe Fehler kann man eigentlich nicht machen, denn Sex ist Stunde um Stunde anders. Nur zwei Regeln sollten Sie bei diesem Spiel beachten:

1. Seien Sie Sie selbst, spielen Sie nichts vor, tun Sie nichts »zuliebe«.
2. Tun und lassen Sie, wonach Ihnen ist. Anstatt zu bereuen, es nie ausprobiert zu haben.

17. Kapitel

❧

**37 Prozent aller Frauen ziehen
beim Sex den Bauch ein,
75 Prozent aller Männer befürchten
insgeheim, ihr Penis sei zu klein.
Über Komplexe und ihre Komplexität**

Ist es nicht seltsam, daß weder Frauen noch Männer hundertprozentig zufrieden mit ihrer Figur, ihrem Gesicht und ihrem Leben sind? Das letztere kann man ja noch gut nachvollziehen. Und wenn jemand 50 Kilo Übergewicht hat oder nur ein Ohr, eine Nase mit drei Löchern und eine Hasenscharte – nun gut, das sind Dinge, über die es sich nicht gerade jubeln läßt.
Alle behaupten ständig, daß die Werbung dafür sorgen würde, daß wir alle uns als zu dick, zu dünn, zu klein, zu groß und zu häßlich empfinden. Viele meinen, alle Männer stehen auf üppige Brüste, Männer befürchten, Frauen bevorzugen riesige Schwänze. Das mag ja zum Teil auch stimmen, aber sich bei jeder Begegnung zu fragen, ob man dem anderen wirklich gefällt, halte ich für übertrieben. Schließlich wäre er oder sie sonst nicht auf gewisse Dinge eingegangen.

Komplex Nr. 1:   Meine Brüste sind zu klein.
Irrglaube: Er hat keinen richtigen Spaß mit mir.
Trugschluß: Bei der nächsten Gelegenheit fängt er was
                     mit einer Frau mit großem Busen an,
                     weil die weiblicher ist als ich.

Was ist zu klein, was ist zu groß? Was mögen Männer, was mögen sie nicht? Fragen über Fragen, die jedoch auch mit der repräsentativsten Umfrage nicht zu beantworten wären. Weil sich auch der Appetit verändert. Er sieht heute eine Frau, die ihn anmacht, und sie hat Körbchengröße 75B. In einer Woche sieht er einer nach, die das Doppelte hat, und drei Tage später macht er sich vollsten Genusses über eine eher knabenhafte Frau her. Mit der gleichen Lust und Wonne, ohne unbedingt auch nur eine Minute an Brüste zu verschwenden.
Na toll, sagen Sie jetzt – aber sehen Sie sich mal meine Dinger an. Das sind Knöpfe, die passen irgendwie nicht zum Rest des Körpers, der irgendwie viel breiter ist, und überhaupt.
Vielleicht fühlen Sie sich auch noch dadurch beim Sex gehemmt, weil Sie dauernd in den unmöglichsten Situationen daran denken, wie er wohl Ihre Brüste findet. Sie setzen sich nicht auf ihn, weil Sie Angst haben, er hätte keine Lust, Sie zu berühren oder anzuschauen. Vielleicht lieben Sie sich auch nur im Dunklen, weil Sie sonst befürchten, er könnte Ihre Brüste irgendwie abstoßend finden oder zumindest nicht erregend.
Meine Damen, ganz hart gesprochen: Wenn er erst mal drin ist, interessiert ihn der Rest herzlich wenig. Das hört sich lieblos an, aber es ist in den meisten Fällen gar nicht so weit hergeholt. Falls Sie wissen wollen, ob Ihr Lover Ihre Brüste erregend findet, dann machen Sie nicht den Fehler und fragen Sie ihn danach. Warum nicht? Weil er das schon tausendmal gehört hat, und jedesmal, egal, ob groß oder klein, die gleiche Antwort gegeben hat: »Schön.« Was haben Sie denn schließlich geantwortet, als er Sie fragte: »Magst du meinen Schwanz?« Kein Mann hat jemals seine Frau verlassen, weil er ihre Brüste zu klein fand. Außer, er ist dermaßen auf dem falschen Beziehungstrip, daß er nur irgendeinen Vorwand gesucht hat. Und dann wäre es auch eine gerissene Strumpfhose gewesen, die ihn dazu getrieben hat, zu sagen: »Jetzt reicht es.«
Ach, und noch was: Männer, die zu Ihnen und Ihren Brüsten

passen, finden sich ganz automatisch bei Ihnen auf der Bettkante ein. Lassen Sie sich beim Liebe machen nicht davon beirren, wenn Ihre Gedanken mal wieder in Richtung »Gefalle ich ihm überhaupt« driften. Das hemmt Sie, und da Männer auch nicht nur blöd sind, hemmt es auch die, denn sie merken ganz gut, wenn Sie sich nicht fallenlassen können. Jeder ist für seine Komplexe selbst verantwortlich – leider. Nicht Ihre Eltern, die Sie als Kind vielleicht verkehrt herum haben schlafen lassen, nicht Ihre Geschwister, die eben etwas total anderes sind als Sie, oder Ihre Freunde, die noch deutlicher anders gestrickt sind, was Körper und Geist angeht, als Sie.
Ihnen würde es sicher helfen, wenn Sie versuchen, den Kopf frei zu halten von Komplexen. Denn wer weniger Komplexe ausstrahlt, bei dem sieht man auch über vorhandene oder nicht vorhandene Makel hinweg. Wenn Sie es nicht als Problem für sich empfinden, daß Ihre Brüste zu klein sind, dann kommt auch kein anderer darauf. Falls Sie sich aber dauernd Gedanken machen, dann kommt dahingehend wieder ein Spruch, den Sie drehen und wenden und durchleuchten und sich wer weiß was dabei denken. Lassen Sie die Denkerei. Eine Frau, die sich liebt, liebt man eher als eine, bei der man jahrelang Aufbauarbeit leisten muß, ehe man sie ansatzweise für drei Minuten überzeugen kann, daß sie gut aussieht.

Nun zu den Herren mit dem Komplex, ihr Schwanz sei zu kurz, zu dünn, zu weich. Eins sei gleich im voraus gesagt: Frauen mögen es, wenn ihre Pussy gut ausgefüllt ist. Das bedeutet nicht notwendigerweise, daß man einen 20 Zentimeter langen, acht Zentimeter im Durchmesser, harten Schwanz haben muß. Die Vagina vermag sich anzupassen an jede Größe, empfindet Lust besonders in den ersten 10–15 Zentimetern nach dem Scheideneingang. Frauen leiden schnell unter Gebärmuttermundstauchung – und deshalb hat ein Monsterprügel nicht unbedingt immer Heimvorteil.

Beim ersten Mal mit einer Frau, die man sehr begehrt, in die man extrem verliebt ist oder deren Urteil einem sehr viel bedeutet, möchte Mann natürlich Best- und Höchstleistungen vollbringen. Und nicht selten befürchtet Mann zu »versagen«. Versagensängste – ihn nicht hochzubekommen, ihn nicht lange genug hochzubekommen, zu schnell zu kommen, gar nicht zu kommen – beschäftigen das geplagte männliche Ego zwischen den Beinen und den Ohren. Schade eigentlich, denn vieles geht ganz von allein.

Dann macht man sich noch Sorgen, ob man vielleicht Fußgeruch hat, ob die Nippel schielen oder nicht so steif werden; man fragt sich, ob ihr oder ihm die eigene Schambehaarung paßt oder die Lippen zu schmal, die Beine zu dünn, das linke Ei zu groß, die Haut zu blaß, die Muttermale zu penetrant und das Schwitzen zu peinlich sind. Frau fragt sich, ob das Mascara wohl verlaufen ist, Mann hofft, daß die Hose nicht mehr allzusehr nach Steaksoße riecht, sorgt sich, ob der Bauch abstößt oder eher doch die Aknenarben oder die Wodkafahne oder die nicht gewechselte Bettwäsche oderoderoder. Manche Dinge davon lassen sich mit einem Bad und einer Munddusche beseitigen; andere wiederum erfordern Fitness bis zum Abwinken, ein paar sind einfach ohne wissende Chirurgenhände nicht wegzuzaubern. Und wer nicht wie Marilyn Monroe oder Sean Connery aussieht, der hat diese Komplexe, Ängste, Befürchtungen. Da hilft es auch nicht zu sagen, daß selbst Sean und Marilyn sie hatten.

Alle Männer- und Frauenängste oder- komplexe haben eines gemeinsam: die Furcht vor dem Vergleich. Vergleich mit Vergangenem, Gegenwärtigem, Phantasiegebilden. Ganz nach dem Motto: Ob seine Ex-Freundin wohl größere Titten hatte als ich? Ob ihr Freund sie wohl schneller zum Kommen bringen kann als ich? Ob seine Traumfrau – ihr Traumtyp – viel besser, schöner, schlauer, erotischer, interessanter, aufregender ist?
Besonders, wenn jemand mehr Erfahrung zu haben scheint als

man selbst, wird man schnell verunsichert, glaubt, nicht mithalten zu können mit dem, was man zu bieten hat. Auch die Eifersucht ist darauf begründet, etwas nicht zu haben, was jemand anderes hat und auf was der Partner abfährt, braucht, vermißt, sucht.

Gegen diese unbewußte Angst, die bei dem einen mehr, bei dem anderen weniger ausgeprägt und ehrlich ist (denn wer würde das schon freiwillig zugeben, man käme sich im Grunde strunzdoof vor), gibt es prima Tips in die Richtung: Nehmen Sie sich so an, wie Sie sind. Denken Sie positiv. Für jeden Topf gibt es einen Deckel. Lernen Sie, Details an sich zu lieben.

Ich habe ernsthaft überlegt, ob ich Ihnen das hier auch noch mal in aufgekochter Form zukommen lasse, aber dann dachte ich mir, daß Sie das viel spannender in allen Männer- und Frauenzeitschriften zu lesen bekommen.

Sie finden Ihre Brüste zu klein? Nein, seine Hände sind zu groß.
Sie finden Ihren Schwanz zu mickrig? Nein, ihr Vibrator hat sie verzogen.
Sie finden, Ihre Augen stehen zu dicht beieinander? Schminken Sie sich.
Sie meinen, Ihr Bauch ist zu ausgeprägt? Machen Sie Sit-ups.
Sie denken, Sie sind zu unerfahren? Seien Sie neugierig.
Sie behaupten, Ihre Haut wäre fahl? Gehen Sie nie wieder in Umkleidekabinen mit Zahnarztbeleuchtung.
Raffinierte Leserin, kluger Leser, Sie haben es erraten: Alles faule Kompromisse. Eben drum. Man ist selten zufrieden mit sich. Die Werbung und alle unsere Idole trichtern uns ja schließlich ein, wie leicht und schön das Leben ist, wenn man jung, schön, schlank und gut riechend ist. Was bleibt einem da anderes übrig, als jeden Morgen das große Grausen zu kriegen, sobald man seines Antlitzes im Spiegel und unbarmherzigen Badezimmerlicht gewahr wird. Das geht im übrigen auch Ihrem gut trainierten Kollegen so, und Ihrer hübschen Kollegin ebenso.

Die Idee mit den Kompromissen ist a) sich zu arrangieren und b) das Beste daraus zu machen und schließlich c) Sex zu genießen. Denn wenn man Sie nicht mögen würde, lägen Sie jetzt auch nicht in diesem Bett. P.S: Kein Leben hat sich von Grund auf geändert, nur weil man drei Kilo abgenommen hat.
Verglichen zu werden ist ganz normal. Jeder vergleicht, die wenigsten geben es zu. Denn es wird auch nicht bewußt verglichen, wie etwa beim Einkaufen, wenn Sie die Mettwurst mit Zwiebeln zwei Häuser weiter nun mal günstiger bekommen und da hingehen. Nein, nicht jeder ist eine Mettwurst. Aber unser guter alter, uralter Instinkt tastet nun mal jeden möglichen Kandidat auf Herz und Nieren ab. Auszüge aus diesen Forschungsergebnissen kann man inzwischen schon in jeder besseren Friseurzeitschrift finden, und auch Sie kennen wahrscheinlich diese typischen Muster: Man muß denjenigen gut riechen können, er sollte fähig sein, Kinder zu zeugen oder bestens auszutragen, sie zu beschützen und gut zu füttern. Des weiteren hofft die Frau, er könne das Rudel beschützen, er wünscht sich, sie möge doch derweil das Feuer hüten und Beeren trocknen. Und all das schlägt sich also in unbewußte Wünsche nach einem breiten männlichen Kreuz oder einer üppigen weiblichen Hüfte nieder. Oh, Verzeihung, Becken. Soviel zu den unbewußten Vergleichen von Männchen und Weibchen, die zum Teil noch ganz auf Vermehrung ausgerichtet sind. Nestbau, Familie und so. Ficken & so spielt natürlich auch eine Rolle. Manche Frau denkt sich bestimmt: Da hat der Heinz mich aber besser geküßt, oder Wow, der Lover ist ja schärfer als alles, was ich je zwischen den Beinen hatte. Und Männer denken genauso: Mensch, hat die noch nie einen geblasen oder was? Oder: Ja, sie ist viel enger als Susi. Soweit so gut. Damit müssen wir uns alle rumschlagen, aber die meisten sind so sensibel, daß sie ihre Gedanken nicht aussprechen. Das sollten Sie im übrigen auch nicht tun, denn wenn Sie damit anfangen, kann es sein, daß Sie auch von Ihrem Partner ganz schöne Klöpse zu hören bekommen.

Der Vorteil von Vergleichen ist: Sie sind subjektiv. Schönheit liegt auch im Auge des Betrachters, und was der eine weit findet, findet der andere eng. Genauso mit dick, dünn, groß, schön, häßlich, erotisch, abstoßend etc. Und um jetzt diese Logik zu vollenden: Sämtliche Komplexe sind also für'n Eimer. Denn Sie, ja Sie ganz persönlich, wirken auf den einen völlig anderes als auf den anderen. Und jemand, in dessen Lust-Raster Sie sowieso nicht passen, wird sich auch nicht an Sie ranschmeißen – wenn er nicht gerade Geld dafür bekommt. Und bei denjenigen, die ein Interesse an Ihnen zeigen, können Sie getrost Ihre Komplexe erstmal zum Pluto schicken.

Stellen Sie sich vor, Sie würden gerade an einem potentiellen One-Night-Stand rumbaggern. Nun kommt Ihnen in den Sinn, daß Sie vergessen haben, sich die Beine zu rasieren oder zuletzt vor drei Tagen geduscht haben oder daß Ihr eines Augenlid weiter nach unten hängt als das andere. Ihr Opfer geht trotzdem mit. Wieso? Weil a) gemeinsam Duschen ein netter Anfang ist, b) Beine in fünf Minuten rasiert sind und c) das Augenlid offenbar nicht den anderen stört, sondern nur Sie allein.

Versuchen Sie sich von Ihren tatsächlichen und eingebildeten Makeln zu lösen. Und hüten Sie sich davor zu sagen: Er oder sie fährt nur deshalb nicht auf mich ab, weil ich einen hängenden Busen, zu schmale Lippen, zwei Kilo zuviel, zu große Locken, den falschen Lippenstift habe. Glauben Sie an sich selbst – nicht an Ihre Komplexe.

18. Kapitel

※

**Komm und spiel mit mir oder:
Ich spiel mit dir, also komm!**

Könnten Sie wohl mal eben in die Küche gehen? Schauen Sie doch mal in Ihrer Besteckschublade nach. Aha. Messer, Gabeln, kleine Löffel, große Löffel, Fischmesser, Geflügelschere, Espressolöffel etc. Und sonst? Soso. Nudelheber, Tortenheber, Frühstücksbrettchen, Toaster, Mikrowelle, Sieb, Filter, Eierbecher, Pfeffermühle, drei Pfannen, Dosenöffner, ESG-Stab, Eßstäbchen, Weingläser.

Und jetzt gehen Sie bitte ins Schlafzimmer, ziehen die Schublade Ihres Schränkchens links neben dem Bett auf und schauen dort hinein: Na klar. Taschentücher, Vaseline, ein altes Buch, Hustenbonbons, uralte Zigaretten, Haargummi.

Sie sollten sich schämen. In der Küche haben Sie x Gerätschaften zum Kochen, im Schlafzimmer nichts zum Koitieren. Für ein leckeres Abendessen brauchen Sie auch jede Menge Werkzeug – es sei denn, Sie bestellen alles vom Pizzadienst –, denken Sie etwa, beim Sex, beim Vögeln, Liebe machen, Bumsen, Pudern, Grätschen, Ficken, Rammeln, Stechen, Stoßen, Nageln, Beischlafen brauchen Sie nur ein Laken und schummrige Beleuchtung, damit alles stimmt?

Stimmt, eigentlich schon. Aber es ist auch ganz gut, den Speiseplan mal etwas zu variieren, und eben dazu braucht man entsprechendes Gerät.

Wie in der wunderbaren A-bis-Z-Liste schon aufgeführt, gibt es die verschiedensten handwerklichen Materialien, um sich ein schönes Bums-Menü zu zaubern.

Wenn Sie im übrigen gerade auf die Uhr schauen, ob Sie es heute wohl noch zu OBI schaffen, um entsprechendes Material aufzutreiben, dann klappen Sie dieses Buch lieber zu, und bestellen Sie den Quellekatalog. Ansonsten kann ich die Wandhaken, Daumenschrauben, Armzwingen, Preßlufthammer, Räucherkerzen und Drahtösen nur denjenigen empfehlen, denen auch nichts anderes mehr einfällt.

Von wegen alles in OBI.

Die Grundausstattung sollte beinhalten:

- Drei Seidentücher (schwarz bevorzugt) oder weiche Schals, lang genug, um jemandem die Augen zu verbinden oder die Arme oder Beine ans Bett oder sonstwodran zu fesseln.
- Zwei Paar Handschellen (bitte nie den Schlüssel zu weit weg legen).
- Zwei Vibratoren oder Dildos (einen für vorne, einen für hinten – bitte auch für männliche Jungfrauenärsche verwendbar)
- Ein leicht rauhes Seil (die härtere Fesselvariante).
- Ein breiter Ledergürtel mit glattem Leder außen, rauhem innen.
- Ein zusätzliches Kissen.
- Je nach Geschmack Senf, Sahne, Eierlikör, Ketchup, Nutella, Mayo.
- Ein experimentierfreudiger und -fähiger Partner.
- Eine Wohnung mit vielseitig verwendbarem Mobiliar.
- Kitzelkram wie Federn, Boas, Seidenunterwäsche.
- Sündige Früchtchen wie Bananen, Trauben, Erdbeeren.
- Kondome mit und ohne Geschmack und Sonderfarbe.

Die Sonderausstattung für Fortgeschrittene

- Butterfly (vibrierendes, umschnallbares Etwas, das direkt auf den Kitzler einwirkt).

- Liebeskugeln (nicht so groß wie Golfbälle, aber rund, metallisch und zum Einführen in die Scheide).
- Godmiché (falscher Schwanz zum Umschnallen, manchmal mit innerem Fortsatz zum Einführen in die Pussy).
- Französische, unten offene Höschen.
- Madonna (Vibrator mit sich drehender und zuckender Eichel).
- Liebesöle aller Art.
- Leder und Latex aller Art.
- Schalldichte Wände.
- High Heels.
- Netzstrümpfe.
- Reizringe für den Schwanz.
- Erfahrener Partner.

Puristen werden jetzt vielleicht monieren, daß man dieses ganze Brimborium an sexuellen Zusatz-Stimulantien doch nun nicht braucht, um Spaß zu haben. Man braucht es tatsächlich nicht, aber genausogut braucht man auch keine High-Tech-Spülmaschine oder einen Toaster mit Grill. Trotzdem kann es höchst erfreulich sein, das eine oder andere zu nutzen.
Nur: Was machen wir jetzt mit diesem ganzen Arsenal an Spielzeug?

Die Seidentücher: Zum Augenverbinden – denn manche von uns tun sich mit der Lust am Sex leichter, wenn sie gezwungen sind, nichts zu sehen und damit auch ihrer Phantasie freien Lauf zu lassen. Man kann sich dann zum Beispiel vorstellen, man tut es zum ersten Mal miteinander, oder andere würden zuschauen und ganz geil werden. Außerdem weiß man nicht, was der andere jetzt mit einem wohl anstellen mag. Man ist eines der wichtigsten Sinne beraubt und kann dafür die anderen Sinne wie Hören (das noch so leise Stöhnen ist jetzt viel geiler), Fühlen (pur, ohne zu wissen, von man berührt wird) und Schmecken ($9\frac{1}{2}$ Wochen läßt grüßen) fließen lassen.

Wenn dazu noch die Hände mit Seidentüchern – die für Anfänger weit weniger beängstigend sind als für Partner, die schon so vertraut miteinander sind und ohne Furcht Handschellen einsetzen – gefesselt sind, muß man sich nur noch auf Empfindungen, Geräusche und den Geschmack verlassen. Das gilt für Männer und Frauen.
Ein besonderer Trick ist, dem Partner in einem anderen Raum die Augen zu verbinden. Man sollte aber darauf achten, daß er entweder schon nackt ist oder Sachen anhat, die man nicht über den Kopf ziehen muß, um den Körper langsam zu entblättern. Erst dann führt man ihn ins Schlafzimmer, in die Küche, auf den Balkon oder sonstwohin, um ihn da gründlich zu fesseln. Und dann: streicheln mit Seide, einölen in schlüpfrige Düfte, reizen mit der eigenen, nackten Haut. Und dann nehmen. Frauen nehmen Männer, Männer nehmen Frauen, Frauen nehmen sich Frauen und Männer nehmen sich Männer.
Da der andere keine Hand frei hat, um sich vielleicht selbst zu reizen, muß man es für ihn tun. Also, Männer, helfen Sie Ihrem Weibe auf die Sprünge, massieren Sie ihre Klit, wie sie es sonst tut. Oder – ficken Sie sie rasch und hart, nur auf Ihr eigenes Vergnügen ausgerichtet. Auch das kann dermaßen verschärft sein, daß nicht nur er kommt und geht, wann er will.

Zusätzliche Varianten sind das leichte Schlagen mit dem rauhen Ende des *Gürtels*. Das erfordert erst mal in einer stillen Stunde Übung am eigenen Objekt. Vorsicht: Die Außenseiten des Oberkörpers, der untere Rücken und die Füße sind schmerzempfindlicher als andere Stellen. Trotzdem: Versuchen Sie an sich selbst, wie weh es tun kann, und schrauben Sie Ihren Elan hinunter, bis es an der Grenze ist zwischen Lust und Schmerz. Wenn Sie das ausprobiert haben, sollten Sie auch Ihren Lover fragen, ob er bereit wäre, das auszuprobieren. Und wenn es dann soweit ist, daß Sie als Mann ihr erst die Augen verbinden, sie dann ans Bett fesseln (auf dem Bauch) und langsam anfangen, sie mit dem

Gürtel zu bearbeiten (nicht vergessen, die Stellen mit Küssen und Streicheleinheiten zu überdecken), in ihr Fötzchen von hinten einzudringen, den Po zu kneten, herrlich schmutzige Sachen zu stöhnen und derweil noch den Gürtel einsetzen – tja, dann sind Sie schon ein ziemlich ausgereifter Spielzeugliebhaber. Ich hoffe, Ihre Freundin macht da mit. Falls Sie ihr zu weh tun, ist das Schlüsselwort übrigens »Gnade«. In dem Fall lassen Sie den Gürtel beiseite, streicheln und kneten sie, küssen sie und stoßen langsamer. Und setzen Sie das Lederteil wieder im ersten Gang ein und ziehen langsam hoch, ohne den Motor zu überdrehen.

Die Damen: Sie haben ihn gefesselt, sehunfähig gemacht, und da liegt er nun. Was nun? Ein Eis essen gehen?

Fangen wir an: Küssen Sie ihn fast auf den Mund, er muß nach Ihnen schnappen, Sie dürfen zurückweichen. Liebkosen Sie seinen Körper, stülpen Sie Ihren Mund über sein Ding, und bringen Sie es hoch oder reizen Sie es bis kurz davor. Lassen Sie Ihre Brüste vor seinen Lippen tanzen, so daß er sie kurz zu fassen bekommt, um an ihnen zu saugen. Berühren Sie mit Ihren Brüsten seinen Oberkörper, wandern Sie immer weiter herab. Tauchen Sie Ihre Finger in Öl, massieren Sie seinen Schaft, seine Juwelen, seine Brustwarzen, Ihre eigene Höhle. Und wenn er sich wieder abgeregt hat, setzen Sie sich auf ihn. Vorher können Sie auch ganz nach Belieben Ihr duftiges Geheimnis zwischen Ihren Schenkeln auf sein Gesicht drücken, er darf von dem süßen Saft kosten.

Da war doch noch was. Ach ja, die *Dildos* und *Vibratoren*.

Haben Sie als Frau schon mal einem Mann einen Dildo in den Arsch geschoben? Wahrscheinlich die wenigsten. Denn: Welcher Mann hat schon mal selbst ausprobiert, wie sich so ein dickes Ding anfühlt? Die wenigsten. Sonst wüßten sie, was Frauen so alles wegstecken, wenn man ihnen sein Ding hinten hineinwuchtet.

Aber: Die Prostata, die man nun mal am besten so erreicht, wird effektvoll gereizt – ob durch einen Finger oder einen Dildo – und kann zu ungeahnten Höhepunkten führen. Frauen haben ihren G-Punkt, Männer den P-Punkt.

Die Vibratoren dienen dazu, es mal auszuprobieren, wie es sich anfühlt, als Frau gleichzeitig von hinten und vorn bedient zu werden. Und als Mann kann man erleben, wie es ist, gleichzeitig geblasen und in den Arsch gefickt zu werden – ohne jemals einen anderen Mann zu berühren, was für die meisten ja immer noch ein Tabu ist. Die einzige Regel dabei: Vorsichtig, aber konsequent, entweder mit einem glitschigen Kondom oder mit viiieeel Öl!

Die Sonderausstattung, wie ein *Godmiché*, ist dazu da, um ihn sich umzuschnallen und die Rollen zu tauschen. Frau wird Mann, Mann wird Frau. Sie nimmt zur Abwechslung ihn und vögelt ihn mit einem Kunstprügel – klar wohin. Nur für Partner, die sich vertrauen oder gar nicht kennen und schon Dildos gewohnt sind.

Butterfly, Liebeskugeln, Reizringe und *LLL (Leder, Lack, Latex)* können als Überraschung ab und an eingesetzt werden, und die Dinge gehören deshalb zur Sonderausstattung, weil nicht jeder so super erfahren ist in dem Geschäft und sich erschrecken könnte.

High Heels und Netzstrümpfe kann man tragen, um das gute alte Rollenspiel Nutte – Freier zu Hause nachzuspielen. Zumindest bleibt da mehr für die Haushaltskasse übrig.

Schalldichte Wände sind deshalb von Vorteil, weil man die schönsten schmutzigen Worte schreien darf, ohne am nächsten Tag zwangsgeräumt zu werden.

Und wozu das *Mobiliar*? Auf einem Stuhl knien und von hinten genommen zu werden kommt gut, oder sich über ihn auf die Couch zu hocken und an der Lehne festzuklammern ist nicht schlecht; es mal eben auf der Spülmaschine zu treiben oder auf dem Teppich vor dem Flurspiegel – schauen Sie sich sofort in Ihrer Wohnung um, und überlegen Sie, was sich da machen läßt.

Als letztes fragt man sich natürlich: Fein, diese ganzen Ideen. Aber wo bekomme ich diese Dinger her?
Man kann sich Spielzeug ins Haus liefern lassen oder in einen der diversen Shops gehen. Ich weiß – leichter gesagt als getan. Manchmal traut man sich einfach nicht. Besonders in einer Kleinstadt befürchtet man, dort seinen Chef zu treffen oder die gar liebe Nachbarin. Aber Sie könnten zum Beispiel in eine Großstadt fahren, wo Sie garantiert keiner kennt. Oder sich verkleiden. Oder einen richtigen Ausflug zusammen mit Ihrem Partner machen. Zusammen ist man stärker. Und wenn Sie erst mal drin sind, wird Sie keiner dort schief anschauen oder pausenlos fragen, ob man Ihnen behilflich sein kann.
Schön, und wie findet man solche Läden? Gelbe Seiten zum Beispiel. Kleinanzeigen in der Tageszeitung auch. Oder einfach in der Fußgängerzone. Schauen Sie einfach nach Beate Uhse, Orion, WOS, Ladies First oder einfach unter der Rubrik: Sex-Shops. So heißen die Dinger nun mal, und wenn Sie es geschafft haben, reinzugehen, sich was Nettes auszusuchen, es zu kaufen, in eine neutrale Tüte packen zu lassen und wieder rauszugehen, haben Sie für sich einen persönlichen Erfolg errungen. Ich finde, das ist es wert. Abgesehen davon – sind Sie nicht auch einfach fürchterlich neugierig?

19. Kapitel

೩

Prostitution: Huren, Freier, Bordelle, Spießer, Luden und die Hausfrau

Warum gehen Männer zu Prostituierten? Warum wird man Hure? Was können sie, was andere nicht können? Wer geht dahin? Wann? Wie oft? Ist nicht jede Frau eine Hure? Ist das emanzipiert oder was?
Fragen, die wir alle mal hatten, haben, haben werden oder die jetzt einfach mal gestellt werden. Da ich kein Mann bin, kann ich einige Fragen nur aus der Beobachtung oder aus Interviews mit Männern beantworten, andere nur aus dem eigenen Gefühl.

Für Sex Geld zu bezahlen oder, anders herum, Geld für Sex zu nehmen ist keine neue Geschichte. Manchmal ist es auch eine Art Tauschgeschäft: Gib du mir Sex, und ich sorge dafür, daß es dir an nichts mangelt. Manche nennen es Beziehung.
Wenn einem Sex Spaß macht, was spricht eigentlich dagegen, daß man sich diesen Spaß auch noch vergolden läßt? Menschen – ich sage jetzt nicht Männer – sind bereit, dafür Geld auszugeben, andere, es anzunehmen. Wenn sich zwei finden, sollte doch alles bestens sein. Trotzdem werden Huren, Prostituierte, Nutten, Callgirls, Kurtisanen oder Geliebte immer noch scheel angeschaut, als ob es unglaublich verwerflich ist, was sie da tun. Manch einer wird sich jetzt fragen, ob ich an dieser Stelle eine Lanze für das horizontale Gewerbe breche, wie es schon unzählige vor mir getan haben. Nun, es ist tatsächlich so.

Wohin soll man sonst mit seiner Lust?
Dieses Gewerbe trägt einen großen Teil unserer Wirtschaft.
Nirgends ist Sex ehrlicher als dort.
Falls Ihnen daran irgend etwas nicht paßt, schreiben Sie dem Verlag.

Es gibt noch ein paar Tatsachen zum Thema Hurerei: Nur weil jemand, ob Mann oder Frau, meist jedoch Frauen, Sex gegen Bezahlung gibt, heißt das noch lange nicht, daß dieser Mensch weniger wert ist oder gar allen zur freien Verfügung steht. Denn nur weil Sie Ihrem Bäcker die Brötchen bezahlen, um Ihren Eßtrieb zu befriedigen, heißt das noch lange nicht, daß Sie mit ihm machen können, was Sie wollen.

Viele Ehefrauen empfinden es als weniger schlimm, wenn ihr Mann regelmäßig zu einer Hure geht, als daß er eine Affäre mit einer Frau ohne diese Ambitionen unterhält. Warum? Weil viele meinen, Sex muß nicht immer was mit Liebe zu tun haben, und wer Geld nimmt, liebt nicht. Also geht auch keine Gefahr von jemandem aus, der nicht liebt.
Daß diese nachsichtigen Gattinnen sich nicht mehr begehrt fühlen, ist eigentlich klar. Sie sehen in einer Hure keine Gefahr für ihre Ehe, auch nicht für die Liebesbeziehung. Aber ganz tief drinnen, da fragen sie sich, was an ihnen dran ist, daß ihr Mann sie nicht (mehr) begehrt. Es geht um ihr sexuelles Selbstbewußtsein.
Wie einfach müssen es dann Huren haben, könnte man jetzt die Kiste umdrehen. Sie müßten sich kaum retten können vor ihrem strotzenden sexuellen Selbstbewußtsein und zu strahlenden, ausdrucksstarken Persönlichkeiten werden. Und warum kommen uns manche vor wie ein Häufchen Elend?
Ganz einfach. Eine Hure sein bedeutet nicht nur, schnelle Kohle auf der Tasche zu haben und etwas zu machen, was einem Fun bringt. Sondern es bedeutet auch ein gefährliches Leben. Sie müssen alles selbst bezahlen. Kein Arbeitgeber dieser Welt zahlt

für Prostituierte Sozialversicherung, Kranken- oder gar Pflegeversicherung. Und trotzdem zahlen Huren Steuern! Gäbe es morgen einen Streik aller in Deutschland beschäftigten Prostituierten, dann bekäme nicht nur unser Bruttosozialprodukt einen Knacks, sondern sämtliche nichtbediente Kunden ebenfalls. Wer weiß, wen diese alle anfallen würden, welche Aggressionen da aufgestaut werden, wie unglücklich die Leute tatsächlich wären. Einzig und allein Psychotherapeuten hätten viel zu tun und die bittere Frage zu klären: Warum will meine Stammhure mich nicht mehr?
Es gibt statistische Erhebungen, die kurz und bündig behaupten, drei von vier Männern gehen zu Huren. Da einige dieses täglich tun, andere es bisher nur einmal ausprobiert haben, braucht niemand vor diesem erschreckend hohen Prozentsatz zurückzuzucken und heimlich die männlichen Kollegen durchzuzählen. Es bedeutet auch nicht, daß vier Männer lügen, wenn sie behaupten, sie wären noch nie bei einer der Damen gewesen. Und wenn schon, was macht es?
Insgeheim befürchten viele Frauen, daß die Ladies vom Gewerbe gewisse Fähigkeiten besitzen, die sie nicht innehaben, und daß sie ihnen deshalb überlegen sind. Zumindest was die ganze Sexgeschichte angeht. Dabei liegt die Lösung nicht in dem, was die Damen können, das unterscheidet sich auch nicht groß von dem, was in anderen Betten abgeht, sondern in der Grundvoraussetzung. Sex ist dort unkompliziert, ehrlich, direkt, offen. Keine Erwartungen, keine übermächtigen Gefühle, keine Sorgen, etwas falsch zu machen, kein Drang, es besonders gut machen zu müssen. Und außerdem besteht dort die Möglichkeit, sich jemanden, ohne sich wegen seiner Vorlieben zu schämen, auszusuchen. Wenn er auf blond steht, nimmt er blond, wenn klein, dann klein. Niemand wirft ihm vor, daß es ihm nur auf Äußerlichkeiten ankommt, niemand verlangt danach hohe Aufmerksamkeit oder nette Worte.
Gut, es gibt sicher die einen oder anderen Praktiken, die aus dem

Erfahrungsschatz ausbrechen. Aber irgendwelche geheimen, mündlich überlieferten Kunstgriffe oder Turntechniken findet man weniger. Manche blasen gut, manche haben eine nette Art, sich auszuziehen, andere wiederum legen sich genauso hin wie Hunderte von Frauen, die damit nicht ihre Brötchen verdienen. Was das für Praktiken sind, möchte man schon gern wissen. Durchaus extreme Sachen, wie auf ein Stück Zeitungspapier koten, jemanden ins Gesicht püschern oder geschickt verprügeln, fesseln, beschimpfen, was auch immer. Oder die kleine Täuschung, bei der der Schniedel nur zwischen die Schenkel rutscht und bestimmt nicht hinein. Oder der Haut-Zurückhalte-Griff, bei dem ein Mann schneller kommt. Für Akkordarbeiterinnen sicher von Vorteil.

Eine Stunde dauert bei den Damen auch meist nur 40 Minuten. Die Tarife sind nach Hamburger Verhältnissen: Auf der Straße am Hafen 50-70-90-120 (Handmassage, Blasen, Blasen und GV, GV in einer Absteige). Manche drogenabhängigen Straßenschwalben lassen sich bei 220 auch dazu bringen, es ohne zu tun. Ohne Gummi. Auf dem Kiez fängt das Ganze bei 70 an und hangelt sich hoch zu 150, in Clubs auf 200, in Bordells auf 250 bis 300. Dafür bekommt man aber noch was zu trinken, eine volle Stunde, wenn man kann, nettes Zimmer und ein bißchen Unterhaltung. Meist russisch, ungarisch oder polnisch, denn diese Damen machen den höchsten Prozentsatz aus. Die Mädchenmafia ist in Deutschland ziemlich stark vertreten, die Dunkelziffer unglaublich hoch. Jeder versucht, junge Dinger aus dem Ostblock abzuschleppen, ihnen eine Modelkarriere ins hübsche Öhrchen zu setzen oder Heiratsabsichten vorzugaukeln, und schwupps, so schnell kommt keiner, sind die zarten Kinder fern der Heimat und machen die Beine für Männer breit, deren Sprache sie nicht verstehen.

Und schon kommen wir zu den verschiedenen Gruppierungen. Es gibt die Straßenschwalben, die entweder auf eigene Kappe oder für einen Zuhälter arbeiten. Dann haben wir noch die Damen, die fest in einem bestimmten Betrieb oder Haus arbeiten; Damen des Hauses, Huren oder einfach Bordellhuren. Des weiteren haben wir die Callgirls, deren Rufnummern man oft genug in den einschlägigen Tageszeitungen unter »Hallo« oder »Bekanntschaften« findet. Man kann sie auch über einen Escort-Service ins Hotel oder nach Hause bitten, aber das kostet schon einiges. Des weiteren haben wir die Kurtisanen, die mehr oder weniger in ihre eigene Tasche arbeiten und sich von fünf bis acht Dauerkunden über Wasser halten. Die Gelegenheitsnutten können Hausfrauen sein, Telefonistinnen, Studentinnen, Managerinnen oder sonstwas. Sie tun es hin und wieder mal, mehr auf mündliche Empfehlung hin. Keine Profis in dem Sinne, nur aus Spaß an der Freude und weil es ihnen kein Problem bereitet, sich die Wohnungseinrichtung damit zu finanzieren.

Es ist ja auch so einfach: Man legt sich hin, ist vielleicht noch ein bißchen nett, und nach 12 Minuten hat man einen Blauen verdient. Und so schlimm war es auch nicht, derweil an Richard Gere oder Henry Maske zu denken. Und sogar in den Spiegel kann man hinterher gucken, ohne daß der Blitz auf einen herniederfährt. Warum gibt es dann diese Beschaffungskriminalität? Warum wünschen sich viele, aus dem Geschäft auszusteigen? Warum erlebt man viele verhärmte Frauen, die nach drei Jahren Geschäft ihr Leben nicht mehr in den Griff kriegen?

Weil man Freiwild ist. Weil einen die falschen Leute benutzt, verbraucht, abgenutzt haben. Weil man sich auch nach Geborgenheit, Liebe, Lust, Partnerschaft sehnt. Weil das Geld allein einem auch nicht die Zärtlichkeit einer Verliebtheit geben kann. Weil man Drogen nimmt, um bestimmte Praktiken durchzustehen. Weil man sich wünscht, nicht mehr so verdammt tief auf der gesellschaftlichen Leiter zu stehen. Weil man endlich mal wieder nach Hause gehen möchte, ohne Angst zu haben, der Vater würde der nächste Freier sein, der seine Tochter nicht erkennt. Weil man nicht mehr die Mutter anlügen will.

Es gibt ja sicher viele aufregende, spannende, erotische Geschichten über Callgirls. Frische, begabte, junge, gutaussehende Frauen mit Grips und Charme, die drei Jahre lang in der Welt rumjetten, den tollsten Männern Liebesdienste erweisen, dabei noch selbst ihren Spaß haben, jede Menge Mäuse machen und hinterher vom Millionär geheiratet werden. Schön wäre es, dann würden wir das alle machen. Aber im Winter kann es verdammt kalt sein auf der Straße. Und Weihnachten verdammt einsam, wenn alle Stammkunden brav Familienvater spielen.
Doch wer hat noch nicht mit dem Gedanken gespielt, Edelhure zu sein? Eine, die begehrt wird, für die man Preise zahlt, die über dem eigenen Nettogehalt liegen? Einfach so mal, nebenbei, einmal die Woche vielleicht. Vorher nett ins Theater, was Schickes essen, herrlich angetippert ins Bett steigen und morgens allein aufwachen mit nichts als jede Menge Scheine auf nackter Haut? Dieses gepflegte Metier ist aber nur wenigen vergönnt, und selbst die arbeiten selten selbständig, sondern irgendein mehr oder weniger mieser Typ hat sich an sie herangemacht, erpreßt sie charmant, droht ihr weniger charmant oder half ihr schon mal aus einer mißlichen Lage – in der er sie vorher hineingebracht hat.

Und was soll eine Ehefrau tun, die weiß, ihr Mann geht zu einer Hure, vielleicht regelmäßig – sich etwa scheiden lassen? Für ihn die Hure spielen? Auf Distanz gehen, sich einen Liebhaber nehmen?
Es kommt darauf an, wie der Sex mit ihm bisher war. War er unbefriedigend, langweilig, brutal, beschämend? Dann stimmte auch was mit der Beziehung nicht mehr. Aber war es schön, erfüllend, geil, dann muß man mit ihm sprechen. Ob er sich selbst etwas beweisen will – vielleicht kann er bei der eigenen Frau nicht, weil er nicht weiß, wie er ihr ihre Wünsche erfüllen kann? Und wollte einfach wissen, ob er ihn überhaupt noch hoch bekommt?

Huren wird es immer geben. Überall. Keine Religion, kein Gesetz, keine Staatsgewalt wird die Prostitution jemals ausrotten können. Denn solange Männer Lust haben, werden sie sich Huren hingeben.

20. Kapitel

Ich bin die Geliebte eines verheirateten Mannes

»Wie können Sie nur, Ma'm, schämen Sie sich nicht?«
Doch, manchmal schon. Denn seine Frau hat mir doch nichts getan. Sie hat ihre Stärken, ihre Schwächen, sie ist ihm seit fast drei Jahrzehnten treu.

Ich hatte mal ein Prinzip: Fange nie etwas mit den Freunden deiner Freundinnen an, nie etwas mit verheirateten Männern. Warum? Weil seine Frau das nicht verdient hat – und ich auch nicht. Gestohlene Stunden, Minuten, Heimlichkeiten, Verstöße gegen die Moral. Moral?
Ich schreibe das hier für all diejenigen, die eine Geliebte haben, und für Frauen, die mit einem Mann zusammen sind, der nicht mit ihnen verheiratet ist.
Mit seiner Frau hat er Kinder, mit dir Stunden im Hotel. Er wohnt in einem gemeinsamen Haus, du teilst dir mit ihm ein Geheimnis. Statt beim Fußball zu sein, ist er bei dir, duscht, bevor er geht. Kann an deinem Geburtstag vielleicht eine halbe Stunde länger bleiben. Redet von »zu Hause«, wenn er nicht deine Wohnung meint. Redet von »uns«, wenn er von ihr spricht. Liebt dich, seine Gedanken wirbeln durcheinander.
Kann man mit einem Geheimnis leben? Warum entscheidet er sich nicht für dich? Weil er viel Geld dadurch verlieren würde. Weil er viel Kraft bräuchte für ein neues Leben. Weil ihr nicht

wißt, ob es wirklich klappt mit euch. Weil er seinen Enkel liebt. Weil er seiner Frau irgendwo immer noch viel Gefühl entgegenbringt. Weil er nicht weiß, ob er mit dir zusammen auch den Alltag ertragen könnte. Weil seine Lebensspanne viel kürzer ist als deine. Wenn man so jung ist wie ich.

Schlechtes Gewissen. Wem nehme ich den Mann weg? Stürze ich ihn in Konflikte? Wieviel bedeute ich ihm wirklich? Was kommt, wie lange kann oder will ich darauf warten? Ist ein geheimes Verhältnis nicht viel prickelnder als ein offenes, mit Diskussionen über eine gemeinsame Zukunft?
Wir treffen uns in der Mittagspause, lieben uns in seinem Firmenauto, in der Tiefgarage. Lächeln uns im Büro kurz zu, vermeiden jede Berührung. Melden uns im Hotel unter seinem Namen an, verlangen eine Einzelzimmerrechnung. Erleben gefühlvollen, heißen Sex. Neue Unterwäsche führe ich vor, genieße sein Erstaunen, wenn ich wieder etwas neues im Bett mit ihm mache, genieße seine Bewunderung, seine Dankbarkeit – warum gerade ich?
Er hat Schwierigkeiten, zu Hause. Er sagt nicht »meine Frau versteht mich nicht« – zum Glück, denn vor solchen Männern sollte man sich hüten. Riecht er nach mir? Er hat sich diesmal nicht die Hände gewaschen. Ob sie noch miteinander schlafen? Nicht fragen, weil die Antwort vielleicht weh tun würde. Sie fahren zusammen in den Urlaub. Er hat eine Handyrechnung von knapp 300 Mark.
Kaum ist er wieder da, steht er vor der Tür. Sie weiß bestimmt, wie er seinen Kaffee trinkt, du nicht, weil er nicht über Nacht bleibt. Du machst ihm Probleme. Wie soll er seine leuchtenden Augen erklären? Laß es sein – du bist nicht stark genug, eine Liebe aufzugeben. Sagst nichts, verlangst nichts, bist lebensfroh, zuversichtlich. Das mag er an dir. Nicht so viele Probleme wie zu Hause. Aber für Streit, Unmut oder Melancholie ist auch keine Zeit.

Ahnt jemand was? Könnte jemand ihn verraten? Was mische ich mich überhaupt in seine Ehe ein? Ich nehme einer anderen Frau den Mann weg.
Und wofür will ich ihn haben? Ist es auch für etwas Gemeinsames? Oder sonne ich mich in dem Triumph, einen Mann verführt zu haben, der eigentlich unverführbar ist. Doch er gab meiner einstweiligen Verführung statt – seine Schuld?

Wenn er seine Frau betrügt, wird er mal das gleiche mit mir machen? Wem erzählt er von mir? Und was? Hat er mir gegenüber ein schlechtes Gewissen?

Mein Vater ist nicht gerade begeistert. Befürchtet er doch, sein kleines Mädchen wird ausgenutzt von einem geilen Knacker. Kann sein, ist aber nicht so.

Die verlorene Jugend wieder aufholen – wer weiß. Etwas in mir wiederfinden, was er bei sich schon verloren geglaubt hatte.

Seine Tochter ist älter als ich.

Was hat er, was andere Männer nicht haben, die nicht verheiratet sind?

Sein Charme zum Beispiel ist gereift. Ohne die Jahre, die er mir und anderen voraushat, würde er nicht so überzeugen. Seine beschützende Art, die ich einem Jüngeren nicht abnehmen würde. Die Verantwortung, die er schon so lange geübt hat zu übernehmen. Diese gewisse Dankbarkeit, die nie penetrant, sondern respektvoll ist – für die Tatsache, daß ich ihm mit vollen Zügen das gebe, was mein Vorteil ist: Jugend.

Zunächst ist es ja beruhigend zu wissen, daß ich mich nicht völlig

in dieser Beziehung verlieren muß, denn ein totales, tägliches Miteinander ist ausgeschlossen. Denkt man. Aber, was passiert, wenn das Sch-Wort eintritt – Scheidung?
Drei von vier Geliebten warten darauf, daß er ganz für sie da ist, sich von seiner Frau trennt. Drei von vier Frauen warten immer darauf. Ich gehöre zum anderen Teil. Diese Liebelei ist dann keine Affäre mehr, sie wächst sich zu einer Beziehung aus, die geprägt wird von Gemeinsamkeiten, Routine, Alltag. Ein harter Test! Was vorher süße, gestohlene, verbotene Zeit war, ist nun erlaubt, Gewohnheit, fast ein Muß.

Aber zum Glück hat jeder Mensch noch das Recht zur Entscheidung. Ja oder nein, man kann immer noch gehen. Keiner braucht sich verantwortlich zu fühlen für den Menschen, der seine Ehe beendet. Aber gerade bei einem älteren, viel älteren Mann fragt man sich natürlich: Wenn ich nicht mehr da bin, wer dann?

Aber eines kann ich jedem jungen Mädchen oder jeder jungen Frau sagen: Ein Mann mit Erfahrung tut gut. Er streichelt die Seele, und der Sex verliert sein Hauruck-Gebaren, sein gockelhaftes Getue, seinen Mittelpunkt der Macho-Männlichkeit; sprich, er wird selbstverständlicher und doch erfüllender. Ihr werdet sehen: Selbst die Sprache ist eine andere. Da wird nicht von Vögeln und Ficken geredet, sondern von bei dir sein, zu dir kommen, dich wollen, verwöhnen, Liebe schaffen und machen. Es ist eine neue, andere Erfahrung. Und nur wer Erfahrungen gemacht hat, kann in Ruhe alt werden.

Ach, noch was: Falls euch, liebe Liebhaberinnen der Seniorengarde, irgendwelche Freunde fragen: »Was willst du denn mit dem alten Mann?«, dann müßt ihr keine Antwort geben. Sondern fragen: »Was willst du denn mit dem jungen Kerl?« Wahrscheinlich kommt die Antwort, daß man mit ihm alt werden möchte oder daß man schließlich jemanden für die schönste Sache der Welt braucht oder daß Jüngere besser aussehen, noch alles vor sich haben. Und dann brauchen Sie nur zu sagen: »Fein, dasselbe habe ich auch vor.«

Inzwischen ging die Sache bei mir so aus, daß der Name, der da vorn auf dem Buch steht, mein Mädchenname ist. Ja, vielen Dank, ich bin auch sehr glücklich. Denn: es geht doch!

21. Kapitel

Frauen wollen Babies, Männer wollen Barbies oder Die magischen drei Monate

Klar: Frauen wollen feste Beziehungen, geheiratet werden, in die Flitterwochen auf Hawaii geflogen und zur Mutter gemacht werden – es sei denn, sie sind Feministinnen und lesbisch oder Emanzen und häßlich.
Klar: Männer wollen ficken, saufen, Fußball gucken, Skat kloppen und nicht zu viel für eine Putzfrau ausgeben.
Soweit die Klischees.
Männern wird stets vorgeworfen, sie seien beziehungsunfähig, hätten eine undefinierbare, bereits in der Frühkindheit durch Ödipus festgelegte Angst vor einer sogenannten tiefergehenden Beziehung zu einer – o jemine – Frau! Da ist bestimmt die indogermanische Konsonantenverschiebung dran schuld. Die was?
Und Frauen – ach ja, sie klammern, kreischen, küssen und ketten Männer an sich und ihr Bauchkettchen.

Alles Quark. Es gibt keine repräsentative Umfrage (zu der man übrigens auch nicht mehr als ein paar Tausend Leutchen auf der Straße befragen müßte), die belegt, daß Männer auf die Ehe pfeifen und Frauen sich nichts sehnlicher wünschen.
Männer und Frauen haben – obwohl sie eigentlich in verschiedenen Welten leben – tatsächlich Gemeinsamkeiten in ihrem

Unwillen, sich nah an das andere Geschlecht zu binden. Instinkt her, Ursinn hin – der Vermehrungstrieb treibt kaum noch jemanden in die Arme (oder Klauen?) des anderen. Sicherheit, Geborgenheit – schön und gut. Aber seien wir doch mal alle ganz ehrlich zueinander: Es wäre schön, wenn wir jemanden hätten, der uns liebt, zufriedenstellt, in Ruhe läßt, nicht zu auffällig in der Wohnung rumstreunt, repräsentativ ist, wenn man ihn braucht, mit dem man sich im Bett ausgelastet fühlt, der aber nicht allzu laut schnarcht. Also eigentlich einen Hund. (Bis auf die Sache mit dem Bett.)
Viele haben auch einen, warum wohl?

Nun, aber mit ihrem Single-Dasein sind die meisten auch nicht zufrieden. Sie hassen die Ruhe, die sie mit einem – Achtung, tolles Wort – Lebensabschnittsgefährten so dringlich vermissen werden.
Und so wird das Glück immer wieder herausgefordert. Man flirtet, verführt, ist in der Falle. Verliebt sich für drei magische Monate.
Drei magische Monate.
Zwölf Wochen des Glücks, des besten Sex, der heißesten Liebesschwüre, der aufregendsten Happenings, der schönsten Unternehmungen.
Am ersten Tag der dreizehnten Woche wachen viele auf, schauen den Menschen an, der da neben ihnen gerade einen Speichelfaden auf das Kissen absondert, und haben ein unbestimmtes Gefühl; das Gefühl, mal wieder dringend allein sein zu wollen, etwas anderes zu sehen, zu hören, zu fühlen. Das ist selten ein Gefühl, daß man mit jemand anderem schlafen möchte. Es ist nur anders. Anders, weil jetzt eine Zeit anbricht, in der aus frischverliebten Pärchen Liebespaare werden und zum Schluß einfach nur noch Ingo und Babs, Anja und Bernhard, x und y, Aronal und Elmex, Wash & Go. Aufregend wie ein Krankenhausfußboden. Man sagt »wir«, wenn man eigentlich »ich« meint,

man sagt »ich«, wenn man die Vergangenheit beschreibt. Als Paar in der Zukunft zu enden macht plötzlich angst, an diesem Tag der dreizehnten Woche.

Auch wenn es nicht bei allen immer so ist, nach den magischen drei Monaten heißt es hopp oder top, Tod oder Leutnant, du und ich oder wir. Nur die Harten kommen in den Garten, Leute. Und obwohl man viel besser schläft, seit es den anderen gibt, obwohl Sex mehr Spaß macht, als wenn man ihn allein begeht, obwohl es so schön ist, jemandem zu vertrauen – der Point of no return ist nah.
Jetzt erscheint das große P in den Augen. Panik. Vor zuviel Nähe. Vor zuviel Vertrauen. Vor zuviel Verpflichtung. Vor zuviel Liebe. Eintönigkeit, Langeweile, Gewissen, Enge. Davor, daß der andere zuviel von einem wissen will, etwas erfährt und vielleicht verurteilt. Prinzipien, die man hat, aburteilt, Dinge, die man getan hat, verurteilt, Sachen, die man denkt, nicht versteht, abstoßend findet, langweilig, nicht gerade spektakulär.
PANIK, DASS DER ANDERE EINEN SO KENNENLERNT, WIE MAN WIRKLICH IST!!!!!!

Natürlich geben wir das nicht zu. Warum auch? Medien sagen es uns, und ganze Bücher wurden vollgeschrieben zu dem Thema: Ich liebe mich, wie ich bin, und wenn es andere nicht tun, haben sie einen schlechten Geschmack. Tolle Wurst.
Wir wollen aber nicht, daß die anderen bloß einen schlechten Geschmack haben. Wir wollen, daß sie uns TROTZDEM lieben. Aber:
Wir wissen auch, wenn wir das so gern hätten, will es der andere auch. UND DAS KÖNNEN WIR VIELLEICHT NICHT!

Jemanden trotzdem lieben? Wozu? Gibt es nicht einen anderen Menschen, bei dem das nicht so schwerfällt? Den wir nicht *trotzdem*, sondern *weil* lieben könnten? Und könnten wir den

nicht zufällig gleich morgen treffen – wenn wir nicht schon leider, leider gebunden sind an ein Etwas, das wir trotzdem lieben müssen, weil es uns trotzdem liebt.
Ach, wie fatal, daß wir selbst keine Hundertprozentmenschen sind und auch nie einen Hundertprozentmenschen treffen werden.

Zurück zur Angst, sich zu binden. Man muß ja nicht alles heiraten, was ins Bett fällt.
Vor was fürchten wir uns? Wie wichtig sind die Antworten auf diese Frage? Welche Fragen müssen wir uns außerdem stellen?
Wir fürchten uns, wenn wir kurz davor stehen, eine Beziehung als öffentlich anerkannt zu betrachten, davor:

- es nach zwei Kindern, einem Hund, fünf Wellensittichen und etlichen Krachs zu bereuen.
- nie wieder ohne Scheu das Bad benutzen zu können, um absonderliche Geräusche zu machen.
- dem Partner Gedanken mitzuteilen, die wir niemandem verraten würden, es jetzt aber müssen, weil der andere sonst beleidigt, verletzt, böse, unleidlich ist und sich allem verweigert und sich beim besten Freund beschwert.
- nicht mehr, ohne uns beobachtet zu fühlen, in der Nase popeln, die Fußnägel schneiden, uns selbst befriedigen, Musik hören, Pizza im Bett essen und die Küche vollrauchen zu können; zumindest meinen wir das. Seltsamerweise scheint das Männer weniger zu belasten.
- samstags Fußball zu schauen. Obwohl man keine Ahnung davon hat – ganz zu schweigen von Beckenbauers unverständlichen Kommentaren.
- beim Sex jedesmal den Bauch einziehen zu müssen oder sich tatsächlich mehr damit zu beschäftigen, wie man aussieht.
- die Familie des zukünftigen Lebensgefährten auf Zeit (was ist schon Zeit) am Hals zu haben, die man mit ziemlicher Sicher-

heit nicht ausstehen kann, die aber stets zum Kaffeekranz am heiligen Sonntagnachmittag eingeladen ist, zu dem man immer wieder so prickelnde Fragen zu beantworten hat wie: Und was haben Sie früher gemacht? Ach, und kennen Sie die Runges? Noch ein Plätzchen? Wann kommt ihr uns wieder mal besuchen? Wollen wir nicht zusammen in den Schwarzwald fahren? Was macht ihr beiden eigentlich den ganzen Tag? Kennen Sie eigentlich Karin (oder auch Ulf – die ganz reizenden, entzückenden Ex-Gefährten des Liebsten oder der Holden)?

- Na ja, und man fürchtet sich natürlich davor, daß es einem eines Tages nicht mehr genügt. Und deswegen fängt man schon mal gar nichts an – weil, ja warum eigentlich? Weil man sich in Gedanken schon mit der Trennung beschäftigt, wie man es sagt, und was man anziehen soll, wenn man es sagt? Quark.

Zurück zu den drei magischen Monaten.
Leider ist es ja nicht so, daß ein Paar, wenn es denn nun auseinandergeht, eine Pressekonferenz einläuten kann, um mit Floskeln wie: »Es war eine schöne Zeit, und ich wünsche auch sonst noch viel Glück«, die Sache zu beenden. Jeder muß selbst durch die Entscheidung: Verlängere ich den Vertrag, oder welche Ausreden lasse ich mir einfallen? Die Ehe-Qualifikationen werden in diesen ersten drei Monaten erworben, und nach diesen 90 Spieltagen wird klar, wer aufsteigt oder wer die rote Laterne trägt. Ziehen, zerren, grätschen – wer austeilt, muß einstecken können, gelbe Karten werden verteilt, und wer zum Schluß vom Platz muß, kann sich in der zweiten Liga – dem Single-Dasein – noch ein paar Fouls leisten.
Die ersten neunzig Tage sind deshalb am schönsten, weil es in ihnen von Premieren nur so wimmelt. Danach folgen nur noch erbarmungsvolle Rückspiele. Wie süß, ihr erster Nieser! Ach, du nimmst deinen Kaffee nur mit Zucker? Das also ist ihr Ex. So sieht nun seine Wohnung aus. Premieren sind wundervoll. Aber irgendwann ist Schluß. Und das Pärchen muß sich entweder

selbst etwas einfallen lassen, um die Beziehung wieder überraschender zu gestalten (nicht gleich die Wohnung wechseln), oder – was jetzt wirklich spannend wird – sich damit abfinden, daß es mehr Wiederholungen gibt. Wenn diese Wiederholungen nicht das Aus bedeuten sollen, muß eine Basis geschaffen werden, aus der jeder einen Vorteil der Rückspiele zieht: Geborgenheit, Sicherheit, Regelmäßigkeit. Nachteil: Langeweile, Enge, das Gefühl von: Was soll denn da noch groß kommen? Wer sich nicht vorstellen kann, was da noch groß kommen soll, der gibt es auf. Und wundert sich.

Was wirklich schade ist, daß man mit dieser Methode nie herausfinden wird, was wirklich hinter dem Horizont der neunzig Tage liegt. Denn, seien wir doch mal ganz ehrlich: Wir wissen bereits nach vier Wochen, ob der andere was für mehr oder für weniger ist. Aber: Wir können uns erst nach drei Monaten aufraffen, um entweder den Sack zuzumachen oder die Katze aus demselben zu lassen. Komisch, nicht?
Was liegt denn nun hinter den neunzig Bergen, nach sieben Zwergen und leider nur einem Schneewittchen? Ein Fußballer könnte die Frage beantworten – was kommt nach neunzig Minuten? Fußball und Beziehungen sind sich tatsächlich sehr ähnlich, und viele Leute haben weder von dem einen noch von dem anderen besonders Ahnung! Fußball kann einen erheben oder in Verzweiflung stürzen, nur die Leistungen auf dem Platz zählen, aber hinterher wird es wieder im ZDF schöngeredet – wia im richtign Leben, gell. Und wenn die neunzig Tage, pardon, neunzig Minuten enden, dann beginnt der Abstiegskampf.
Was kommt also nach den 90ern? Das Leben geht weiter, bei uns wird keiner erschossen. Produktive Ratlosigkeit auf beiden Seiten?
Der Ball ist rund. Und nichts anderes als eine runde Sache sollte es sein, nach den neunzig Tagen Leidenschaft, Action, Sex und kurzer Nächte.

22. Kapitel

10 etwas andere Methoden, sich einen Typen zu angeln, und 20, um ihn wieder loszuwerden

Meine Damen, die nächsten zwanzig Kommentare über die perfekt funktionierende Verführung werden Ihnen wahrscheinlich nichts Neues mehr sagen. Eigentlich erwähne ich die auch nur der Ordnung halber, denn sollte man tatsächlich ein ganzes Kapitel der Abschiebung von einst heißgeliebten oder so ähnlich betitelten Menschen widmen? Ist es denn in unserer Zeit, wo wir zu Weihnachten dem Roten Kreuz und dem Müttergenesungswerk unsere Kleider vom letzten Jahr spenden, nicht infam, mit viel Liebe zum Detail die Liebe detailliert zum Zigarettenholen zu schicken und derweil die Türschlösser auszuwechseln? Sollten wir nicht alle viel netter miteinander umgehen? Ja, bin ich denn mit dem Klammerbeutel gepudert, daß ich damit auch noch Geld verdienen will? Ist es denn ... Rhabarbaraba. Das einzig Unfaire wird sein, daß ich Männern dreißig Tricks vorschlage, wie sie Sie rumkriegen, und nur zwanzig, wie sie Sie wieder loswerden. Denn ernst genug waren wir bis hierher.

Okay, das Testprogramm läuft. Sie wollen ihn. Wollen ihn für eine Stunde, eine Nacht, für drei Wochen Urlaub oder fürs ganze Leben. (Erschießen ginge in dem Fall allerdings schneller; nein, was bin ich wieder keß.)

1. Sie gehen her, reißen den Kerl an sich und sagen: Ich habe nur noch sechs Monate zu leben, und mein letzter Wunsch ist, eine Nacht mit Ihnen zu verbringen. (Das ist zwar gelogen, aber wer weiß, ob Sie in zwei Monaten tatsächlich noch leben? Frau sollte jeden Tag so leben, als sei es ihr letzter.)
2. Sie gehen her, reißen den Typen an sich und sagen: Ich werde morgen fünfundzwanzig und hatte noch nie einen Mann. Nimm mich! (Falls Sie schon über dreißig sind, geben Sie sich als Ex-Nonne aus. Herr, verzeih mir.)
3. Sie gehen her, reißen den Typen an sich und sagen: Folgen Sie mir unauffällig zu meinem Auto, Sie werden observiert. Ich bin auf Ihrer Seite und werde Sie hier rausbringen. (Ein Freund von Ihnen wird gern den feindlichen Agenten spielen.)
4. Sie gehen her, reißen den Kerl an sich und sagen: Deine Freundin hat mit meinem Mann geschlafen, wäre es nicht Zeit, etwas dagegen zu tun? (Falls er in Tränen ausbricht, können Sie ihn trösten, falls er sauer wird, können Sie ihm sich als Rache anbieten, falls es ihm egal ist, versuchen Sie es mit 1.)
5. Sie gehen her, reißen den Kerl an sich und sagen: Ich habe Ihr Auto angefahren, könnten Sie bitte mit rauskommen? (Vor lauter Freude, daß sein zweitbestes Stück keine Schramme hat, läßt er sich bestimmt auf einen Kaffee zu Ihnen einladen. Daß es den erst am nächsten Morgen gibt, braucht er ja jetzt noch nicht zu erfahren.)
6. Sie gehen hin, schmeißen sich dem Kerl an den Hals und sagen: Ich bin der Mafia in die Quere gekommen, und sie wollen heute nacht meine Katze abstechen. Könnten Sie diese Nacht bei mir bleiben, ich habe solche Angst und bin so hilflos. (Falls er ein Weichei ist, sagen Sie, Ihr Ex-Mann hat heute Haftausgang und Sie befürchten, er käme bei Ihnen vorbei.)

7. Sie folgen ihm in den Baumarkt, bleiben an dem Regal stehen, wo er ist, suchen seinen Blick und sagen: »Ich weiß nicht, welche Bohrmaschine gut für mich ist. Ich bin ja soo hilflos«, und schauen ihn mit treuen, feuchten, zärtlichen Augen an. (Er wird Ihnen a.) seine Bohrmaschine leihen, b) es Ihnen direkt mit seiner Bohrmaschine besorgen, c) auf eine Keck & Mecker deuten und verschwinden oder d) Sie kopfschüttelnd anschauen. Dann standen Sie vor dem Regal mit den Fensterverkleidungen.)
8. Folgen Sie ihm auf die Toilette, und sagen Sie wow, wenn er sich umdreht. (Und bitte schreiben Sie mir dann, ob es geklappt hat oder ob er rückwärts ins Klo gefallen ist; dann war der Tip ein Griff ins selbige.)
9. Fahren Sie auf einen Rastplatz, zünden Sie Ihr Auto an, rufen Sie ihn an, und bitten Sie ihn, Sie von dort abzuholen. Vergessen Sie Ihren Autoschlüssel irgendwo in der Handtasche, und nisten Sie sich bei ihm ein. Ziehen Sie sich dort aus, wo er Sie ein bißchen sehen kann, und haben Sie zufällig Ihre heißesten Dessous an. Tun Sie so, als ob Sie schlafen, und stoßen Sie dann einen gellenden Schrei aus. Wenn Sie ihn dann hören, wie er zu Ihnen ins Wohnzimmer/Gästezimmer/Schlafzimmer rennt, stehen Sie auf und stoßen zufällig mit ihm in der Tür zusammen. (Er wird bei der ganzen Sache entweder a) den ADAC holen und Sie in ein Hotel verfrachten, b) den ADAC holen und Sie mit zu sich nehmen, aber bei seiner Freundin schlafen, c) den ADAC holen, und Sie werden sich entschließen, doch lieber mit dem gelben Engel der Straße die Nacht zu verbringen, d) Sie ohne ADAC abholen und Ihnen den blau-grün-gestreiften Pyjama sowie das Bett mit orange-braunem Blümchenbezug überlassen oder e) mit Ihnen in der Tür zusammenstoßen und Sie aufs Bett werfen.)
10. Sie gehen her, reißen den Typen an sich und sagen: Wieviel? (Falls er es versteht, nicht mehr als 300 auf den Tisch legen.)

Okay, Sie haben eine unglaubliche Nacht gehabt, kriegen auch nicht am nächsten Morgen den Hormonkoller wie »ich habe mich ja sooo verliebt – er auch? Oder hat er mich nur benutzt? Ich muß unbedingt mit ihm reden.« Falls Sie ihn also wieder in die Pilze schicken wollen, sagen Sie:

1. Tschüß, Michael. (Kommt gut, wenn er eigentlich Peter oder Heinz heißt.)
2. Bevor du es sagst – ja, ich ruf mal an. Aber was das heißt, weißt du ja.
3. Ruf mich nicht an, ich ruf dich an.
4. Ich werde dich nicht weiterempfehlen, denke ich.
5. Du brauchst heute abend nicht wiederzukommen. (Kommt auch hübsch, wenn man bereits zusammen wohnt und sich morgens verabschiedet.)
6. Könnte ich meine 300 Mark zurückhaben?
7. Ich bin verheiratet.
8. Dein Bettbezug kotzt mich an.
9. Ich war mal ein Mann.
10. Dein Chef vögelt besser.
11. Ich ziehe nach New York in eine Frauenkommune.
12. Dein bester Freund auch.
13. Du warst immer ein Fremder, und das ist auch besser so.
14. Jetzt habe ich meinen Seelenfrieden, du störst da nur.
15. Ich habe das Gefühl, du hast dich verliebt – besser, wir sehen uns nie wieder.
16. Ich habe dich nur benutzt.
17. Meine Mutter kommt gleich und bleibt acht Wochen.
18. Ich bin unglaublich scharf auf Ulrich Wickert.
19. Deinen Bruder/deine Schwester/deinen Vater krall ich mir auch noch.
20. Mein Favorit: Ich liebe dich. (Stimmt zwar nicht, aber da laufen One-Night-Stands garantiert weg.)

Mal ernsthaft: Das ist ziemlich gemein.
Gut, nicht?
Aber wir können auch anders: Männer haben ja auch ein Repertoire von Methoden, um ein Weib aufs Laken zu kacheln – bestimmt zwei oder sogar drei, die von Generation zu Generation weitergereicht werden, und niemand – jedenfalls keiner mit zwei Eiern – würde sich erdreisten, die zu modifizieren. Sie lauten: Ich liebe dich, ich will dich heiraten, wieviel.
Hahahaha. Welche Frau schon auf so was reingefallen ist? Wenn ich fast jede sage, ist es bestimmt nicht hoch gegriffen. Und wenn ich keinem Mann mehr als das zutraue – nun ja, manchmal müssen sie uns ja auch nicht sonderlich groß rumkriegen, denn wir haben sogar etwas wie einen eigenen Willen.
Nun, trotzdem, auch die traditionellsten Dinge brauchen ab und an einen neuen Anstrich, und nur deswegen mache ich hier ein paar bescheidene Vorschläge, damit sich Männer nicht dauernd Frauenzeitungen kaufen müssen, um zu wissen, was frau so will.

Regeln:
1. Lassen Sie sie das Gespräch am Telefon beenden. (Sie meint dann, sie hätte Sie in der Hand, und wird unvorsichtig.)
2. Zeigen Sie sich uninteressiert an ihrem Äußeren. (Das macht Frauen rasend.)
3. Stellen Sie sie Ihrer Mutter vor oder einer wohlwollenden Person, die sich dafür ausgibt. (Warum, weiß ich nicht.)
4. Hören Sie zu, und nicken Sie jedesmal, wenn sie »ich« sagt.
5. Sagen Sie ihr dann unvermittelt: Du bist die tollste Frau, die mir jemals begegnet ist.
6. Rufen Sie nie freitags an, wenn Sie samstags mit ihr ausgehen wollen. (Auch wenn sie darauf wartet, wird sie absagen, weil ihr das so von seltsamen, amerikanischen Ratgeberbüchern empfohlen wurde.)
7. Schicken Sie Ihr zweimal die Woche Blumen ins Büro.
8. Zeigen Sie ihr nie Ihren orangebraunen Blümchenbettbezug.

9. Halten Sie Ihren besten Freund von ihr fern.
10. Werden Sie nie zum Kumpel. (Also mehr als drei Monate baggern läßt sämtliche Erotik aufweichen wie eine schlappe Nudel.)

Methoden:
11. Sorgen Sie dafür, daß sie über andere erfährt, wie klasse Sie sie finden. (Hausmitteilungen müssen es nicht sein.)
12. Melden Sie sich nach einem Abendessen drei Tage lang nicht (bei Rückfragen sagen Sie, Sie hätten über sie nachgedacht).
13. Reißen Sie sie an sich, flüstern Sie ihr ins Ohr, daß Sie verfolgt werden und heute nacht auf keinen Fall nach Hause können und bei ihr untertauchen müssen, weil sonst Ihr Licht ausgeblasen wird.
14. Bestechen Sie einen Kumpel, der nicht so gut aussieht wie Sie (ist das überhaupt möglich, besser als Sie auszusehen?), die Dame Ihres Unterleibs anzubaggern und mitzuspielen, wenn Sie ihn ihr vom Hals halten. (Schön wäre eine richtige Rettungsaktion mit ein bißchen Prügelei und Ritterlichkeit und einer Autojagd.)
15. Schreiben Sie einen Liebesbrief (ab).
16. Schalten Sie eine Anzeige in der Tageszeitung, die sie täglich liest.
17. Sagen Sie: Ich könnte dich lieben. (Bitte mit höchst sehnsüchtigem Gesichtsausdruck.)
18. Ich bin schwul, aber dich will ich mehr als jeden Mann (Hoi!).
19. Küssen Sie ihre Hand und sagen: Eigentlich bin ich ja heute abend mit Til Schweiger auf ein Bier verabredet, aber ich würde viel lieber hier sein und dich/Sie anschauen. Darf ich, bitte?
20. Holzhammer: Legen Sie 2 000 Mark auf den Tisch, ein paar geile Ohrringe und zwei Theaterkarten dazu, und lehnen Sie sich mit flehendem Gesicht im Stuhl zurück. (Vorsicht bei Barhockern.)

Nun, Sie haben sie genossen oder auch nicht. Und jetzt? Schaut sie so verliebt, oder ist nicht aus dem Bett zu kriegen, oder Ihr Freund kommt gleich. Was tun:
1. Bitte geh, ich bleib' doch schwul.
2. Wachsen deine Brüste eigentlich noch?
3. Meine Frau kommt gleich nach Hause.
4. Rülpsen Sie ihr ins Ohr. (Supereklig.)
5. Bist du etwa verliebt? Dann solltest du besser gehen.
6. Mit Schminke siehst du besser aus.
7. Gibst du mir die Telefonnummer von deiner Freundin?
8. Kannst du mal staubwischen und heute abend die Tür hinter dir zuziehen?
9. Deine Schwester war besser.
10. Ich hab' Schulden. Kannst du mir 20 000 Mark leihen?

Es gibt ja Leute, so habe ich gehört, die so was tatsächlich sagen, *ohne* jemanden abschieben zu wollen. Bitter finde ich das. Denn fair wäre: Hör mal, meine Gefühle zu dir sind nicht so stark. Es war schön, doch wir sollten es nicht wiederholen.
Aber bitte keine Zusätze wie: Ich hasse es, dir weh zu tun, denn es ist klar, daß es selten beide gleichzeitig erwischt. Oder: Es tut mir leid. Hätte man sich auch früher überlegen können. Blöd ist auch: Ich ruf dich an. Weil eben jeder weiß, was es bedeutet, und jeder blöd findet, daß der andere keinen Schneid hat zu sagen, daß Sex zwar drin, Liebe aber draußen bleibt.
Es ist besser, sofort zu leiden, als nicht zu wissen, was los ist. Denn Ungewißheit multipliziert den Schmerz der Enttäuschung erst recht.
Wenn Sie also jemanden ins Bett kriegen wollen, demjenigen aber tiefere Gefühle vorgaukeln, dann stellen Sie sich vor, man macht das mit Ihnen. Diese Methoden waren zwar auch Tips, aber wer sich amüsiert hat, versteht bestimmt auch, daß das Leben nicht so sein darf. Es ist verdammt dreckig für beide Geschlechter, wenn man sie so eingesackt hat. Leute, Sex ohne

Liebe ist erlaubt. Aber bitte: Hört auf mit dem miesen Rumgetue. Was soll das? Vielleicht werdet ihr ein paar weniger Nummern landen, oder manchmal wißt ihr auch nicht, ob ihr nun verliebt oder einfach nur geil seid. Sind sich beide vorher einig, dann bumst euch die Seele aus dem Leib, und benutzt sonstwelche Ausreden dafür, daß danach Funkstille ist. Aber wer sich an andere ranschmeißt, obwohl er genau weiß, daß die Gefühle umsonst auflodern werden, hat es nicht verdient, glücklich zu werden. So. Punktum.

Nun, auch ich bin schon mal mit jemandem ins Bett gefallen, bei dem sich im nachhinein herausstellte, daß Liebe keine Rolle spielt. Aber zumindest habe ich nie so getan als ob, um ihn zu kriegen. Und so schlimm ist das echt nicht.

Um die Sache also abzurunden, hier noch ein paar geeignete Antworten auf unliebsame Anbaggereien:

1. Hat dieser Impotenzling etwa mich angebellt? (Wenn er 3 000 Mark auf den Tisch legt und Sie sowieso grad im Lotto gewonnen haben.)
2. Ohne dir nahetreten zu wollen, Süße, aber deine Titten sind einfach zu schlaff. (Wenn sie Sie an sich reißt etc.)
3. Ich bin schon mit deinem Dad zusammen. (Uuups!)
4. Zipfel dir selbst einen von der Palme. (Na ja.)
5. Ich habe gar kein Auto. (Wenn er/sie es angeblich angefahren hat.)
6. Ich hab' meine Tage.
7. Ich mach's nur ohne.
8. Ich bin ein Mann. (Wenn Sie eine Frau sind.)
9. 250. (Falls er/sie Sie nur auf einen Drink einladen wollte.)
10. Nein, ich bin schizophren. (Auf die Frage: So allein, schönes Kind?!)
11. Platz für Notizen. (Seltsamer Humor.)

23. Kapitel

ಸ

Eifersucht ist eine Leidenschaft, die mit Eifer sucht, was Leiden schafft

Ferrari oder die uninteressante Frage, wer nicht mit wem schlief

Als er nach Hause kam, nahm sie wieder diesen ekelhaften Pommes-mit-Mayo-und-Spülmittel-Geruch an seinen Klamotten war. Nicht, daß er in ihrer nun sechsjährigen Ehe und neunjährigen Liaison jemals gesund gegessen hätte, aber immer mittwochs und samstagnachmittags kam er mit diesem Glitzern in den Augen nach Hause. Und dem Geruch. Pommes. Mayo. Spüli. Bäh.
Nie hatte sie auch nur ein blondes Haar gefunden (ihres war rötlich), nie eine Spur Lippenstift an seinem Hemdkragen (sie tuschte sich nur die Wimpern), nie auch nur einen winzigen Slip in seinem Wagen (den sie nie benutzte. Den Wagen nicht und winzige Slips ebensowenig). Aber sie wußte es. Nein, sie wußte gar nichts. Nur, daß er seit drei Monaten geile Blicke hatte, mittwochs und samstagnachmittags, und diesen Geruch.
Er betrog sie. Aber mit wem? Und warum? Sie fühlte sich müde.
Sie ertappte sich dabei, ihn zu beobachten, wenn sie miteinander schliefen. Was nicht häufig war. Es wurde zwar nicht weniger, aber auch nicht mehr. Irgendwo hatte sie gelesen, daß ein Mann, der seine Frau betrügt, mehr Lust auf Sex hätte. Aber: nichts. Haha. Und falls er bei der anderen irgend etwas gelernt haben sollte, so vermochte er es geschickt zu verbergen. Schade eigentlich. Nicht, daß

sie sich unbefriedigt fühlte; es war nur so, daß die Leidenschaft fehlte. Die Lust.
Und dann das: Schatz, ich bleibe heute länger im Büro. Warte nicht auf mich. Sie fühlte sich versucht, mit einem Taxi hinzufahren, bis ans andere Ende der Stadt, ihm aufzulauern, hinterherzufahren. Es war Mittwoch abend.
Als er neben ihr ins Bett schlüpfte, vorsichtig, um sie nicht zu wecken, war sie hellwach. Eine Duftwolke aus dem bekannten, von ihr inzwischen bange erwarteten Gemisch von altem Fett und abgestandenem Wischwasser mit – klar – Pommes und Mayo waberte zu ihr herüber, als er sich im Dunkeln auszog.
Kein Parfüm. Kein Haarspray. Kein Deo. Nicht mal Zigarettenqualm. Verdammt.
Als er am nächsten Morgen ins Büro fuhr, untersuchte sie systematisch seine Unterwäsche, seine Belege, die er immer am Ende der Woche sammelte. Besonders die von Mittwoch und Samstag. Nicht mal der kleinste Bon einer Pommesbude! Die andere konnte wahrscheinlich nur Pommes machen, oder es war jemand aus der Kantine, und sie war gewiß vollbusig und intelligent und hatte ihn verführt, jawohl, andersherum schon mal gar nicht, wie sollte er denn wissen, wie man eine Frau verführt! Ha! Sie weinte ein bißchen und dachte: So fühlt sich also eine betrogene Ehefrau.
Sie schaute sich im Spiegel an. Fünfunddreißig. Keine Kinder. Warum eigentlich nicht? Ach ja, erst wollte sie keines, dann er nicht, dann hatten sie nicht mehr darüber geredet. Ihre Kollegin sagte mal: Bei unserer Bumsfrequenz habe ich mir ein Kind aus dem Bauch geschlagen. Sollte sie versuchen, ihn zurückzugewinnen? Sich aufstylen wie eine Zwanzigjährige? Mit grenzdebiler Reizwäsche anmachen? Oder nichts sagen, ihn machen lassen, damit er sich nicht eingeengt fühlt? Überhaupt darüber sprechen – etwa mit ihm? Er würde lachen und sagen: Du Dummerchen, wann sollte ich dich überhaupt betrügen? Dazu hätte ich doch gar keine Zeit. Was dachte er überhaupt über sie, wenn sie nicht da war? Was hielt er wirklich von ihr? Und warum geht er seit neuestem morgens joggen? Trifft er sich da schon mit ihr?

Sie beschloß, sich einen jüngeren Liebhaber zu suchen, um ihrem Mann eins auszuwischen. Sollte er doch mit dieser Blondine rumvögeln! Pah!
An diesem Abend zog er sich langsamer aus als sonst. Er entledigte sich seiner Textilien wie immer. Hemd aufknöpfen. Hose ausziehen, mit den Socken gleichzeitig. T-Shirt hinterher. Die Unterhose behielt er in letzter Zeit an. Oder hatte er das schon vorher gemacht? Sie wußte es nicht genau, beschloß aber, daß er das erst seit drei Monaten machte. Und immer Mittwoch und Samstag. Sie trug heute schöne Unterwäsche. Fand sie. Zog ein wenig den Bauch ein. Dann sagte sie: Du schaust mich nicht mehr an. Er stutzte, schaute sie an und meinte: Was? Du schaust mich gar nicht mehr richtig an. Er schüttelte den Kopf und meinte: Ich kenne dich doch. Und ich schau dich sehr wohl an. Was hatte ich heute für eine Bluse an? Rot. Sie war grün. Steht dir nicht. Er holte sich einen Eistee aus dem Kühlschrank, setzte sich vor den Fernseher. Da hatte sie es! Er schaute sie nicht mal mehr genau an. Hatte wohl seine andere im Kopf. Wer sie wohl war? Und wann er sie kennengelernt hat? Ob sie auch schluckte, wenn er in ihren Mund spritzte? Wann hatten sie beide das eigentlich zum letztenmal gemacht? Sie wußte es nicht. Wann hatte er seiner Frau zuletzt die Muschi geleckt? Auch das war Ewigkeiten her.
Freitag abend. Schatz, ich fahr noch ins *Ferrari*. Kann später werden. Freitag? Wieso Freitag? Nicht Mittwoch, nicht Samstag! *Ferrari*?
Als sie auflegte, sah sie sich panisch in ihrem Kleiderschrank um. *Ferrari*. Bistro. Innenstadt. Lauter Leute um die dreißig und älter. Der Name war Programm: Nirgendwo sonst parkten so viele Ferraris und andere Schlitten, waren so viele Frauen mit ähnlich rasanten Kurven versammelt. Und sie trug nur Größe 40! Werbefuzzis, PR-Tanten, Großkopferte, die saßen da. Und wie reinkommen? Und was, wenn er nicht allein wäre, sondern mit ihr.
Unter drei Stunden würde er nicht dort bleiben. Ihr blieb eine Stunde, um jemand anderes aus sich zu machen.
Neunzig Minuten später stand sie gegenüber vom *Ferrari* auf der anderen Straßenseite. Versuchte, den ergrauten Blondschopf ihres un-

treuen Göttergatten aufzuspüren. Da saß er doch! Und neben ihm, nur von hinten zu sehen, aber sie war es! Blond! Sie steckten die Köpfe zusammen. Der Kellner servierte gerade das Essen. Und zwei Bier. Bier trank sie auch noch, dieses Luder. Na, das wird ihm gefallen, endlich mal was anderes als eine Weinkennerin neben sich zu haben. Pißkopf. Wichser. Gestohlen bleiben für alle Zeiten konnte er ihr. Mitsamt seinem Charme, seinem Blondkopf, seinen herrlichen Spaghetti al Pesto, es war ihr außerdem völlig egal, in wen er seinen Schniedel steckte. Genau. Dann ging sie rüber. Keiner stellte sich ihr in den Weg, wie sie befürchtete, um zu fragen, ob sie auch eine persönliche Einladung bekommen habe. Niemand, der bei ihrem Anblick das Gesicht verzog. Kein Oberkellner, der sie diskret hinausbeförderte. Ohne Zwischenfälle gelangte sie zur Bar. Hier gab es wohl kaum Pommes mit Mayo, in diesem Schuppen. Aber sie waren alle da, von denen sie stets in den Klatschspalten las. Sie gehörte nicht dazu. Niemand bot ihr etwas zu trinken an. Sie wollte wieder heim, seine Sachen packen und vor die Tür stellen. Die Blonde stand auf, ging zum Klo. Verschwand hinter der Tür mit einem kleinen Männchen. Männchen. Seltsam, in diesem In-Club scheint es wohl hip zu sein, die Klobezeichnungen zu tauschen. Sehr einfallsreich. Ihr Mann stand jetzt auch auf. Er sah seine Frau nicht, die nicht wußte, daß sie von einigen Männern beobachtet wurde, die ihre Beine bewunderten und ihren kunstvollen Knoten, den sie sich aus ihrem Haar gedreht hatte. Und sich fragten, wer sie wohl sei, denn wer neu war, war interessant. Ihr Mann war bekannt, seine Begleitung auch. Aber wer war sie? Warum schaute sie sich nicht um, um jemanden aufzureißen? Schamlos, einfach dazusitzen. Nichts zu tun. Nicht mal zu rauchen, damit jemand ihr Feuer geben könnte. Unverschämt. Interessant.

Ihr Mann verschwand ebenfalls hinter der Tür mit einem Männchen. Sie taten es also direkt hier, auf dem Klo. Männer, Frauenklo, egal. Sie taten es. Sie stand auf, ließ das Cape achtlos auf den Boden gleiten. Den Mann, der es aufhob, sah sie nicht, ebensowenig, wie gut er wirklich aussah. Sie schob sich zwischen den Tischen auf die Tür zu. Näher. Die Klinke. Faßte fast nach der Klinke.

Señora!
Sie drückte die Klinke.
Señora, scusi, das ist nur für Herren! Eine weiter, bitte.
Sie schaute den Kellner an, als ob er ihr gesagt hätte, daß er sofort ihren Arsch ficken wolle.
Mein Mann ist da drin.
Natürlich.
Mit ihr.
Mit ihr?
Mit der Frau, mit der er mich betrügt.
Die Tür ging auf. Die Blonde kam heraus. Hatte sich jetzt einen Zopf gemacht. Und hatte einen Dreitagebart. Bart. Einen Bart?
Die Frau dachte: Sie hat auch noch einen Bart, und mit ihr schläft er. Pervers. Dann schlug sie die Augen wieder auf. Die Blondine stieß mit ihr zusammen. Pardon. Schon gut. Sie hielt sie fest. Lächelte. Sie war ein Mann.
Die Frau wand sich weg, stürzte gemessenen Schrittes, falls sie das noch von sich behaupten könnte, auf die Damentoilette. Mit einem Weibchen an der Tür. Klar. War ja auch nicht das Herrenklo. Die Blonde war ein Kerl, ihr Mann war schwul, alle da draußen lachten bestimmt über sie, der Kellner am lautesten, und hier gab es noch nicht mal ein Fenster, durch das sie flüchten konnte.
Sie wusch sich die Hände. Zweimal, dreimal. Dann zählte sie langsam von zehn rückwärts und ging wieder zurück. Machte die Tür auf. Keiner schaute sie an. Ihr Mann war weg. Niemand tuschelte hinter ihrem Rücken, als sie an den Tischen vorbeiging.
Der Blonde war noch da. Er drehte sich um, als sie vorbeiging, ihr Cape anzog. Hallo. Darf ich Ihnen was zu trinken anbieten?
Sie schaute ihn groß an, verletzlich. Schamesröte stieg ihr ins Gesicht. Auch auf den ersten Blick hätte sie diesen Mann nicht mit einer Frau verwechseln können, normalerweise. Habe ich etwas Falsches gesagt? fragte er. Nein. Ich bin nur müde. Dann ging sie nach Hause. Ihr Mann wartete. Und roch nach gar nichts.
Oh, Schatz warst du auch aus?

Nein. Ja. Nicht direkt.
Nanu, wenn man dich so hört, müßte ich glauben, du hättest einen Liebhaber, so wie du aussiehst.
Wie sehe ich denn aus?
Überrascht, mich zu sehen.
Ich bin überrascht.
Und von was?
Von mir.
Warum?
Ich dachte, du betrügst mich.
Stille.
Und denkst du das immer noch?
Ich weiß nicht.
Was wäre wenn?
Ich würde erst dich, dann sie, dann mich umbringen. Nein, ich würde ihr die Augen auskratzen, mich von dir scheiden lassen, alles nehmen, was du hast. Ihr Männer glaubt immer, Sex und Liebe sind zwei verschiedene Dinge. Und falls ihr einen Seitensprung begeht, ist es nur so passiert, ohne Liebe. Und fallt aus allen Wolken, falls eure Frauen euch das übelnehmen. Ich weiß nicht, was ich tun würde. Manchmal ist es mir egal, an anderen Tagen bringt es mich um, allein die Vorstellung, daß du eine andere Frau so berühren könntest, wie du mich berührst. Ich will keine Szene machen und mache doch eine.
Zum erstenmal seit langer Zeit blickte er ihr wieder voll ins Gesicht.
Du bist eifersüchtig.
Quatsch.
Hast du mir nachspioniert?
Vielleicht.
Und?
Das müßtest du doch besser wissen.
Versuch nicht, mich in Wortklaubereien zu ertränken. Das funktioniert nicht. Warum sollte ich dich betrügen?
Ich weiß nicht. Weil du eine andere begehrst.

Begehrst du nicht auch manchmal einen anderen? Einen Filmstar, den Nachbarn, den Tennistrainer? Ohne, daß du ihn wirklich willst?
Du bist unfair.
Nein, ich bin ehrlich.
Dann ist die Ehrlichkeit unfair.
Ohne es zu merken, setzen sich die beiden an einen Tisch. Setzen sich hin und reden. Über Ängste, über Toleranz. Über Dinge, die jeder respektieren muß oder es zumindest lernen sollte.
Ich betrüge dich nicht.
Ich weiß nicht.
Ich aber.
Und in Gedanken?
Zählt das?
Ja.
Nein.
Sie weinte ein bißchen.
Warum verstehst du meine Gefühle nicht? Ich will nicht daran denken, daß du an eine andere denkst und mit ihr schlafen willst. Oder mit ihr leben. Oder sie erotisch findest und extra neue Hemden kaufst, um ihr zu gefallen.
Ich kaufe mir neue Hemden, weil die Hemden mir gefallen, nicht andere Frauen. Wenn ich an andere Frauen denke, dann nicht, weil ich dich nicht mehr sexy finde, nicht, weil ich mit ihnen schlafen will.
Könntest du es ertragen zu wissen, daß ich mir einen anderen Mann zwischen meinen Schenkeln wünsche?
Nein. Aber die Phantasie ist erlaubt.
Ach, und nur, weil du mir das zugestehst, was ich gar nicht haben will, verlangst du, daß ich dir dasselbe zugestehe? Nach dem Motto: Nimm dir ruhig einen anderen, dann habe ich ein besseres Gewissen, wenn ich mit der Blonden schlafe?
Welcher Blonden?
Wichser.
Zunächst war er belustigt. Dann merkte er, daß es seiner Frau ernst war. Sie war eifersüchtig. Von einem Tag auf den anderen. Oder

schon länger? Sollte er sich mehr um sie kümmern? Quatsch. Eifersucht war ihr Problem. Frauen sind immer eifersüchtig, wenn sie älter werden. Kriegen Minderwertigkeitskomplexe. Und Mann muß das ausbügeln. An einem Tag war noch alles in Ordnung, in der Nacht träumt sie schlecht, und am nächsten Morgen ist er der Böse, der nach einer anderen Ausschau hält. Klar. Und bekommt den schwarzen Peter für ihre eingebildeten Unzulänglichkeiten. Ein bißchen Eifersucht, okay. Schließlich will jeder merken, daß es dem Partner nicht egal ist, was man treibt. So eine schöne, niedliche, behagliche Eifersucht, die stets von einem nachsichtigen Lächeln begleitet ist. Aber bitte keine Szenen. Pah. Und überhaupt: Wenn sie mir jetzt nicht mehr vertraut, dann werde ich ihr was bringen, damit sich dieses Mißtrauen auch lohnt. Ich werde.
Liebst du mich noch?
Diese Frage können auch nur Frauen stellen. Er überlegte. Nicht, ob er sie noch liebte oder nicht, sondern ob er spaßeshalber nicht mit einem leichten ironischen Grinsen sagen sollte: Nein. Und ob sie dann wieder lachen könnte und ob dann diese blöde Eifersucht lächerlich wird und alles wird wie vorher. Oder besser. Lieber besser. Endlich mal wieder miteinander schlafen. Sich dabei nicht aus den Augen und das Licht an lassen, richtig rattenscharfer Sex. Mit der eigenen Frau. Hmm.
Ja, ich liebe dich.
Ich habe Angst, daß du mit einer anderen schläfst.
Warum Angst? Falls es passieren sollte, kannst du nichts dagegen machen. Du weißt nicht wann, du weißt nicht wo oder mit wem es passieren könnte. Ob es jemals passiert. Wenn ich mich verliebe, ist alles aus. Ich weiß nicht, ob wir noch drei Tage oder dreißig Jahre zusammensein werden. Du weißt nicht, ob du dich morgen verliebst.
Das ist Scheiße.
Das ist das Leben.
Scheißleben.
Ich meine doch nur, daß sich Eifersucht solange nicht lohnt auszuar-

ten, bis es absoluter Ernst ist. Vorher machst du dich verrückt. Und treibst mich irgendwohin.
Wie bitte? Das ist doch unverschämt! Mir die Schuld zu geben, wenn du mich betrügst.
Nicht die Schuld. Nur, ich weiß nicht. Es nervt nicht, aber es wundert mich. Daß es plötzlich Eifersucht ist. Wenn es wenigstens auf meinen Beruf wäre. Oder auf meine Kumpel. Oder auf meine Mutter, meinetwegen. Aber auf etwas, was es nicht gibt?
Woher soll ich das denn wissen, ob es das, wie du es nennst, nicht wirklich gibt?
Weil ich es dir sage.
Und was machst du immer mittwochs und samstags?
Was?
Spreche ich Kisuaheli, oder bist du taub?
Du bist eifersüchtig.
Ja. Bin ich. Zu Recht oder nicht? Oder führe ich mich hysterisch auf?
Ich habe halt ein Gefühl.
Ach, die sogenannte weibliche Intuition. Ja, davor hat mich mein Vater schon gewarnt. Er meinte immer: Sohn, wenn eine Frau wieder eine ihrer Intuitionen hat, dann kannst du machen, was du willst. Dann verfolgt sie die solange, bis sie dich hat. Oder sich einbildet, dich zu haben.
Er verschwieg ihr, daß sein Vater noch sagte: Schade ist nur, daß sie meist mit ihrer Intuition richtig liegen. Sie schauen dich an und wissen es urplötzlich. Egal, wie alt sie sind. Aber, Junge: Sie sind dann so stolz, daß sie recht hatten, daß sie einem auch fast jeden Fehler vergeben. Fast. Und dann hatte er dröhnend gelacht und der Bedienung zugezwinkert.
Wann sollte ich überhaupt Zeit haben, dich zu betrügen?
Ich wußte, daß du das sagst.
Mein Vater hatte recht mit euren Intuitionen.
Dann stimmt es also.
Was?
Daß du eine andere liebst.

Also, ich habe bald keine Lust mehr. Ich liebe keine andere, ich schlafe mit keiner anderen,.
Aber mit einem anderen?
Wie bitte?
Fassungslosigkeit, Entgleisung sämtlicher Gesichtszüge.
Ich habe dich gesehen. Ich wart gemeinsam auf dem Herrenklo. Und habt euch so angesehen.
Als ob?
Na ja.
Dein Mann ist also nach neun Jahren plötzlich schwul?
Er mußte lachen. Auch etwas dröhnend. Aber er konnte nicht anders.
War bei dem ersten Mann meiner Mutter auch so.
Liebling, du bist wirklich eifersüchtig. Wahrscheinlich gefällst du dir sogar ganz gut in der Rolle der leidenden Ehefrau, so daß du dir unbedingt einbildest, ich betrüge dich, egal mit wem oder was, aber daß es nicht so ist, spielt keine Rolle mehr.
Du bist gemein. Warst du nie eifersüchtig?
Ich war es, und ich bin es manchmal noch. Ich weiß, daß du Männern gefällst und daß es dir gefällt, ihnen zu gefallen. Daß mein Bruder dich anhimmelt, habe ich auch schon gemerkt. Und daß du mit deinen Freundinnen immer ins Kino gehst, wenn ein Film mit Bruce Willis läuft, weil ihr alle auf den so abfahrt, mit seinen Brustmuskeln, seinem rasierten Hushpuppischädel. Und weißt du noch, in dem Frankreich-Urlaub? Wie du da immer mit dem einen Franzosen geflirtet hast? Ha!
Das ist drei Jahre her.
Ich habe es nicht vergessen, aber ich bin nicht wirklich eifersüchtig.
Du hast es nur nicht gezeigt. Also, antwortest du nun auf meine Frage?
Welche?
Mittwoch. Samstag.
Und?
Du riechst immer.
Ich trinke halt gern mal.

Du weißt genau, daß ich nicht das meine.
Ohne sich aus den Augen zu lassen, hatten sich beide vorgebeugt. Waren gereizt. Er, weil er sich wegen etwas angegriffen fühlte, was er nicht getan hatte. Sie, weil er einfach nicht nachempfinden konnte, was sie beschäftigte. Und statt dessen den Spieß umdrehte und Kamellen aus seinen Gehirnwindungen holte.
Pommes mit Mayo. Und Spüli.
Ach.
Er lehnte sich zurück. Sie beobachtete ihn. Schmiß er jetzt seinen Ausredenkatalog an, überlegte er fieberhaft, wie er ihr diese Geschichte am besten verkaufen könnte? Es machte fast Spaß, ihn bei seinen Bemühungen zu fixieren, die Kuh vom Eis zu holen.
Pommes mit Mayo also, setzte er schließlich an. Deswegen denkst du, ich habe eine andere. Eine Affäre de pommes. Daß ich Mayo von ihr abschlecke und sie sich dann mit Spüli wäscht. Oder was?
Sie starrte blicklos auf ihre Hände.
Nun, wenn du es also wissen willst: Du kochst in letzter Zeit nur vegetarisch. Das schmeckt mir einfach nicht. Ich liebe Pommes mit Mayo. Und immer mittwochs hält der Karren vor unserem Büro. Und Samstag nachmittags ist er immer draußen vor dem Stadion. Ich gehe immer nach dem Handballtraining hin. Zufrieden?
Sie forschte in seinem Gesicht. Er benahm sich normal. Noch nicht mal zu normal, wie es Lügner gern tun.
Und Spüli?
Das ist dieses Wischtuch, was sie einem immer mitgeben. Eingeschweißt. Die kennst du doch. Erfrischungstücher.
Er war froh, daß ihm das letze Wort noch eingefallen war.
Hm. Soll ich mich etwa entschuldigen?
Bei mir nicht. Nur bei allen Frauen, die du in Gedanken schon umgebracht hast.
Er lächelte.
Was ist eigentlich mit dir? Ich frage mich, warum du in letzter Zeit öfter im *Ferrari* warst. Ein Freund hat mich eben angerufen, der dich heute da getroffen hat.

Puh, die beiden sind echt ein Paar, das sich fast ständig um sich selbst gedreht hat. Sie ist eifersüchtig auf etwas, was sie nur ahnt, aber nicht weiß. Sie wird sensibel für jeden Seitenblick, den er auf andere weibliche Beine oder Lockenmähnen wagt. Das kennt jeder von uns. Würde es natürlich nicht zugeben. Er gräbt dann eine besondere Spezies der Eifersucht aus: Vergangenheitseifersucht.
Fast jeder wurde schon gefragt, wie viele Männer oder Frauen er/sie hatte. Und nach wahrheitsgemäßer Beantwortung dieser Frage herrschte meist eine seltsame Stimmung. Natürlich sagt uns die Vernunft: Klar hatte der andere ein Vorleben. Wir auch. Aber. Und dann kommt das aber. Aber ob die Vorgänger besser waren. Im Bett, natürlich. Oder besser aussahen. Oder ob der- oder diejenige ihnen nicht vielleicht hinterhertrauert, weil der andere sie verlassen hat.
Wer weiß? Vielleicht sind sie ja zusammen glücklich. Plötzlich kommt die Sprache auf ihren Ex-Mann. Und daß er die Scheidung wollte. Und sie nicht. Kommt da nicht der Gedanke hoch, daß sie ihrem Ex noch nachweint, manchmal, oder sich wünscht, ihr jetziger Freund wäre mehr so wie er?
Oder andersherum. Sie ist, sagen wir mal, 25. Und eines Tages stellt er ihr die Frage, mit wie vielen Männern sie schon geschlafen hat. Sie nennt eine Zahl, die über dem Durchschnitt liegt. Er schluckt. Warum hat sie das getan? Hat sie ihre Beziehungen nie monogam gelebt? Hat sie all diese Männer geliebt? Wird sie dieses Bedürfnis noch immer haben, mit vielen Männern zu schlafen (wobei »viel« jeder einzelne für sich definiert. Für die einen sind drei in 10 Jahren viel, für andere 30 in drei Jahren). Und der Mann wird eifersüchtig. Nicht nur die Angst vor den Zukünftigen macht ihn mißtrauisch, sondern auch die Tatsache, daß viel mehr bei ihr waren, als er sich vorstellte, als er sich in sie verliebte.
Vergangenheitseifersucht ist zwar das unlogischste, an dem man leiden kann, aber sie ist normal. Junge Menschen leiden eher

darunter, aber als Hauptursache liegt die Vergleichsangst dahinter, die ich schon beschrieben habe. Trotzdem: Stellen Sie sich vor, Sie unterhalten sich mit Ihrem Partner über seine Beziehungen, und er erzählt frei Schnauze: Klar, wir hatten eine schöne Zeit. Sie war toll. Ich konnte mit ihr jede Menge Spaß haben. Und dann folgt noch eine persönliche Anekdote. Nach dem Motto: Ich weiß noch ... wie wir ...

Zweischneidig ist auch, wenn man in den Urlaub fahren möchte und es heißt: Ach, da in der Nähe bin ich mit X auf den Berg gestiegen. Das war wirklich schön.

Wie schön, daß es schön war. Gift und Galle kommen hoch. Schön! Warum sind die beiden nicht zusammengeblieben, wenn es ach so schön war. Und überhaupt, warum wird das jetzt breitgetreten?

Also Vorsicht: Wenn Sie tatsächlich eine schöne Zeit mit jemandem hatten, sollten Sie das nicht dauernd erzählen. Auch nicht einmal im Monat. Fast gar nicht. Es sei denn, Ihr Partner kann es wegstecken, daß es nicht mit ihm die absolute Superklasse ist, sondern, daß Sie ähnliche Gefühle schon mal jemandem entgegengebracht haben.

Ich rate auch jedem jungen Paar (jung heißt hier frisch verliebt), sich nicht gleich am Anfang zu gestehen, wie viele da vorher waren. Oder wie sie aussahen, was sie toll konnten und was man zusammen erlebt hat. Das kann, obwohl längst getauter Schnee von vorgestern, zu mysteriösen Spannungen führen, die man kaum analysieren kann. Nur, daß sie lästig sind.

Und nun, werden Sie sich jetzt fragen? Soll ich etwa lügen, wenn mein Partner fragt? Soll ich ihm etwa nicht sagen, daß meine Ex-Freundin den kleinen Unterschied der Geschlechter kannte und auch, wie man ihn größer macht? Oder daß der Ex-Freund tatsächlich dafür sorgte, daß man gute Bekanntschaft mit seinem besten Stück machte? Namen vermeiden, Zahlen unterschlagen, sagen, daß alles Scheiße war?

Nee. Nur ein bißchen schweigen. Oder schwindeln. Schweigen ist besser. Sonst verplappern Sie sich noch.
Zu was sich jeder überwinden sollte, ist Verständnis für Vergangenheitseifersucht. In den Arm nehmen, sagen: Hey, was soll's, ich liebe dich, ich bin glücklich mit dir, und ich hoffe, daß ich das nie jemandem erzählen muß. Weil wir beide zusammenbleiben. Okay. Küß mich.
Oder so. Und, liebe Eifersüchtler: Laßt es sein, Fragen zu stellen. Lernt, tief durchzuatmen und selbstironischer zu werden. Denn: Was habt ihr nicht alles in der Vergangenheit getrieben? Na?

24. Kapitel

Und bist du nicht willig, so brauch' ich Gewalt

Frauen wollen vergewaltigt werden.«
Soso.
Und Kinder auch? Und Ehefrauen? Und Jungfrauen? Alle?
Diese Feststellung ist dermaßen widerlich, daß ich pausenlos auf jeden draufschlagen könnte, der so etwas verbreitet.
Ich frage mich, wer sich das ausgedacht hat. Kaum denke ich ein bißchen darüber nach, so fällt mir das Wort Erziehung ein. Eine Tradition, die weitergegeben wird. Eine Überzeugung, die in einer Welt geboren wurde, in der es hieß, daß der Mann sich alles untertan machen soll. In der der Mann genau weiß, was gut für Frauen ist. In einer Welt, von der es heißt, daß Frauen beigebracht werden soll, wer der Stärkere ist.

Gut. Bevor ich jetzt unisono mit allen Emanzen daherrede, erst noch eine Bemerkung, der Wahrheit wegen. Gewaltphantasien, noch mal für alle – PHANTASIEN! – können tatsächlich in der Hitliste von weiblichen Masturbationsideen auftauchen. Denn das gewaltsame Nehmen einer Frau, also sie körperlich zu unterwerfen und sie daran zu hindern, sich zu wehren, wenn Mann seinen Penis in ihre Scheide oder in ihren After schiebt, ist als Kopfgeburt einer Frau nicht selten. Das ist aber kein Freifahrtschein! No, Sir! Unsere Gewaltwünsche bleiben persönlich, schmerzfrei. Meist auch nur nebelverhangen. Und der, der in Gedanken Gewalt antut, ist nicht halb so eklig, widerwärtig, gestört wie tatsächliche Verbrecher, die sich an Frauen vergehen. Die romantische Vorstellung einer Vergewaltigung hat etwas mit Begierde zu tun, die hemmungslos ist, aber nicht zerstörerisch. Daran denken auch nicht alle Frauen, aber viele. Und die sind deshalb auch nicht krank. Sondern sehnen sich insgeheim nach jemandem, der sich so nach ihnen verzehrt, daß er die Kontrolle verliert. Aber: nur im übertragenen Sinne. Denn falls sich ein Mann tatsächlich so aufführen würde, hätte er eine Anzeige am Hals. Falls ich mich auch wiederhole: Auch wenn eine Frau lustvoll daran denkt, wie es wäre, wenn, will sie es niemals. Niemals. Gelegentliche Zweikämpfe im Bett, bei denen er etwas härter zupackt, sind auch nicht krank. Sex und Gewalt liegen nah beieinander, doch Brutalität bei absolutem Unwillen ist verabscheuungswürdig. Zarte Härte – okay. Aber alles, was demütigend ist, was weh tut (das sie aber nicht will, weil sie nicht darauf steht), sollte bestraft werden. Auch in einer Ehe.

Aber warum kommen viele Männer aus – praktisch allen – Kulturen auf die Idee, Frauen wollten gern vergewaltigt werden?
Treibt sie die Angst, die Oberhand (von was auch immer) zu verlieren, wenn sie Frauen nicht weh tun? Muß man es tiefenpsychologisch mit dem Ödipuskomplex und anderen Spielarten erklären? Oder zeugt es von einem gestörtem Sexualverhältnis, wenn Männer nur dann einen hochkriegen, wenn eine Frau Angst hat oder sich verweigert? Kann es sein, daß Männer tatsächlich den Schwanz einziehen, wenn Frauen sie begehren, und ihn ausfahren, wenn es darum geht, sie zu zwingen: Du willst, aber ich kann nicht. Davor habe ich Angst. Aber: Du willst nicht, aber ich werde es dir schon zeigen, daß ich kann.
Männlichkeit beweisen, Macht ausspielen, Angst vor dem Ver-

sagen verdrängen. Puh. Was geht in euch vor, Männer, die ihr
Frauen zum Sex zwingt? Was macht euch an?
Bisher habe ich mit niemandem gesprochen, der dafür verurteilt
wurde, eine Frau vergewaltigt zu haben. Aber ich habe mich mit
Männern unterhalten, die einen Hang zur Gewalt haben, obwohl sie die tatsächliche Vergewaltigung ablehnen:
- Subtil: Ein etwa 48jähriger Mann schwärmt davon, wie sehr es
  ihn anmachen würde, wenn eine Frau ihm einen bläst, während
  ihre Tränen ihre Wimperntusche verschmieren und sich an seinem Schaft verfangen. Ihr Schluchzen gemischt mit seinem Stöhnen, das fand er toll. Und danach würde er sie liebevoll trösten.
- Ein 22jähriger erzählt von seinem Traum, ein Mädchen zu
  entjungfern. Sie erst zärtlich zu verwöhnen, bis sie bereit sei,
  und ihn dann reinzurammen. Und sie müßte laut seinen Namen rufen, und es müßte ihr weh tun. Er stellte sich vor, wie
  geil es wäre, wenn das Bett gegen die Wand stößt, immer wenn
  er sie sticht. Der gleiche berichtete mir bei anderer Gelegenheit, daß er es mag, wenn er Frauen von hinten nimmt und
  ihre Haare wie Zügel anzieht.
- Ein etwa 35jähriger erzählte mir, daß ihn Sklavenhalsbänder
  und Armreifen anmachen. Er liebt es, die Handgelenke einer
  Frau festzuhalten, während er solange zustößt, bis sie kommt.

Alle drei sind ganz normale Kerle, ohne auch nur einen Hauch
von Brutalität oder Vorliebe zu SM-Praktiken. Aber wenn es
geht um Sex geht, dann bekommt man einen anderen Eindruck.
Sind sie deshalb potentielle Vergewaltiger? Wenn sie diese
Phantasien vielleicht jemand anderem als mir erzählt hätten, wären sie womöglich schon alle als pervers abgestempelt. Als perverse, brutale Kerle.
Nun, sind sie es?

Ich kenne auch andere. die sagen, daß ihnen bei dem Gedanken, einer Frau weh zu tun, der Schniedel einschrumpft. Daß sie

Männer, die an Gewalt denken, umbringen möchten. Die fragen, ob es weh tut, wenn sie zu fest stoßen. die sich selbst bremsen, wenn sie merken, daß sie die Kontrolle verlieren.
Die Kontrolle verlieren?
Aha, dachte ich mir. Es gibt also eine innere Schranke, die bei jedem fallen könnte? Fast. Bei den meisten wird diese Schranke immer an ihrem Platz bleiben. Bei anderen hebt sie sich für einen kurzen Moment. Der Moment, wo sie auf die Lust in ihrem Kopf starren, auf wogende Brüste unter ihnen. Unter! Und zustoßen, fest die Handgelenke der Frau ins Laken pressen, ihre Beine mit den Oberschenkeln auseinanderhalten und nur noch stoßen, stoßen, nehmen, egal.
Vergewaltigung?
Hang zur Gewalt?
Brutal?
Menschlich. Männlich.
Und bei wenigen steht diese Schranke immer weit auf. Das sind die, die nachts Frauen anfallen, in Wohnungen einbrechen, Sex erpressen.

In vielen Filmen, in zahllosen Büchern, da nimmt sich der Held sein Weib. Und sie, nach einigem Sträuben, zerfließt in seinen Armen. Als ob sie darauf gewartet hätte, daß er roh zur Sache geht. Er zieht sie an sich, zwingt ihr einen Kuß auf. Und im Drehbuch steht nichts Besseres, als daß sie nach einigem Zögern und Zappeln doch ihre Arme um seinen Nacken schlingt. Puh. Da muß man als Typ ja wirklich glauben, daß Frauen darauf warten, daß sie angesprungen werden.
He, ich will jetzt nicht ganz Hollywood gegen mich haben, auch nicht sämtliche Erfolgsschriftsteller, die aufgrund von sogenannten romantischen Vergewaltigungen eine Menge Kohle machen, aber Leute, es ist doch nie so wie im Film oder in Büchern.
Die Gratwanderung zwischen Begehrtwerdenwollen und der rabiaten Zurschaustellung von Begierde ist schmal. Gut: Frauen

wollen auch schon mal von ihrem Liebsten überfallen werden. Oder schwärmen schon mal von einem wilden Liebhaber. Aber keine von ihnen will vergewaltigt werden.

Sorry, Jungs, aber es ist eindeutig geklärt, wer schuld an Vergewaltigungen hat. Und warum fühlen sich Frauen oft auch noch schuldig?
Weil sie gefangen sind in Kommentaren wie: Wie die sich anzieht, ist es kein Wunder, daß einer sie vergewaltigt. Oder: Sie hat ihn bestimmt angemacht und dann abblitzen lassen. Spielt doch kein Mann mit. Oder: Sie hatte doch schon viele Freunde, warum regt sie sich jetzt auf?
Oder: Sie hat es doch gewollt.
Fast jeder dreht es so hin, daß sie einfach zu verführerisch war, ihn animiert hat. Und das wird die weiblichen Opfer von Vergewaltigungen dazu bringen, die Schuld auch auf sich zu nehmen. Es gibt sicherlich Grenzsituationen. Wenn er ihr nicht gefällt, aber schon fast drin ist, und dann abwehrt, könnte ein Mann, der sie nicht kennt, das als Spiel mißverstehen. Aber sogar dann muß ich sagen: Pfoten weg. Sofort! Und auch wenn es fast soweit war, mit ihrem Einverständnis: Frauen haben das Recht, auch noch eine Sekunde vorher nicht mehr zu wollen.

Was haben Männer davon, wenn sie Frauen vergewaltigen? Ich lasse die Vergewaltigung von Knaben und Mädchen jetzt weg, weil es jedem klar ist, daß das das Abscheulichste ist, was es gibt. Aber einen erwachsenen Menschen durch Sex zu unterwerfen, ist etwas viel Diffizileres, als sie durch berufliche oder sportliche Machtausübung zu unterwerfen.
In mir keimt der Gedanke auf, daß sich Männer nicht nur einfach fürchten, daß die weibliche Macht auf allen Gebieten des Lebens zu stark wird, und Männer deshalb ihre Stärke demonstrieren, um wenigstens auf einem Gebiet zu beweisen, daß sie eben doch die Herren der Welt sind.

Ich denke sogar, daß wir das nicht universal auf jeden Mann anwenden können, daß er Angst vor der weiblichen Macht hat. Die Ursachen liegen in jeder individuell verpflanzten Anlage.
Vergewaltigungen in der Ehe rühren zum Beispiel sicherlich auch daher, daß der Mann sich das nimmt, wovon er glaubt, ein Recht drauf zu haben. Er hat nicht die Vernichtung der Emanzipation im Sinn.
Männer, die Frauen vergewaltigen, um sie gefügig zu machen, wie beispielsweise Mädchenschlepper, die Frauen aus den Ostblockstaaten nach Deutschland locken und sie dann als Huren verkaufen, diese Männer wollen mit dem »Einreiten«, wie es in dieser Branche genannt wird, Angst einjagen, wollen der Frau brutal klarmachen, daß ein Mann sich nimmt, was er will, und sie keine Möglichkeit hat, etwas dagegen zu tun.

Wir leben in einer Gesellschaft, die den Tätern mehr psychologische Hilfe anbietet als den Opfern. Das ist unverantwortlich. Denn was soll es, wenn ein Vergewaltiger sich drei Jahre bei seiner zuständigen Vollzugspsychologin über seine ach so schlimme Veranlagung ausheulen kann und das Opfer ohne Hilfe dasteht. Ohne jemanden, der ihr beibringt, daß sie keine Schuld hat. Daß Sex und Liebe immer noch zusammengehören. Das nicht jeder Mann so ist. Wie sie lernt, nicht allen zukünftigen Bekanntschaften das in die Schuhe zu schieben, was sie erlebt hat. Wie sie damit umgeht, Angst vor dem Geschlechtsverkehr zu haben und zu überwinden. Das ist bitter, niemanden zu haben.
Und bis auf weiteres wird es wohl so bleiben. Armes Deutschland. Aber auch nur ein Beispiel dafür, wie es überall auf der Welt zugeht.

Zu guter Letzt

Lang genug hat's ja gedauert, meint mein Agent. Ihm danke ich für seine Geduld, seine Motivation und für seine Kritik, die sich zum Glück in Grenzen hielt. Er verdankt mir praktisch sein Leben. Aber ohne ihn wäre ich nicht soweit gekommen. Wenn überhaupt.

Ich bedanke mich bei all meinen Freunden, Bekannten, Fremden und Kollegen, die – wenn auch oft genug leicht genervt – mir so offen, präzise und vertrauensvoll ihre Phantasien, Prinzipien und Perspektiven erzählt haben. Sämtliche Namen sind übrigens frei erfunden.

Mein Liebling, auch bei dir möchte ich mich bedanken, daß du mir fast immer die Zeit gelassen hast, an diesem Buch zu arbeiten, auch wenn du nicht immer verstanden hast, warum ich es dich nie habe lesen lassen. Das kannst du ja jetzt ausführlich nachholen.

Mama, du bist mein größter Fan. Ich hoffe, du bleibst es auch. Papa, schön, daß du dich nie darüber mokiert hast, daß ich über Sex schreibe. Schwesterherz, du hattest ein paar gute Ideen.

Und: Dank an alle, die dafür gesorgt haben, daß dieses Buch erscheint. Ihr wißt, was ich meine. Dafür habt ihr einen gut.

Wo die Liebe hinfällt...

(65114)

(65128)

(60636)

(60424)

(65132)

(65075)

Gesamtverzeichnis
bei Knaur, 81664 München

Annemarie Schoenle
bei Knaur

(71123)

(71120)

(71121)

(71124)

(60497)

(01632)

Das Gesamtverzeichnis erhalten Sie bei
Knaur, 81664 München.

Anaïs Nin – poetisch pornographisch

(742)

(806)

(3252)

(65084)

(65054)

(3159)

Gesamtverzeichnis
bei Knaur, 81664 München